Diogenes Taschenbuch 24633

W0172139

ZORA DEL BUONO, 1962 in Zürich geboren, studierte Architektur an der ETH Zürich und arbeitete mehrere Jahre als Bauleiterin im Nachwende-Berlin. Sie war Gründungsmitglied und Kulturredakteurin der Zeitschrift *mare*. Neben Romanen und einer Novelle veröffentlichte sie 2015 bei Matthes & Seitz auch ein Buch über Bäume. Der Roman *Die Marschallin* erschien als gebundene Ausgabe im Verlag C.H. Beck. Zora del Buono lebt in Berlin und Zürich.

Zora del Buono
Die Marschallin

Diogenes

Veröffentlicht als Diogenes Taschenbuch, 2022
Alle Rechte an dieser Ausgabe vorbehalten
Copyright © 2022
Diogenes Verlag AG Zürich
www.diogenes.ch
150/22/44/1
ISBN 978 3 257 24633 9

»Kommunismus ist Aristokratie für alle«
Ramón María del Valle-Inclán

»Era difficile, ma lo rifarei«
Pietro Del Buono

Inhalt

II

Personenverzeichnis

Zora Del Buono, geborene Ostan
Ihre Eltern: Marija und Cesaro Ostan
Die vier Brüder: Franc, Ljubko, Boris, Nino
Ehemann: Prof. Pietro Del Buono
Schwiegervater: Giuseppe Del Buono
Die drei Söhne: Davide, Greco, Manfredi
Die Schwiegertöchter: Fiammetta, *die Schwedin,*
    Mila, Marie-Louise
Enkelinnen: Elena, Zora, Zora
Cousine: Otilija Ostan
Freundinnen und Freunde in Bovec: Pepca, die lange Ana,
    Goran der Serbe
Pietros Freunde in Berlin: Dr. Adelsberger, Prof. Oskar
    Blank, Dr. Emmi Bloch
Freunde in Bari: Colonello Neldo, die Codas,
    die Grandolfos, die Gebrüder Lombardi, Avvocato Basso,
    die Russos mit Tochter Zora, Angelo Zappacosta
Weitere Figuren: Cinzia *la capricciosa,*
Michele Zanoni, Pavle Perić, Polonca Perić,
    Agata Giordanelli, Schwester Branka Blatnik
Opfer: Valdemaro Tedesco, Franco Lardi, Massima Lardi,
    Giovanna Lardi

Hausangestellte in Bari: Emma, Dragica, Giacomina, Josipina, Clara, Schwester Aloisia, Francesca, Silva
Und: Antonio Gramsci, Josip Broz Tito

Prolog

Vergiss nicht, du trägst ihren Namen, hatte Tante Mila gewarnt. Man solle Geheimnisse dort belassen, wo sie hingehörten: im Reich des Schweigens. Vor allem dürfe niemand die Wahrheit über *das Ereignis* erfahren, zu gefährlich, der Schauplatz des Geschehens immerhin tiefstes Süditalien, es könne zu Racheakten kommen, darüber zu schreiben sei geradezu fahrlässig. Cousine Elena war anderer Meinung. Sie betrachtet die Angelegenheit allerdings mehr aus metaphysischer Warte. Verborgenes würde sich auf nachfolgende Generationen übertragen und großen Schaden anrichten, so lange, bis das Geheimnis gelüftet sei. Transgenealogie heiße das. *Denk an unsere Toten,* hatte sie gemahnt. Ja, *unsere Toten.* Der Familienfluch, wie man früher gesagt hätte, als man noch an Geister glaubte und Spukgeschichten schrieb. Es ist das, was uns Cousins und Cousinen von klein auf verband: die Gewissheit, einer Unglücksfamilie anzugehören. Wir wuchsen mit unguten Ahnungen auf. Wir erwarten den Tod jeden Moment. Eigentlich wundern wir uns täglich, dass wir noch am Leben sind. Ja, ich kenne sie, *unsere Toten,* alle fünf. Jeder von ihnen starb bei einem Autounfall, jeder *vor der Zeit.* Ich sagte, das seien tragische Zufälle, es stürben täglich Menschen bei Autounfällen. Elena glaubt nicht an Zufälle, sie glaubt an höhere Gewalt. So wie meine Großmutter auch.

Sie sei für ihre Sünden bestraft worden, hatte Elena gesagt, ihr Ende sei bitter gewesen. Tante Mila hatte hinzugefügt: *Sie haben sie ins Jenseits befördert.*

Dass Zora Del Buono eines unnatürlichen Todes starb, ist nicht verbürgt. Doch vieles spricht dafür. Sie war eine Persönlichkeit, die Widerworte nicht duldete, sie aber provozierte. Man hat diese Frau gefürchtet und bewundert, viele haben sie verehrt. Ich habe sie einfach nur geliebt. Unsere Großmutter habe einen starken Charakter gehabt, hieß es immer. Sie sei feurig gewesen. Großzügig. Starrsinnig. Oder auch: herrisch. Wenn man über sie sprach, warf über kurz oder lang jemand ein: *Wäre sie ein Mann gewesen, sie wäre Major geworden, eher noch Marschall, vielleicht sogar Staatspräsident.* So wie er. Wie Josip Broz Tito. Sollte sie vergiftet worden sein, dann seinetwegen. Man hätte auf die Autopsie nicht verzichten sollen.

I

Bovec, Mai 1919

Wann hatte sie angefangen, ihre Mutter zu hassen? An dem Tag, als die Mutter sie verließ? Als der Vater sie frühmorgens anherrschte, sie solle sämtliche Schuhe, die nicht der Mutter gehörten, in die Stube bringen, ihre eigenen, die von den Brüdern und auch seine, *und zwar zackig!*, um dann mit ausgreifenden, rhythmischen Bewegungen die glatten Sonntagsschuhe, die feinen und die weniger feinen Stiefeletten, die Pantoffeln, die Landarbeitsschuhe und die Fellstiefel mit dem Besen aus dem Hausflur auf die Straße zu fegen und immer weiter zu fegen, auch als längst kein Krümel mehr auf dem Boden zu entdecken war? Zwölf Damenschuhe lagen zwischen plattgefahrenen Pferdeäpfeln vor ihrer Haustür, damit alle sehen konnten, dass Marija mehr Schuhe besaß als jede andere Frau im Dorf, was sowieso jeder wusste. Damit alle sehen konnten, was Marija aufgegeben hatte. Zwölf weggefegte Schuhe bedeuteten aber auch: Mutter war mit kleinem Gepäck gegangen.

Oder begann der Hass an dem Tag, als die Mutter zu ihnen zurückkehrte, mit dem Kind eines Fremden im Bauch, gedemütigt zwar, aber mit jener Aura der Verwegenheit, die sie fortan umgeben sollte, vom Sitz des Fuhrwagens steigend, der sie nach Hause gebracht hatte, wissend, dass Cesaro sie wieder aufnehmen würde? War es überhaupt Hass?

Es war schließlich nicht so, dass Zora ihre Mutter ununterbrochen hasste, manchmal vergaß sie das brennende Gefühl, dem sie überhaupt einen Namen hatte geben müssen, was erst im Alter von vierzehn Jahren der Fall gewesen war, als sie die Mutter dabei beobachtete, wie sie einen Blumenstrauß in der Vase drapierte und dabei versonnen die Blütenblätter eines Rittersporns streichelte, mit einem Blick, den Zora nicht deuten konnte, doch der sie verstörte, weil er aus einer anderen Welt zu kommen schien, einer, die Zora verschlossen war. Da dachte sie zum ersten Mal: *Ich hasse dich.* Vorher hatte sie nur diesen Unmut gespürt, ein Unbehagen in der Anwesenheit ihrer Mutter, vor allem ein körperliches, als ob aus dem einst urvertrauten Mutterleib ein fremder geworden wäre, ein mächtiger Frauenkörper, der ihr bei unzähligen Gelegenheiten zu nahe kam und den sie nicht wegzustoßen wagte.

Fünf Monate war Marija weggeblieben. Vom ersten Tag an hatte Cesaro seiner Tochter klargemacht, dass jetzt sie die Frau im Hause sei, was das achtjährige Mädchen fraglos akzeptierte, der Vater hatte deutlich gesagt, man wisse nicht, ob die Mutter jemals wieder zurückkehre, und nein, sie habe ihm nicht erzählt, wohin sie gehe. Nur tot, das hatte er den drei Kindern eingebläut, tot sei sie nicht, das wisse er mit Sicherheit. *Tot ist sie nicht,* hatten Franc, Zora und Ljubko einander immer wieder zugeraunt, wenn ihre Sehnsucht nach der Mutter zu groß wurde. An diese hoffnungsfrohen, im Laufe der Monate verzagter werdenden Flüstereien erinnerte Zora sich, als sie jetzt auf der Brücke an Ljubko vorbeifuhr, der kein wimmerndes Kind mehr war, das nachts in ihr Bett geschlichen kam, um bei der älteren

Schwester Trost zu suchen. Manchmal hatte er nach Honig gerochen, morgens klebte ihr Haar, weil er seinen Honigmund darin vergraben hatte. Irgendwann hatte sie beim Putzen *(die Frau im Haus!)* einen Honigtopf unter seinem Bett gefunden und gemerkt, dass es im Leben des kleinen Ljubko eine Reihenfolge des Getröstetwerdens gab und sie am Ende der Rettungsleiter stand: Daumen nuckeln, Hasenfell streicheln, Honig naschen, zu Zora kriechen. Groß war er geworden, dachte sie, und stark, wie er da neben der mit Steinbrocken gefüllten Schubkarre stand, lässig eine Zigarette rauchend, ein Jüngling mit kastanienbraunem Haar, bergbachklaren Augen und kräftigem Knochenbau, wie alle in der Familie – oder fast alle. Obwohl sie nur drei Jahre älter war, verspürte sie eine mütterliche Zuneigung zu ihm, und die hatte nicht zuletzt mit dem Honigtopf zu tun; betrachtete sie Ljubko, roch sie Honig, noch heute. Sie beschleunigte. Der Blick aus dieser Höhe war herrlich. Wenn sie etwas liebte, dann das: die totale Übersicht. Und dank der Vollgummireifen fuhr sich der neue Lastkraftwagen weitaus besser als der alte mit den Eisenrädern. Auch die Windschutzscheibe war eine feine Erfindung: weniger Staub im Gesicht, kaum noch tränende Augen. Der Krieg hatte der Lastwagentechnik zahllose Neuerungen beschert, immerhin das.

Zora wusste viel vom Krieg. Jeder im Sočatal wusste viel vom Krieg. Dreisprachig sogar, die schweren Worte gingen den meisten geschmeidig über die Lippen: *Soške bitke. Battaglie dell' Isonzo.* Isonzoschlachten. Zora fiel das Deutsch leichter als den anderen; die zwei Jahre im Mädchenpensionat in Wien hatten sie nicht nur mit der deutschen Sprache vertraut werden lassen, sondern ihr eine gewisse großstädtische Noblesse eingehaucht, die im Dorf nicht jedem gefiel (oder genauer gesagt: fast keinem). Auch den Dorfnamen gab es in drei Varianten: *Bovec. Plezzo. Flitsch.* Als Kind hatte sie je nach Laune mal dieses, mal jenes gesagt, am liebsten aber *Flitsch. Flitsch* klang lustig, wie *glitsch;* sie und ihre Brüder hatten Reime gesungen, sich den Hang zur grün schillernden, eiskalten Soča hinunter *glitschen* lassen und einander mit *Glitsch* beworfen, ihrem Familienwort für Schlamm und überhaupt allem, was eklig war, Schnecken zum Beispiel, Schnecken waren auch *glitsch.*

Der Fluss hatte sogar vier Namen. *Soča. Isonzo. Lusinç. Sontig.* Zwar sagte kein Mensch mehr Sontig, nicht einmal die hartgesottensten k. u. k. Monarchisten; Sontig war heimlich verloren gegangen. Aber man hatte noch die Wahl zwischen der slowenischen Soča, dem furlanischen Lusinç und dem italienischen Isonzo. Doch seit die Italiener die Herren im Tal waren …

Sie bremste, als sie in die Dorfstraße einbog. Dass Teile der Fracht, die sie auf dem Wagen transportierte, gefährlich waren, wusste sie natürlich. Doch irgendjemand musste schließlich den Schrott zur Deponie bringen, all die Munitionshülsen, Patronen, Bajonette, viele davon für das M1895, die Feldspaten, zerbrochenen Keramik-Stielhandgranaten, Stücke von österreich-ungarischen Repetiergewehren, manchmal auch ganze italienische Carcanogewehre und Stahlhelme natürlich; an vielem klebte Blut. Zwischenzeitlich hatte sie ganz vergessen, was da in den Holzkisten lag. Als sie die Passstraße hinuntergerollt war, hatte sie kurz an ihre Mutter gedacht, an das, was sie beide trotz allem verband und wovon sie dachte, dass es der eigentliche Grund war, warum die Mutter damals zurückgekehrt war: die Liebe zu diesem Flecken Gebirgslandschaft, die ungeheure Weite der Ebene, umrahmt von Bergen, die sich wie kantige Brocken um das Hochplateau lagerten, darin die smaragdgrüne Soča; eine erhabene Landschaft, vom zehntausendfachen Soldatentod gänzlich ungerührt.

Sie erhaschte einen Blick auf ihr Elternhaus, bevor sie abbog. Es sah gut aus, so kompakt. Und weniger zerstört, als sie erwartet hatte, als sie Franc' Telegramm in den Händen hielt: »BOVEC FREI ABER ZERSTÖRT KOMMT«.

Fast alle waren zurückgekehrt. Die Armen, die man ins Flüchtlingslager nach Bruck an der Leitha verfrachtet hatte, weil sie nicht wussten, wohin sonst. Die Glücklichen, die bei Verwandten fernab der Sočafrontlinie hatten unterschlüpfen können. Und dann sie, die Familie Ostan, die einfach umgezogen war, in ein Haus in Ljubljana, das der Vater nach Kriegsbeginn gekauft hatte. Man hatte sich an jenem 24. Mai 1915 kaum voneinander verabschieden können, als der Dekan Vidmar in der Morgenmesse die Nachricht überbrachte: *Die Italiener haben uns den Krieg erklärt, sie greifen an. Ihr müsst weg, jeder Einzelne von euch! Packt nur das Nötigste, einen Handkoffer für jeden. Eine Wolldecke. Proviant für drei Tage. Versammelt euch morgen früh auf dem Platz. Geht jetzt! Gott behüte euch. Amen.*

Sie wussten nicht, wie lange sie wegbleiben würden, viele glaubten, man kehre nach kurzer Zeit zurück, einige mauerten Kostbarkeiten im Keller ein, Hühner und Gänse wurden freigelassen, Ziegen auch, Kühe trieb man mit. Bürgermeister Jonko verstaute die wichtigsten Gemeindedokumente in einem Fass und ließ es im Garten vergraben, das Fass war nach Kriegsende verschwunden, nur Reste verbrannter Dokumente fand man noch vor, wahrscheinlich von den Italienern zum Heizen benutzt.

Natürlich war die Flucht nicht einfach gewesen, ohne Lastkraftwagen, den hatte die Armee bei Kriegsbeginn beschlagnahmt. Aber immerhin besaßen sie Pferde und Karren, der Vater betrieb nicht nur eine Herberge, sondern auch ein Fuhrunternehmen. Franc war schon vor Wochen eingezogen worden, Zora das älteste der Kinder auf der Flucht. Ljubko lenkte das hintere Gespann, Zora das vordere. Boris rannte vor und zurück, doch meistens ging er allein, pfiff variationsreiche Melodien, der drahtige Neunjährige. Den kleinen Nino hatten sie auf die vollgepackte Ladefläche von Zoras Karren gesetzt, manchmal weinte er, dann wiederum lugte er wie ein quirliger Gnom mit zerzaustem Haar zwischen all den Taschen, Mänteln und Decken hervor, hüpfte auf ihnen, strauchelte und kippte lachend weg, Boris alberte mit ihm herum, bis Zora sie zurechtwies, das hier war schließlich keine Vergnügungsreise. So zogen sie im Schritttempo über die Berge, Zora und ihre drei Brüder. Die Eltern waren mit dem leichten Gespann am Tag der Bekanntmachung vorgefahren, in der Herberge von Onkel Milo in Kranjska Gora fanden die Kinder eine Notiz von ihnen, man hatte ein Zimmer für sie vorbereitet. Die restlichen Nächte kamen sie bei Bauern in Scheunen unter, wie die anderen Flüchtlinge auch. Sie trafen schmutzig, aber gesund in Ljubljana ein, zwei Wochen hatte die Flucht gedauert. Der Anfang war das Schlimmste gewesen, der Predil ein steiler Pass, in der Höhe lag noch Schnee;

sie hatten sich hinaufgequält, die Pferde und Maulesel und Kühe, aber auch die Menschen, Familie hinter Familie, und ein paar Hunde, die sich nicht hatten verscheuchen lassen, noch dazu. In der Ferne das Donnern der italienischen Artillerie. Im Rückblick schien alles nicht mehr so arg, aber im Rückblick sah ohnehin das meiste besser aus, das hatte Zora mit ihren einundzwanzig Jahren bereits verstanden; das Gedächtnis ging milde mit der Vergangenheit um. Wäre es anders, könnte sie ihre Mutter nicht ertragen, diese Verräterin.

Drei Jahre waren die Bewohner weggeblieben, ein ganzes Dorf, an einem Montagmorgen auf die Straße gefegt wie einst Marijas Schuhe. Und dann in alle Welt verstreut. Die verwaisten Häuser blieben monatelang leer, nur Spinnen und anderes Kleingetier zogen ein (vielleicht auch das ein oder andere Huhn). Dann füllten sie sich mit Fremden auf, lauter Männer, lauter Italiener. Gesunde, verwundete, kranke, schmutzige Männer, die dafür kämpften, dass Österreich dieses Tal und die Berge nicht zurückerobern würde. Bovec, ein Männerdorf. Als die Bewohner aus ihren Exilen zurückkehrten, waren aber nicht nur ihre Häuser lädiert, sondern auch sie selbst.

Zora fuhr an der Kirche vorbei zur Deponie hoch. Sie war an jenem Montagmorgen nicht in der Messe gewesen, Frühmessen waren etwas für die Alten. Stattdessen hatten Pepca und sie im Speiseraum Gläser poliert und darauf gewartet, dass der einzige Gast aus der oberen Etage heruntergestiegen kam, damit sie sein Zimmer herrichten konnten, ein Händler aus Triest, das wusste sie noch.

Pepca war ihre beste Freundin, vielleicht ihre einzige,

eine Waise aus dem Nachbarort, die Cesaro als Magd aufgenommen hatte, ein koboldhaftes, dunkeläugiges Mädchen, das viel lachte und ihr nichts übel nahm. Anders als die lange Ana, *Ana mit den geraden Beinen,* wie Zora sie seufzend nannte. Sie selbst hatte krumme Beine. Das behauptete sie zumindest, auch wenn Pepca ihr immer wieder versicherte, ihre Beine seien keineswegs krumm. Ana mit den geraden Beinen verhielt sich nach ihrer Rückkehr zugeknöpft, kühl geradezu. Vor dem Krieg waren sie engste Freundinnen gewesen, sie drei; jetzt nicht mehr. Zora konnte sich an den Moment während der Flucht erinnern, als sie die Passhöhe bereits hinter sich gelassen hatten und mit den Pferden nach Tarvis hinuntertrotteten. Zuerst hörte sie den Lastkraftwagen, der sich von hinten näherte und sie dann knatternd überholte. Dann sah sie Ana, eingemummelt auf der Ladepritsche, zwischen Tante und Mutter gequetscht, alle drei mit einem Kind auf dem Schoß, Ana hielt den kleinen Istok umschlungen, dessen blonde Locken sich mit ihren zu einer einzigen überbordenden Haarwildnis zusammenzukringeln schienen, Anas jüngster Bruder; gut dreißig Frauen und Kinder hockten dicht gedrängt auf dem Lastwagen, Gepäck hatten sie kaum dabei, sie hatten alles angezogen, was sie besaßen, Schicht über Schicht. Ana und sie winkten einander zu, erst freudig, dann zurückhaltend, beide ahnten, dass sich zwischen ihnen etwas verändert haben würde, sollten sie einander jemals wiedersehen. Anas Zukunft lag in einem Flüchtlingslager irgendwo hinter Wien, Zoras in einem Wohnhaus mit Garten in Ljubljana. Gerecht war das nicht.

Gerecht war auch nicht, was sie nach ihrer Rückkehr vorfanden. Das Haus der Ostans stank infernalisch, ansonsten war es ziemlich intakt, sogar der Putz hatte gehalten. Anas Haus stank nicht. Anas Haus bestand aus zweieinhalb rohen Wänden mit Löchern drin, kein Dach mehr, kein Boden, kein Kamin. Fast alle Häuser im Dorf waren Ruinen, Backsteinfragmente in bizarren Formen. An der Hauptstraße westlich des Platzes das lang gezogene Ostan-Haus, dessen Stattlichkeit vor dem Krieg wenig aufgefallen war, weil es mit seinen zwei Stockwerken nicht höher war als die anderen, sondern nur tiefer und sehr viel länger. Jetzt, so unversehrt, sah es unverschämt imposant aus. Warum es nicht zerschossen worden war – kein Mensch wusste es.

Ungerecht war zudem, dass Anas Bruder tot war und Zoras Brüder nicht. Ljubko, Boris, Nino, alle putzmunter. Auch Franc hatte den Krieg als Offizier überlebt, verletzt zwar und von den Engländern in Gefangenschaft genommen, aber eben nicht tot. Ana hatte Pepca geschildert, was im Lager vorgefallen war. Pepca wiederum erzählte Zora alles weiter, sprach von den Dutzenden Holzbaracken, die in Reih und Glied dastanden, weiß getüncht und flach, in jeder Baracke zwanzig Zimmer, in jedem Zimmer acht Menschen. Von den fünftausend Slowenen, die in der Barackenstadt wohnten, und den sechstausend Bruckern, die die Slowenen zu verteufeln anfingen, als es mit den schlimmen Krankheiten losging und das Sterben begann, die sie als Schmarotzer beschimpften, als Schwarzhändler, die die Preise hochtrieben. Sie erzählte kichernd, dass Ana im Lager-Mädchenchor mit ihrer Glockenstimme den Kantor bezirzt hatte, der sie daraufhin mit Lebensmitteln aus der Stadt versorgt und ihr sogar einen blausamtenen Umlegekragen geschenkt habe, und sie erzählte mit Tränen in den Augen von der Nacht, in der der kleine Istok starb, so plastisch, als sei sie dabei gewesen: dass Istok statt zu wachsen immer mehr zu schrumpfen schien, bis er kaum mehr vorhanden war, dass der verliebte Kantor dem Jungen vom Schwarzmarkt Eier und eine dunkle Melasse mitgebracht habe, die Ana nicht kannte, wohl etwas Niederösterreichisches, das dem Kleinen aber schmeckte und das er selig mit den Fingern in den Mund stopfte, bis ihn plötzlich ein Krampfanfall überfiel, der ihn schüttelte und schüttelte, bis er starb. Im Lager gingen Gerüchte um, die Melasse sei vergiftet gewesen, weil die Einwohner von Bruck die Slowenen ausmerzen wollten. Der Kantor sei noch ein paar Tage um Ana herumgeschlichen, bevor er niedergeschlagen das Lager verlassen habe.

Je mehr Zora erfuhr, desto sehnlicher wollte sie mit Ana sprechen und sie trösten oder ihr etwas Süßes backen, so wie früher, doch Anas Kälte schien sich täglich noch zu steigern und irgendwann gab Zora einfach auf. Sie betrachtete Pepcas und Anas anhaltende Freundschaft mit Argwohn, machte hin und wieder eine knurrige Bemerkung, bis sich Pepca schließlich von der langen Ana fernhielt (immerhin war Pepca im Haus der Ostans untergekommen, sie kannte ihre Rolle und würde nichts überreizen).

Vor der Kriegsgerätesammelstelle am oberen Ende des Dorfes standen zwei Lastwagen mit Anhängerkarren, die Zufahrt war schief und voller Löcher, es ruckte, Zora stellte ihr Lastauto neben die anderen. Sie schloss das Faltverdeck, raffte ihre Röcke und sprang vom Führerhaus, ging um den Camion herum, löste die hinteren Verschlüsse der Plane und rief zur Deponie hoch: »Ich bin zurück!« Sie wartete nicht auf die Männer, Schrott abladen war weiß Gott nicht ihre Aufgabe.

Die Schnürsenkel ihrer Stiefeletten hatten sich gelöst, sie bückte sich, um sie zu binden. Als sie aufblickte, sah sie auf der Hofmauer zwei rothaarige Italiener sitzen, die einander zufeixten, beide trugen Uniform, beide rauchten. Was es alles gibt, dachte sie. Italiener mit roten Haaren! Und gleich zwei davon! Sie warf ihnen einen frechen Blick zu und ging nach Hause.

Der Serbe stand in der Tordurchfahrt auf der Leiter und ölte ein Scharnier. Den Serben hatten sie im Haus vorgefunden, als sie aus Ljubljana zurückgekehrt waren, ein Kriegsfaktotum. Er kam sanft lächelnd aus der Dachkammer heruntergestiegen, als sie ihr Haus betraten, begrüßte sie mit nobler Zurückhaltung, als sei er der langjährige Diener, nahm Mutter und Tochter die Handköfferchen ab und trug sie in ihre Zimmer, die er richtig zuordnete, obwohl kaum mehr etwas darin stand. *Fehlt nur der Handkuss,* hatte Marija erfreut gemurmelt. Zora hatte sie von der Seite angeblickt. Wieder dieses quälend dunkle Gefühl.

Der Serbe war schweigsam und glutäugig. Selbstverständlich hatte er einen Namen, Goran, den man in der direkten Ansprache auch verwendete, aber ansonsten nannten ihn alle nur *den Serben.* Dass er Serbe war, spielte durchaus eine Rolle. Bosniaken waren viele für Österreich-Ungarn ins Feld gezogen, Franc hatte eine bosniakische Kompanie geführt, aber doch nicht die Serben, die waren der Feind. Ein Serbe, der auf ihrer Seite gekämpft hatte, musste verrückt oder ein anständiger Kerl sein. Zudem war er klein und etwas unförmig, *mupf,* wie der Geheimcode der Kinder für dick lautete. Mupfe Menschen konnten nicht böse sein, weil sie ja mit Essen beschäftigt waren, fanden die Ostans, die nicht dick, sondern kräftig waren, mit Ausnahme von Boris, der war spindeldürr und sah mit seiner aristokratischen Nase sowieso anders aus als der Rest, kein Wunder, dachte Zora.

Ein dumpf platschendes Geräusch, ein Schrei. Der Serbe war von der Leiter gefallen. »Goran!«, rief Zora. Ein Hosenbein war zerrissen, Goran humpelte durchs Tor und hockte sich auf die Holzbank, die er gestern erst getischlert hatte. Zora setzte sich neben ihn, die Hauswand im Rücken, von der Sonne gewärmt. Sie schloss für einen Moment die Augen. Goran stöhnte leise auf, Zora blinzelte und dann sah sie die Narbe. Nicht die blutende Wunde, die der Serbe mit seinem Taschentuch trocken tupfte. Die Narbe, die darunter lag und sich wie eine Natter über den Oberschenkel kringelte, übers Knie womöglich auch, vielleicht bis zum Fuß hinab.

»Wann?«, fragte Zora und zeigte darauf.

»24. Oktober«, antwortete der Serbe.

Mehr gab es nicht zu sagen. *24. Oktober* sagte alles. *24. Oktober* bedeutete Eisregen und Schneestürme, bedeutete Einsatz der Deutschen, bedeutete Granaten mit blauen und grünen Kreuzen, darin neuartiges Gas, Blaukreuz und Grünkreuz zusammen ergaben den Buntkreuzbeschuss, hunderttausend solcher Granaten in den Stellungen der Österreicher, die auf die ahnungslosen Italiener niederprasselten. *24. Oktober* bedeutete die totale Vernichtung von Mensch und Tier, ein ganzer Landstrich erstickt, nur Leichenfelder, die übrig blieben, und die schweigenden Berge. Elf Schlachten hatten die Österreicher verloren, die zwölfte gewannen sie dank deutschem Gas, *Wunder von Karfreit* nannten sie den Schlag gegen die Italiener, obwohl dieser Sieg kein Wunder war, Wunder hatten mit Gott zu tun und nicht mit alles tötendem Gas, zudem verloren die Österreicher am Ende doch noch den Krieg.

Zora blickte zum Rombon hoch, die Buchen am Fuß der steilen Hänge trieben in zartem Hellgrün aus, darüber der Nadelbaumwald, dann nackter Fels, auf der Höhe lag Schnee, schön, so wie früher. Und nie wieder wie früher. Ein Berg, gespickt mit Kavernen, Löchern und Unterschlüpfen, wie ausgehöhlte Augen, die leer auf die Ebene hinabglotzten; darin hatten sie monatelang gesessen, die Österreicher wie auch die Italiener mit ihren Gewehren und Kanonen, und nicht nur auf dem Rombon, auch auf dem Polounik und den anderen Bergen rund um die Ebene, ganze Nester hatten in dem Gestein geklebt, Felsbatterien, vollgepfercht mit Männern, wie jenen von Punkt 13 / 13, dem berüchtigten Elitestützpunkt, die manchmal ins Tal hinabstiegen, um das Bordell zu besuchen, das die österreichische Armee für die Soldaten der Front eingerichtet hatte, mit wechselnden Dirnen, damit die Männer sich nicht an sie banden, hatte Zora gehört, Wienerinnen vor allem, was sie nicht verwunderte, sie hatte die leichten Mädchen gesehen damals in Wien; ein Steinhäuschen am Wegesrand, weit von allem entfernt, auf der Straße zum Pass hoch, auf der Flucht waren sie daran vorbeigekommen, damals eine Unterkunft für Ziegenhirten, wie heute wieder. Die *Front*, das klang unwirklich. Die Front war sonst weit weg, vorne irgendwo, bei anderen Menschen; diese Front war bei ihnen gewesen, direkt neben dem Dorf, zwanzig Meter zum Isonzo hinunter, dann der Fluss, dahinter die Schützengräben und Unterkünfte der italienischen Reserven, die Front eben, nicht nur für ein paar Tage, bis die Gefechtslinie sich verschoben hatte, sondern monatelang; Bovec, ein Dorf für die Geschichtsbücher.

»Francesco«, sagte der Serbe plötzlich.

»Francesco?«, fragte Zora.

»Er war ein hübscher Junge«, sagte der Serbe.

Zora betrachtete Goran von der Seite. Sie hatte ihn nie gefragt, was er im Krieg getan hatte. Man fragte Männer nicht danach, das hatte ihr die Mutter eingebläut, *sie taten eben, was sie tun mussten, also frag nicht*. Es gab dieses Männerkriegsschweigen, das auch Franc beherrschte, mit anderen Soldaten sprach er wahrscheinlich über das Erlebte, mit seinen Geschwistern nicht, bis auf lustige Anekdoten über die Essgewohnheiten der Bosniaken in seinem Regiment, woraufhin Franc so sentimental wurde, dass er tagelang mit seinem Fez aus rotem Filz durchs Dorf lief und die Überreste der Moschee besuchte, die auf Geheiß der österreichischen Heeresleitung für die muslimischen Bosniaken erbaut worden war, was wiederum den Pfarrer zu Kopfschütteln veranlasste, mehr aber auch nicht. Franc' Liebe zum Feztragen wurde als Kriegsbeschädigung abgetan, andere hatten in den Jahren seltsamere Marotten angenommen, Anas Großmutter etwa strickte ohne Unterlass Blumenvasenhüllen, weil Blumen Wärme bräuchten, was niemand verstand, sie aber nicht vom Weiterstricken abhielt, zumal Anas Mutter heimlich die fertigen Hüllen auflöste und die kostbare Wolle zu neuen Knäueln wickelte, ein ewiger Kreislauf.

»Francesco«, fragte Zora, »wer war er?«

Goran ging nicht auf die Frage ein. »Das Schlimmste war die Stille«, sagte er. »Drei Stunden dieser Höllenlärm. Punkt zwei Uhr in der Früh bekamen wir den Schießbefehl, aus allen Stellungen wurde gleichzeitig gefeuert, von den Bergen hinunter, im Tal selbst, bis fünf Uhr morgens, der ganze Talkessel hat unter den Explosionen gebebt, rundum zischte das Eisen durch die Luft.«

Zora hatte von dem Lärm gehört, *tausend Donner im Flitscher Becken* nannten ihre Brüder und sie diese Stunden.

»Der Hall brüllte zu uns hoch, schlug an die Felswände und wieder zurück, es war, als ob die Berge auseinanderkrachten. Wir verfeuerten alle Granaten und Minen, die wir den Berg hochgeschleppt hatten, eine nach der anderen. Verschlussschrauben gegen scharfe Zünder austauschen, Rohr laden, zünden, Rohr in Stellung bringen, scharfe Zünder einschrauben, laden, zünden, immer wieder, bis die Rohre glühten. Wir hörten unsere eigenen Abschüsse nicht, so ohrenbetäubend hämmerte der Lärm durchs Tal, es stampfte und tobte, als ob der Teufel höchstpersönlich die Feuertrommel schlagen würde. Die Italiener schossen anfangs zurück, wir sahen die Aufschlagsflammen im Nebel aufflackern, ihre Scheinwerferlichter irrten sinnlos umher. Dann war plötzlich Schluss. Alles verebbte. Nur noch Dunkelheit. … Und Stille. Die Stille war das Schlimmste. Wir verstanden nicht, warum es so still war da unten, kein Knall mehr, keine Explosion, nichts. Wir nahmen die Gasmasken ab. Einer brühte Kaffee auf. Wir tranken und rauchten. Dann kam das Morgengrauen, wir suchten mit den Feldstechern nach Bewegung, doch die Ebene war vom Nebel und Rauch verhüllt, ein Schleier hatte sich wie ein Tuch über sie gelegt. Was darunter war … man konnte ja nicht wissen … natürlich wusste ich … aber doch nicht so …« Er brach ab. Steckte sich eine Zigarette an.

»Das Gas hat sich durchs Tal gefressen«, sagte Zora.

»Die Vergasung sei *perfekt* gewesen, haben die Patrouillen des Gaswerferbataillons gemeldet. Krimmer und ich haben gesehen, was die Deutschen mit *perfekt* meinten. Krimmer war mein Leutnant, wir sind zusammen hinabgestiegen.«

»Nach Čezsoča«, sagte Zora.

»Ja, Čezsoča.«

»Du warst drin.«

Sie wusste, was in Čezsoča geschehen war. Das Dorf lag auf der anderen Seite der Soča, war kleiner als Bovec und genauso zerstört. Vor dem Dorf hatten die Italiener ein weitverzweigtes System an Wällen, Unterkünften, Höhlen und Verschlägen in die Erde und auch in die Schlucht gebaut, durch die sich eine Straße wand, die beide Dörfer verband. In der Schlucht wütete das Gas am grausamsten, kroch in jede Ritze, wurde zur Falle für achthundert Männer, die *elend verreckten*, so hatte der Vater gesagt, *elend verreckt*, eine ganze Kompanie.

»Ja, ich war drin.«

»In der Schlucht.«

»In der Schlucht, in der Kaverne. Krimmer und ich waren überall. In der Baracke dann … da stand dieser Junge … also Francesco stand da … er lehnte an einem Holzpfeiler …

rund um ihn herum hockten die Toten an den Wänden, mit ihren blau aufgequollenen Gesichtern, wie Wachsfiguren, sicher vierzig Mann, die Gewehre zwischen den Knien, als ob sie bald aufbrechen wollten. Draußen hatten Gefallene am Boden gelegen, unsere Granaten hatten sie getötet. Sie lagen nebeneinander, übereinander, zerfetzte Körper, rundum Helme, Tornister, Betonbrocken und Holzpfähle, Strohmattenfetzen bedeckten sie, alles wüst durcheinander, dazwischen tote Ratten, alle viere von sich gestreckt. Aber drinnen, in der Baracke drin … da …«

Zora wartete geduldig. Goran hatte in den letzten zehn Minuten mehr gesprochen als während der drei Monate, die sie ihn jetzt kannte.

»… da war es anders. Die waren nicht verletzt. Sie sahen ganz normal aus, nicht einmal Gasmasken trugen sie. Die wussten gar nicht, wie ihnen geschah, so schnell ging das. Mit Gas hat doch keiner gerechnet. Vor allem nicht mit solchem Gas! Und dieser Junge stand da und spähte zwischen den Brettern hindurch nach draußen. Ich dachte wirklich, er lebt. Ich tippte ihn an und er kippte einfach um. Ich weiß nicht, warum er da stand, irgendetwas muss ihn gestützt oder eingeklemmt haben, Holz vielleicht. Krimmer winkte mir zu, *schnell raus hier!* Ich kniete neben dem Jungen, er hatte ein ganz glattes Gesicht … so fein … Zuerst sah ich den Briefumschlag. Dann entdeckte ich das Taschentuch. Wahrscheinlich hatte er es sich vors Gesicht gehalten, als das Gas reinzog. Ich habe beides genommen und bin Krimmer hinterhergelaufen, raus aus dieser Gruft. Ich strauchelte und stürzte über einen Blindgänger, der mein Bein zerriss.«

Zora lehnte sich zurück. Goran faltete das blutbefleckte

Taschentuch in immer kleinere Quadrate, nach jeder Faltung strich er es glatt. Erst da sah sie, dass der Stoff nicht nur umhäkelt war, sondern eine Stickerei die Ecke zierte, ein bunter Blumenstrauß, um den sich eine Zeile wand, vier Wörter, vier Farben. *Dal tuo padre amorevole.* Francescos Taschentuch. Das, was von einem Jungen übrig blieb, der in den Krieg gezogen war: ein Stück Stoff mit einer vielfarbigen Stickerei – *Von deinem liebenden Vater.*

Ein lang gezogener Schrei. Zora sprang auf. Der Schrei war in ein anschwellendes Brüllen übergegangen, das ihr vertraut war, Nino! Sie rannte zum Platz, der Serbe hinkte hinterher, und da stand Nino und brüllte und heulte, das Gesicht blutverschmiert. Seine Freunde drückten sich an der Häuserwand entlang, schuldbewusst, ein ganzer Haufen Jungen, keiner älter als zehn. Zora prüfte Ninos Gesicht, dann die Hände. Die linke Hand war blutig, Hautfetzen baumelten herab, darunter offenes Fleisch, Nino wimmerte, schrie nicht mehr, drängte sich verschreckt an sie. Goran fasste dem Kleinen in die Hosentaschen, sie standen weit ab, waren prall gefüllt.

»Munition«, sagte der Serbe.

»Herrgott, Nino!«, schimpfte Zora, blickte zu den Kindern hinüber, die eilends in einem Hauseingang verschwanden, und rief: »Ihr sollt nur Patronenhülsen einsammeln! Nichts anderes, das wisst ihr doch! Wollt ihr alle sterben?«

Nino schluchzte. Am liebsten hätte Zora weitergeschimpft und die ganze Bande an das Drama von letztem Monat erinnert. Die Kinder hatten kleinkalibrige Granaten im Wald gefunden, sie wie einen Patronengürtel um einen Baumstamm gebunden und die Zündschnüre angesteckt, eine nach der anderen ging hoch, die Buche begann zu brennen, die Kinder johlten vor Freude, bis sie merkten, dass weitere Bäume Feuer fingen, diese vom Krieg malträtierten Bäume mit ihren verkohlten Ästen und Stümpfen, sie loderten und knisterten, man konnte das Feuer von Bovec aus sehen. Die Dorfbewohner mussten unten an der Soča Löschwasser schöpfen und die Kinder ein Donnerwetter über sich ergehen lassen, manche auch Schläge, aber Nino war noch tagelang mit leuchtenden Augen durchs Dorf stolziert, wie ein Hund, der ein Reh gerissen hatte und im Blutrausch blieb.

»Los, zur Ambulanz! Zu dem Arzt, dem Italiener«, kommandierte der Serbe. Zora hob Nino hoch und trug ihn über den Marktplatz bis zur Ambulanz hinauf, seinen Kopf an ihre Schulter gelehnt, die Beine über ihrem rechten Arm baumelnd, ihr schien, als habe er das Bewusstsein verloren. Er war schwer, doch sie wehrte Goran ab, als er ihr den Jungen abnehmen wollte: »Ich kann das.«

Die Kinder folgten ihnen in einer größer werdenden Traube, auch Mädchen hatten sich dazugesellt. Neugierige Blicke aus den Fenstern; halb Bovec sah dabei zu, wie Zora Ostan durch den Ort schritt, einen ohnmächtigen Achtjährigen im Arm, den Serben im Schlepptau, eine Horde Kinder hinter sich.

Durch den Garten kam ihnen eine Krankenschwester entgegen, diese resolute alte Furie, die man oft durchs Dorf eilen sah, auffällig allein schon wegen ihres weißen Kittelkleids und der gestärkten Haube auf dem gescheitelten Haar. »Hierher«, die Furie wies Zora eine Pritsche neben dem Eingang zu, auf die sie Nino legen sollte, dann scheuchte sie Goran und die Kinder weg. »Sieht schlimmer aus, als es ist«, sagte sie, nachdem sie die Hand des Knaben inspiziert hatte, der wach und brav auf der Pritsche lag, »aber der Doktor muss nähen.«

Zwei Männer in Felduniformen kamen den Flur herunter, beschwingter Gang, schmale Silhouetten, eng geschnittene Jacken mit hoher Taille, Pluderhosen in den schwarzen Stiefeln, in diesem mausgrauen Stoff des italienischen Heers, dem verhassten. Die beiden Rothaarigen! Der eine bog um die Ecke und ging davon, der andere trat zu ihnen. Sommersprossen, dünner Schnauz und eine kreisrunde Brille, grün funkelnde Augen dahinter. Feiner Trick, dachte Zora, der junge Offizier trug die Brille sicher nur, um seriöser auszusehen. Er beugte sich über Nino, da entdeckte sie das rote Kreuz an seiner Uniform. Der Rothaarige war Sanitätsoffizier, wie schön.

»Wann kommt endlich der Doktor?«, fragte sie die Schwester, die in wachsamer Furienmanier hinter ihnen stand.

»Ich bin das!«, antwortete der Brillenträger keck und musterte Zora ungeniert.

»Ach, Sie schwindeln doch!«, entschlüpfte es ihr. »Sie sind viel zu jung!«

»Dreiundzwanzig«, triumphierte der Rothaarige strahlend, »der jüngste Arzt Italiens!«

Sie betrachtete sein schmales, sommersprossiges Gesicht: »Und wie heißt der Herr Doktor denn?«

»Del Buono«, antwortete er, »Pietro Del Buono.« Und fügte feierlich hinzu: »Sizilianer.«

Da musste Zora lachen.

Berlin, November 1920

Mater dolorosa, dachte er immer als Erstes, wenn er an sie dachte, und er dachte oft an sie. Eigentlich passte der Begriff nicht, *mater dolorosa* klang zu aufopferungsvoll. Das war jeweils sein zweiter Gedanke: *zu aufopferungsvoll.* Aufopfern würde sie sich gewiss nicht. Was passte besser? Er suchte gern nach treffenden Begriffen. Das Bild stimmte zudem nur halb: leidende Frau mit womöglich totem Kind im Arm, eine Art lebendig gewordene Pietà, wobei Marien gemeinhin saßen, sie hingegen *schritt.* Wie sie mit dem Kleinen in den Armen zu der Villa hochgeschritten kam, in der die Ambulanz untergebracht war, das war eindrucksvoll gewesen, eine *soror dolorosa,* aber eine besonders prachtvolle, geradezu sizilianisch anmutende. Wem hatte die Villa eigentlich vor dem Krieg gehört? Er hatte es vergessen, ach, unwichtig. Er sollte sich zusammenreißen, Kienböcks letzter Artikel zur Diagnostik der Lunatummalazie lag vor ihm, hochinteressant, aber nicht einfach zu lesen auf Deutsch. Wenn ihm nur nicht immer dieses Bild vor Augen stünde. Und der Begriff dazu fehlte. Er könnte die Staatsbibliothek aufsuchen und nachschlagen, ob jemand eine schreitende Pietà gemalt hatte, aber wahrscheinlich würde er nicht fündig werden. Es quälte ihn, wenn er sich nicht konzentrieren konnte, seine Arbeit war ihm wichtig. Er würde diese Frau heiraten. An ihrer Seite zum Altar schreiten. Schreiten konnte er gut, jeder Süditaliener konnte schreiten, das sollten die Norditaliener erst einmal lernen, die konnten marschieren, was etwas anderes war, das hatte er im Krieg gesehen, schreiten hatte mit Würde und Gelassenheit zu tun, ein verinnerlichter, majestätischer Gestus, der standesunabhängig war, jeder sizilianische Fischer schritt würdevoll, und sei es nur die Quaimauer entlang.

Jetzt musste er sich aber beeilen und zusammenräumen, Coolidge war zu Besuch, er durfte ihn keinesfalls verpassen. Coolidge! Ihn wollte er unbedingt hören. Später dann die Versammlung in Kliems Festsälen in der Hasenheide. Es gab so unglaublich viel zu tun. Immerhin lief in der Stadt alles wieder wie am Schnürchen, die Elektrizitätswerke hatten ihren Streik beendet. Sechs Tage ohne elektrisches Licht und ohne Straßenbahn; das war was gewesen, in dieser nordischen Dunkelheit, im Winter. Er war aus Italien einiges gewohnt, seit Kriegsende wurde oft gestreikt, im Süden weniger als im Norden, doch neulich hatten Metallarbeiter in Palermo eine Fabrik besetzt und Bauern Ländereien, aber sechs Tage organisierter Streik der öffentlichen Dienste, das war allerhand. Er musste eine gute Stunde früher aufstehen und sich in den Strom der Menschen einreihen, die zu Fuß zur Arbeit gingen, weil die Elektrische nicht fuhr, ganz Berlin war frühmorgens auf den Beinen, die Kutscher brachten noch den ältesten Gaul auf die Straße, sie machten ein vortreffliches Geschäft. Am dritten Tag hatte ein kräftiger Schneesturm die Häuser und Straßen verweht, was zu noch mehr Durcheinander führte, weil auch die Straßenkehrer streikten und den Schnee, den fleißige Hausmeister mithilfe übermütiger Kinder zu Haufen aufgetürmt hatten, nicht abräumten, während es andererseits ganze Straßenzüge gab, wo weder Hausmeister noch Kinder Schnee schippten, bei ihm in Schöneberg zum Beispiel, da versank die Eisenacher Straße zuerst im Schnee, dann im Dreck, der Ruß fraß sich in den Matsch hinein. Aber eigentlich fand er, dass die Leute insgesamt munterer aussahen, rotwangig und gesprächig, es kam zu richtiggehenden Disputen, die einen zeterten über die Streikenden, die anderen unterstützten sie nach Kräften und brachten den Demonstranten warme Getränke, am Nollendorfplatz fuchtelte allerdings eine Gruppe entfesselter Finanzbeamter derart erbost mit Plakaten herum, die sie auf Holztafeln aufgezogen hatten, dass die Passanten in respektvollem Abstand vorbeihasteten. Auch auf dem Leipziger Platz ging es turbulent zu, er hatte den Eindruck, dass sogar die Taschendiebe früher aufstanden, überall Hände und grimmige Menschen, die einander zu nahe kamen und sich anrempelten, Fräuleins, mit Regenschirmen bewaffnet, mit denen sie die dreistesten Annäherungsversuche abzuwehren versuchten. Berlin, das sonst so gleichmütig vor sich hinfloss, war komplett außer sich während dieser Tage, obwohl es Streiks gewohnt war. Dieses Jahr, so hatte er von der Zwergin am Kiosk in der Motzstraße vernommen, hätten die Bäcker, die Kellner, die Schneiderinnen, die Binnenschiffer, die unteren und die mittleren Postbeamten, nicht aber die oberen, die Filmindustriearbeiter sowie die Eisenbahner gestreikt, und das seien bestimmt nicht alle gewesen, die Hälfte habe sie vergessen, wirklich schlimme Zeiten, welche Sorte Zigaretten er eigentlich haben wolle? Aber jetzt brannten die Lichter wieder, die Elektrische fuhr, die Beamten saßen in ihren geheizten Schreibstuben, und die Studenten hatten keinen Grund mehr, die Vorlesungen zu schwänzen, alles ging seinen geschäftigen Gang.

William D. Coolidge, ein Amerikaner, war im Alter seines Vaters, gut fünfzig. Wenn Pietro an seinen Vater Giuseppe dachte, sah er dessen rotes Haar vor sich, noch röter als sein eigenes, ein flammendes Normannenrot, wie es in Sizilien öfter auftrat, Haar, das der Vater so lang wachsen ließ, dass es sich für einen Vizebürgermeister gerade noch schickte, nicht weil er den Barbier sparen wollte, knauserig war er wahrlich nicht, aber stolz auf das normannische Erbe, auf die verwegene Wikingeraura, die seine Haarpracht, sein Schnauzbart und eine gewisse Leibesfülle vermittelten; ein imposanter Mann. William D. Coolidge kannte er nur von Fotografien und einem Lehrfilm, ein feingliedriger Mensch mit schiefem Gesicht, großen Ohren und wachem Blick. Coolidge war kein Mediziner, sondern Physiker. Doch für die Radiologie war Coolidges Erfindung der Hochvakuum-Röntgenröhre epochal gewesen; nachdem die frühen Radiologen ihre Ionenröhren wie launische Individuen hatten behandeln müssen, die bei jeder Veränderung der Spannung eigenwillig reagierten, konnte die moderne Radiologie sich auf die neuen Röhren verlassen, die zuverlässig mit Elektronenentladung arbeiteten. Noch in Jahrzehnten würde der hinterletzte Medizinstudent Coolidges Namen kennen, denn der Röntgenpionier Lewis Cole (auch so ein Gigant, den Pietro bewunderte) taufte die Erfindung auf dessen Namen: Coolidge-Röhre.

Er würde mit Adelsberger, Blank und Fräulein Bloch zu der Vorlesung gehen und später *die Bloch'sche,* wie seine beiden Freunde Emmi Bloch insgeheim nannten (unaussprechbar für ihn), zu einer Versammlung der USPD in Neukölln begleiten; Adelsberger und Blank interessierten sich wenig für Politik. Adelsberger war ein bayerischer Katholik mit einem Hang zur Völlerei, Blank ein hochgewachsener Pfarrerssohn aus Oldenburg – *Obacht, Del Buono, falls du meine Mutter aufsuchen willst, um ihr über meine Onartigkeiten zu berichten, musst du nach Oldenburg an der Ostsee reisen, nicht in die Hauptstadt des föderalen Freistaates Oldenburg!,* hatte Blank mit theatralischer Betonung und hochgezogenen Augenbrauen gesagt, er spielte gerne mit Os, er schien richtiggehend verliebt in Os, *Oskar Blank aus Oldenburg von und zu hinter dem Oldenburger Wall, ein Oberschlingel, oho!* Wenn er Adelsberger einen *Obatzter* nannte, was, wie man bis nach Berlin erfahren hatte, eine schwer auf dem Magen liegende neuartige bayerische Käsespezialität war, schien das durchaus treffend, allein das O wies auf die Körperfülle hin, die in den kommenden Jahren auf Adelsberger lauerte, er war mit fünfundzwanzig schon bemerkenswert rund. *Grauselig bei einer OP,* hatte Fräulein Bloch neulich geflüstert und geschaudert wie ein zartes Vögelchen, dem sich alle Federn aufstellten, die es für einen Moment größer machten, als es war. Pietro hatte genickt, er kannte die matt schimmernden Fetttrauben, die dicht gedrängt nebeneinander waberten und einem entgegenzuspritzen drohten, wenn man sie mit dem Skalpell durchschnitt, eine überflüssige Schutzschicht, die dem Operateur die Arbeit erschwerte, aber er wollte sich nicht beklagen, was sich im Körperinneren pulsierend vor ihm auftat, war jedes Mal eine Offenbarung, vor allem, wenn er vorher die Röntgenbilder gesehen hatte, die er gedanklich mit Genauigkeit in den realen Zustand übersetzen konnte. Er wusste, das war seine große Qualität, er würde ein exzellenter Radiologe werden, das konnte er ohne Eitelkeit von sich behaupten, Professor Blumenthal war begeistert von ihm. Sie waren alle vier gut, jeder auf eigene Art, die Berliner Charité nahm nur die Besten auf. Fräulein Bloch war die wissenschaftlich Akribischste, Adelsberger der Beruhigendste für die Patienten, Blank der Ehrgeizigste, der es sicherlich zu einer Professur bringen würde (allein schon wegen des *Oooordinarius!*), und Pietro, nun, er würde ganz Süditalien mit dem Segen der Röntgendiagnostik beglücken, das Schreiben der Università di Napoli hatte er den Freunden mit Stolz vorgelesen, ehrgeizig auch er. Noch drei Monate unter Blumenthals Fittichen, dann wäre er für den Aufbau der größten radiologischen Abteilung südlich von Rom verantwortlich. *Napoli! Il Vesuvio!*, hatte Fräulein Bloch verzückt gerufen und melodramatisch zwei Zeilen rezitiert: *Muss denn alles in Italien und Sizilien, im Orient geschehen? Sind denn Neapel, Palermo und Smyrna die einzigen Orte, wo etwas Interessantes vorgehen kann?* Weder Adelsberger noch Blank noch er hätten das Zitat einem Dichter zuordnen können, aber die Bloch'sche war so anständig, sofort Goethes Namen anzufügen, um ihre Freunde nicht bloßzustellen; eine Angeberin war sie nicht, nur gebildet. *Bestes mosaisches Charlottenburg,* hatte Adelsberger bewundernd geraunt, als er hörte, wie sie sich mit der anderen Assistenzärztin über literarische Salons des vergangenen Jahrhunderts unterhielt, ein ihm gänzlich fremdes Thema.

Die drei saßen bereits in Hörsaal 2, als er ankam, sie hatten ihm den Platz freigehalten. Coolidges Auftritt gestaltete sich furioser als erwartet. In dem Lehrfilm, den sie kannten, hatte er hölzern und bedächtig gewirkt. Er sprach ordentlich Deutsch, obwohl seine Promotion in Leipzig mehr als zwanzig Jahre zurücklag. Die Coolidge-Röhre nannte er konsequent Kathodenröhre, Coolidge *war* die Röhre, das wusste hier jeder, zumal die Röhren von AEG in Berlin produziert wurden. Er präsentierte dem Auditorium eine verfeinerte Version, die frisch zum Patent angemeldet worden war, und hantierte mit seinen eleganten Fingern an dem Strahlenapparat herum, den er aus New York mitgebracht hatte, hüstelte dabei ausdauernd, manchmal machte es den Eindruck, als kicherte er vor Freude, aber es war wohl doch ein Hüsteln. Zwischendurch schritt er mit klackenden Absätzen (schlugen Amerikaner eigentlich immer Nägel in die Schuhsohlen ein?) von einer Hörsaalseite zur anderen, einmal blieb er vor den zwei Sitzreihen mit den Schwestern stehen, die er mit *young ladies* ansprach und denen er ein paar gekonnte (und laute) Steppschritte vortanzte, worauf die im Chor zu kichern anfingen, dass ihre Häubchen wackelten, was wiederum die Bloch'sche zu einem Hüsteln veranlasste; einmal implodierte eine Röhre mit wohligem Seufzen, später kugelte eine halbmeterhohe Gaspatrone vom Regal, weil ein Assistent sich darangelehnt hatte, plötzlich zischendes Gas, und dann Coolidge, der sich nicht zu schade war, der wegrollenden Patrone unter Labortischen hinterherzukriechen, was den Saal in begeis-

41

tertes Klopfen ausbrechen ließ – die zwei Stunden verliefen in einer munteren Klangwelt, die womöglich amerikanisch war. Zum Schluss erzählte Coolidge von seiner Begegnung mit Wilhelm Conrad Röntgen, der neulich emeritiert worden war. Knapp fünfundzwanzig sei Coolidge damals gewesen – »so alt wie wir«, flüsterte Adelsberger den Freunden zu – und Röntgen über fünfzig, weltberühmt, doch noch ohne Nobelpreis, der 1901 erstmals verliehen wurde, Röntgen hatte ihn sofort erhalten. Er, Coolidge, sei ein schüchterner Jüngling gewesen, der auf einer abgelegenen Farm am Hudson River aufgewachsen sei, und Röntgen stamme aus städtischem Großbürgertum, weswegen Coolidge doppelt nervös gewesen sei, als er ihn am Physikalischen Institut in Leipzig als Vertretung der Direktion habe empfangen müssen. Röntgen, das wüssten sicher alle im Saal, spreche eigentlich kaum, und so sei die Begegnung recht einsilbig verlaufen. Dass dieser introvertierte Mensch die X-Strahlen entdeckt habe, dank derer sie alle hier säßen, das Datum kennten sie ja auch, nehme er an – »8. November '95, spätabends«, rief Blank und Coolidge nickte ihm wohlwollend zu –, sei einem Zufall geschuldet gewesen, aber im Gegensatz zu den anderen Männern, die die Strahlen schon vor Röntgen in Experimenten erzeugt hätten, Nikola Tesla zum Beispiel, habe Röntgen die Bedeutung seiner Entdeckung sofort verstanden und sie umgehend publik gemacht, sonst würden die Röntgenstrahlen heute womöglich Teslastrahlen heißen. Er wolle die jungen Ärzte im Auditorium daher ermuntern, wagemutige Forscher zu sein und neue Erkenntnisse zu veröffentlichen. Er wiederholte auf Englisch: »*You have to publish it!*«, und schweifte mit seinem Blick durch den steilen Saal, wobei Pietro war, als schaue Coolidge ihm länger in die Augen als den anderen. Adelsberger, Blank und die Bloch'sche schienen allerdings das Gleiche zu denken, sie waren mindestens so euphorisiert: Einen der Großen von einem noch Größeren sprechen zu hören, war ein Ereignis gewesen – so bekam man das Gefühl, selbst in den Kreis der Großen zu gehören, wie Blank trocken vermerkte.

In der Halle der II. Medizinischen Klinik verabschiedeten sich Adelsberger und Blank. »Geht ihr Politik machen, wir kümmern uns um die Wissenschaft, so wie Einstein«, sagte Blank (er bezog sich auf zwei Versammlungen, die gegen Einsteins Relativitätstheorie stattgefunden hatten, Einsteins Gegner hatten zu Massenprotesten aufgerufen, um die Theorien des Physikers ins Lächerliche zu ziehen). Blank ging mit langen Schritten Richtung Dunkelkammer, während Adelsberger zu zögern schien, ob er sich ihnen nicht anschließen sollte, aber die Lehrbücher waren ihm doch wichtiger, als zwei Stunden an der Seite von Fräulein Bloch in einem rauchgeschwängerten Raum am Rande Neuköllns auszuharren, zumal er Nichtraucher war, denn nur sie wäre es gewesen, was ihn angezogen hätte, die Bloch'sche, nicht die Sozialdemokraten. Fräulein Bloch war Mitglied der USPD und im Begriff, sich bei einer Spaltung der Partei der *Kommunistischen Internationalen* anzuschließen. *Radikales Persönchen, unser Vögelchen,* hatte Blank neulich gesagt. Den Ruf des Vögelchens wurde Emmi Bloch nicht mehr los, dachte Pietro und betrachtete sie von der Seite, sie ging mit federleichtem Schritt, nicht schwebend, nicht trippelnd, eher hüpfend, als ob sie sich jederzeit abstoßen und mit dem nächsten Luftzug in den rauchgrauen Berliner Himmel abheben könnte. Manchmal sah sie richtiggehend zerzaust aus, anders als die anderen Ärztinnen, die Wert auf korrekte Frisuren legten, ihr fein gewelltes, dunkles Haar, das ihr bis zum Kinn reichte, schien in alle Richtungen fliehen zu wollen, *Blochs elektrische Aufladung* nannte Blank das fachmännisch, was sie aber nicht anzufechten schien, sie hatte Wichtigeres zu tun, als ihre Haare zu zähmen. Versammlungen besuchen zum Beispiel.

Pietro fühlte sich ihr nah, näher als den beiden Freunden, weil er mit ihr über Politik sprechen konnte; mit Frauen über Politik zu sprechen war nur selten möglich. Er war durchaus empfänglich für ihre Reize, aber letzten Endes war Emmi Bloch ihm zu zart, zu feinsinnig auch, er sehnte sich nach Zoras direkter Stärke, danach, wie sie jede Situation zu bewältigen schien, nach ihrer Opulenz, ihrem einladenden Körper, den zu berühren er sich stundenlang vorstellen konnte. Dass er sich mit Adelsberger und Blank gut verstand, lag sicher daran, dass er nicht um Fräulein Bloch buhlte und keine Konkurrenz für die beiden war, aber auch, dass beide nicht im Krieg gewesen waren, anders als er. Blank hatte sich zum Einjährigen Freiwilligen Dienst gemeldet, der, wie Fräulein Bloch Pietro erklärt hatte, *Reiche-Kinder-Variante*, die darin bestand, dass Blank ein halbes Jahr lang Pferde in Holstein versorgt hatte, bevor er in den Sanitätsdienst übernommen wurde und sein Medizinstudium beenden konnte, während Adelsberger sich als Sanitätsunteroffizier um die Gesundheit fränkischer Schulkinder kümmerte und nebenbei studierte. Dadurch waren beide geradezu unbedarft und unbeschädigt, Kampfhandlungen hatten sie keine mitbekommen, Feldlazarette nie gesehen, von der Front ganz zu schweigen. Sie hatten weder Explosivstoff noch versengtes Menschenfleisch gerochen, kannten nicht die Angst, wenn eine Granate neben einem einschlug, nicht das Entsetzen beim Stoß der Explosion, der einen glauben ließ, der Körper zerrisse, nicht das stumme Schluchzen der Männer, denen Beine oder Arme amputiert wurden, nicht die zerfetzten Gesichter, ohne Nasen, ohne Ohren, Fratzen mit weggeschossenen Kieferknochen, die man jodisieren und irgendwie zusammennähen musste, nicht den Matsch in den Feldlazaretten und Verbandplätzen, der bis in die Zelte drang, die glitschigen Strohmatten, die feuchten Holzkisten, auf denen man hockte und die Zeit totschlug, nicht die Scheißkälte im Winter und die Horden von fetten, glänzenden Fliegen im Sommer, die in den Ecken der Zelte klebten und auf das Sterben der Verletzten lauerten, nicht, wie die Soldaten sich im Laufe des Krieges veränderten, wie sie still und stiller wurden. Adelsberger und Blank wussten nichts davon. Aber das Gute war: Er musste die beiden nicht als Feinde betrachten und sie ihn auch nicht, sie hatten nicht gegeneinander gekämpft. Sie hatten den Krieg im Gespräch stillschweigend ad acta gelegt, er wollte sie nicht belehren, und wahrscheinlich war es auch ihr gemeinsames Bedürfnis nach Normalität, nach Jugend und einer gewissen Leichtigkeit, das sie über andere Sachen sprechen ließ. Zudem war Pietro mit einer Frau verlobt, die zum Feind gehört hatte, warum sollte er also nicht mit Deutschen befreundet sein.

In Berlin zu leben war insofern heilsam, als er tagtäglich

mit Deutschen zu tun hatte und in ihnen nicht mehr nur die kaltblütigen Soldaten sah, die ganz Italien fürchtete wie den Teufel. Als sie am Isonzo gerüchteweise vernommen hatten, dass deutsche Truppen die Österreicher unterstützten, hatte sich stummes Entsetzen über die Männer gelegt, viele waren desertiert, wer erwischt wurde, wurde erschossen, dennoch flüchteten sie, meistens allein und meistens nachts, manche liefen sogar zum Feind über, nur schon das Wort *Deutsche* verhieß das Schlimmste. Zu Recht, wie man später erkennen musste, die totale Vernichtung in der Schlacht bei Caporetto durch das AOK 14, dessen penibles Töten mit Giftgas, diese heillose, berüchtigte Präzision … in der Wissenschaft war sie von Vorteil, die Charité funktionierte tadellos, doch im Krieg …

Er dachte oft an den Krieg, vor allem nachts. Aber wenn er in der Elektrischen saß, so wie jetzt, wo Fräulein Bloch an seiner Seite aufgeregt über die bevorstehende Versammlung schwatzte und hinter ihnen Studenten über die brandneue *Hochschule für Leibesübungen* sprachen, wenn er durch die Scheiben die Passanten betrachtete, die über die Straßen schlenderten oder eilten, die Radfahrer, die sie schwungvoll umkurvten, die Gassenjungen, Selbstgedrehte im Mundwinkel, auf dem Weg zur nächsten kleinen Gaunerei, die Damen mit ihren schicken Hütchen und den wadenlangen Kleidern und dort drüben der korpulente Straßenhändler, der seine Ware auf dem Bürgersteig ausgelegt hatte, eine Traube Frauen um ihn geschart, die jedes Stück Stoff prüfend aufhoben, daran herumzupften und mit ernsten Mienen diskutierten, ob es taugte, der Händler, der hastig zusammenzupacken anfing, weil zwei Polizis-

46

ten im Anmarsch waren, das greise Paar, das einen Karren zog, Schrott darauf, beide mit krummen Rücken, als ob die Jahrzehnte sie in stillschweigendem Einklang verbogen hätten, die Herren, die auf Karton gespannte Hemden in den Schaufenstern studierten – wenn er diese normalen Berliner betrachtete, wurde ihm ganz weich ums Herz, früher oder später würde jeder von ihnen Hilfe brauchen, Patient werden, den es zu durchleuchten galt. Auf seinem Nachttisch in der Eckwohnung in der Eisenacher Straße, wo er sich als Zimmerherr bei einer fahrigen Kriegswitwe eingemietet hatte, lag Alfred Döblins *Wadzeks Kampf mit der Dampfturbine*, er las jeden Abend ein paar Seiten, um sein Deutsch zu verbessern, aber auch, um die Psyche der Deutschen zu verstehen, die ihm tiefgründiger, ja abgründiger erschien als die der Italiener, als ob die Dunkelheit des Nordens sich in den Seelen festgesetzt hätte und darunter verborgene Dinge loderten, die sich im Süden gar nicht hatten entwickeln können. Seine Landsleute schienen ihm einfacher strukturiert, geradezu beschämend simpel, ein Indiz war, dass sich ihre Gespräche vorwiegend und in aller Ausführlichkeit ums Essen drehten, eine Angewohnheit, die ihn nervös machte.

Fräulein Bloch stupste ihn an: »Hermannplatz!« Sie stiegen aus und bogen in die Hasenheide ein, vor dem Eingang zu Kliems Festsälen drängten sich die Leute. Er war schon einmal hier gewesen, zu einer Vorstellung des neu gegründeten *Proletarischen Theaters,* zu der Fräulein Bloch die Freunde mitgeschleppt hatte, Adelsberger und Blank hatten die Aufführung und das johlende Publikum mit wachsendem Entsetzen verfolgt, während die Bloch'sche vor

47

Freude bebte, sie schien sich *pudelwohl* zu fühlen inmitten all der lauten Kommunisten – *pudelwohl fühlt sie sich,* so hatte Blank den Freunden zugeflüstert, Pietro hatte genau hinhören müssen, um das Wort zu verstehen, die Deutschen verwendeten gern Tieradjektive, *hundemüde, hundsgemein, bärenstark, saukalt, lammfromm, mausarm* und sein neues Lieblingswort: *fuchsteufelswild.* Das Programmheft trug den Titel *Der Gegner,* schreiend orange Lettern auf beigem Grund; er hatte es Zora nach Bovec geschickt, ihr selbstverständlich nicht gesagt, dass Dr. Bloch ihn ins Theater mitgenommen hatte, sondern nur von Dr. Adelsberger und Dr. Blank geschrieben, Zora neigte zur Eifersucht, das hatte er schon gemerkt.

Heute war die Stimmung eine andere als bei der Theatervorstellung, erregter; von flirrender Fröhlichkeit keine Spur. Fräulein Bloch schlüpfte zwischen den Menschen hindurch, wurde von der dunklen Menge verschluckt, er sah sie nicht mehr, versuchte ihr aber zu folgen. Die Versammlung fand im großen Saal statt, einem barock anmutenden Raum, gewölbt, hoch und düster, mit üppigen Malereien an den Wänden, wie in einer katholischen Kirche, doch deutlich frivoler, eine Guckkastenbühne, ebenfalls bemalt, enorme Lüster hingen an der Decke, Rauchschwaden durchzogen die Luft. Um die hölzernen Bistrotischchen saßen die Leute dicht gedrängt, tranken und rauchten, manche hatten ihre feuchten Mäntel und Schals über die Lehnen gehängt, er suchte Fräulein Bloch, quetschte sich zwischen Stuhllehnen durch, bis er sie entdeckte, sie winkte ihm zu, sie saß da mit Menschen, die er nicht kannte, Freunde offenbar, Pazifisten wahrscheinlich, denn das war der Grund gewesen, warum sich die USPD von der SPD abgespalten hatte, deren Kriegsbegeisterung. Jetzt tobte die nächste Abspaltungsschlacht, die Linken der USPD drohten der KPD beizutreten, die USPD musste diesen Abgang verhindern, sie war die zweitstärkste Fraktion und wollte es bleiben. Vorn auf dem Podium stritten Männer, sie redeten so schnell, dass er sie nicht verstand, die Worte schwirrten ihm um die Ohren, *Luxemburg! Alle Macht den Räten! Bolschewiki! Moskau! Verräter! Schweine! Neue Rote Fahne! Paul Levi! Vereinigung!* An den Tischen rumorte es, auch Fräulein Bloch stand auf und rief in den Saal: »Her mit den Visionen! Lasst Träume wahr werden!« Pietro genoss diesen Tumult, er steckte eine Zigarette nach der anderen an, ließ sich mittragen von der Erregung, dem Ruf nach der Internationalen, der ihm plausibel war. Ihm als Mediziner schienen die Forderungen nach Gleichheit selbstverständlich, gar logisch zu sein. Hatte man nicht deswegen studiert, um *allen* zu helfen, litten nicht *alle* an ihren Körpern, war es nicht wie beim Jüngsten Gericht (nicht dass er an das Jüngste Gericht glauben würde), dass jeder gleichermaßen zitternd und verängstigt vor seinem Arzt stand wie vor Gott? Er war kein Mitglied des *Partito Socialista Italiano,* aber in Neapel würde er sich mit Parteipolitik beschäftigen, so viel stand fest.

»Da«, rief Fräulein Bloch und zeigte auf die andere Seite des Saals, »da hinten sitzt diese Schwester aus der Chirurgischen! Die darf hier nicht sein, die ist ausgebüxt!« Tatsächlich, es war die hübsche Blondine, auf die Blank ein Auge geworfen hatte – wenn der wüsste. Den Schwestern war es nicht gestattet, das Gelände der Charité ohne Genehmigung zu verlassen. Sie bewohnten im Krankenhaus kleine Kammern, um im Notfall sofort für die Patienten da zu sein. Ihr Dienst begann um 4.30 Uhr und endete um 21 Uhr, ihre Freizeit verbrachten sie mit den anderen Schwestern, Herrenbesuche waren strikt verboten, Ehen nicht erlaubt. Die Schwestern mussten nicht nur den Ärzten bei den Visiten assistieren und die Patienten versorgen, sie mussten auch Geschirr spülen, Fußböden wischen, Toilettenschüsseln und Wannen reinigen, Türklinken und Fenstergriffe desinfizieren, bis sie selbst nach Lysoform rochen, Essen austeilen und die Speisereste dem Hausvater zurückbringen, damit der sie entsorgen konnte, keinerlei Lebensmittel durften die Charité verlassen, der Keime wegen. Schwestern führten ein Leben wie Nonnen, nur standen sie nicht im Dienste Gottes, sondern der Medizin. Eine Genehmigung der Oberschwester für den Besuch einer Abendveranstaltung zu erhalten war undenkbar. »Ausgebüxt«, wiederholte Pietro, »das Wort muss ich mir merken.« Er zwinkerte Fräulein Bloch beschwichtigend zu, natürlich werden wir die Schwester nicht melden, schien er ihr zu bedeuten, und sie nickte: »Natürlich verpfeifen wir sie nicht.« *Verpfeifen,* noch so ein famoses Wort, auch wenn es aus Fräulein Blochs Mund etwas unartig klang. Die Schwester hatte sie ebenfalls entdeckt und starrte sie entgeistert an, die Bloch'sche und er grüßten über die Tische hinweg in aller Freundlichkeit, die Schwester wandte sich erleichtert ihrem Begleiter zu, der aufgestanden war und mit lauten Buhrufen einen Schwätzer von der USPD von der Bühne hinabzuscheuchen versuchte.

»Ich trete über«, raunte Fräulein Bloch ihm zu, »gleich

morgen früh, die sind mir hier alle zu zahm. Ich stimme für die einundzwanzig Bedingungen der Komintern. Wir werden Teil der Internationalen! Ich gehöre zur Komintern! Und Levi hat recht, wir müssen das Erbe von Liebknecht und Luxemburg verwalten. Die KPD ist die Zukunft, nicht die USPD! Das wird groß.«

Ihm war nach alldem nach frischer Luft zumute, aber das hitzige Fräulein Bloch wollte noch bleiben, er ließ sie bei ihren Freunden, mit denen sie den Parteiaustritt zu besprechen hatte, sie würden sie nach Hause begleiten, aber er musste über das Gehörte erst nachdenken, und denken konnte er am besten beim Gehen, also verließ er den Saal allein. Im Entree setzte er seinen Hut auf und zündete sich eine *Muratti* an. Er hatte die Marke bei Blank entdeckt; *die perfekte Mischung aus Konstantinopel und Berlin,* hatte der gesagt, als er Pietro zum ersten Mal eine *Muratti Ariston* angeboten hatte, ein internationales Stück Genusskultur sei das, feinster Tabak aus dem Osmanischen Reich, eine englische Firma, ein griechischer Besitzer – *der Mann heißt Sophokles, was für ein herrlich weltläufiger Name, Del Buono, nicht wahr? Sophokles Muratti! –,* mit einer Berliner Dependance in der Köpenicker Straße, wo türkische Tabakdreher die Orientzigaretten produzierten und sie in hübsche Blechdosen mit wechselnden Sujets verpackten, auf einer war auch Kaiser Wilhelm abgebildet, die hatte Pietro dann nicht gekauft.

Er ging an den Bierbrauereien und Tanzsälen vorbei Richtung Kaiser-Friedrich-Platz, über die Gneisenaustraße und unter den Yorckbrücken hindurch bis zur Bülowstraße, er brauchte keine Dreiviertelstunde für den Weg, der

Kälte wegen ging er schnell. Er liebte es, an der Hochbahn entlangzugehen, daher der kleine Umweg, eine Hochbahn fehlte in Palermo, er mochte ihr Rumpeln, das man schon aus der Ferne hörte, ihre Geschwindigkeit, die Lichter, die vorbeizogen, den Schattenwurf an den Häuserwänden, die prachtvolle Eleganz des Kuppelbaus an der Station Nollendorfplatz, die breite Treppe, die in einen Palast zu führen schien, man hatte der Technik ein Denkmal gesetzt.

Die Zwergin in der Motzstraße verschloss gerade den Kiosk, es war kurz vor Mitternacht. Seit er sie vor einem Sturz bewahrt hatte, als die wackelige Konstruktion aus gestapelten Holzkisten und Zeitungsbündeln umzukippen drohte, die sie täglich bei Schichtbeginn aufbaute, um an die oberen Zeitschriften zu gelangen, plauderte sie mit ihm. Ob er schon gehört habe, fragte sie, während sie energisch am Vorhängeschloss des Rollladens herumnestelte, dass es nur noch siebentausend Milchkühe in Berlin gebe? Bei der letzten Zählung seien es zwanzigtausend gewesen. »Zwanzigtausend! Und jetzt siebentausend, det ist doch een Skandal! Irgendeener hat die heimlich verkooft! Det waren die von janz oben! Die schlagen sich jetzt die Bäuche voll mit die Viecher. Und wir haben keene Milch, uns fallen die Zähne aus und ick brech' mir alle Knochen, is' doch so, Herr Doktor?!« Er hörte sie noch schimpfen, als er schon den Durchsteckschlüssel ins Haustürschloss geschoben hatte. Da fiel ihm ein, er hatte kein Briefpapier mehr. Er eilte zurück zur Straße, warf ein paar Groschen in den Schreibpapierautomaten, der vor dem *Lustigen Krug* (einer reinen Alkoholikergaststätte, man hörte die Leute singen) an der Wand hing, und zog kräftig an dem Metallarm, drei

Blatt Papier schoben sich ihm durch den Schlitz entgegen. Er würde Zora heute Nacht noch schreiben, um ihr von der Versammlung zu berichten, natürlich ohne Dr. Bloch zu erwähnen, deren jubilierende Worte ihm im Ohr klangen, als seien sie der Refrain eines fröhlichen Liedes: *Wir werden Teil der Internationalen! Ich gehöre zur Komintern! Das wird GROSS!*

Neapel, Dezember 1923

Das Geschrei auf der Straße unten war schon erstaunlich, dachte Zora, warum diese Leute immer schreien mussten? Wenigstens war das Geschrei in der Wohnung verebbt. Ihre Brüder hatten nie so gebrüllt wie dieser Säugling. Dabei war er doch auch ein Junge. Sie kannte sich mit Säuglingen aus (drei kleine Brüder immerhin), aber dieses Kind blieb ihr ein Rätsel. Vielleicht litt es unter einer Angstneurose, die sich in übermäßiger Reizbarkeit ausdrückte? War es wegen des Straßenlärms gereizt? Professor Freud hatte darüber geschrieben, er nannte das *Gehörhyperästhesie,* sie hatte es diese Woche nachgeschlagen, seine Bücher standen hinten in der Bibliothek. Zora hatte schon in Wien von Professor Freud gehört, während ihrer Schulzeit im Mädchenpensionat, da wurden allerlei Dinge über *Die Traumdeutung* kolportiert, auch wenn keines der Mädchen je eine Zeile des Buches gelesen hatte.

Heute war Dr. Adelsbergers letztes Abendessen bei ihnen, morgen würde er nach Deutschland zurückreisen. Sie hoffte, dass Davide sich während des Essens ruhig verhielt, andernfalls müsste sie ihm das Spezialfläschchen geben, zwei Löffel Zucker in köchelndem Rotwein aufgelöst, mit etwas Wasser verdünnt und auf Körpertemperatur abgekühlt, das machte man in Süditalien so, es beruhigte die Nerven, die Kinder schliefen gut nach dem Trunk. In Bovec hatte das keiner glauben mögen, auch Pepca war bestürzt gewesen: *Diese Italiener!* Zora hätte es während des Sommers nicht gewagt, dem Säugling gezuckerten Rotwein einzuflößen, das ganze Dorf hätte es erfahren. Aber jetzt war Winter und sie zurück in Neapel, das Leben war ein anderes.

Zora mochte Dr. Adelsberger gern, er war gutmütig und genügsam, ein grundanständiger, durch und durch harmloser Mensch, wie ihr schien. Seit einer Woche wohnte er bei ihnen, Pietro hatte ihn von dem Kongress in Rom mitgebracht, sie hatten ihn in der *stanza blu* am Ende des Flurs einquartiert. Die *stanza blu* war Pietros einzige Anforderung an die Wohnung gewesen: *Ich wünsche ein blaues Zimmer.* Eines wie in seiner Kindheitswinterwohnung in Palermo, mit Wänden mit arabischen Schriftzeichen auf tiefblauem Grund. Ob bestickt oder bedruckt, spielte keine Rolle. Hauptsache dunkelblauer Grund, Hauptsache arabischer Text. Was für ein Text, schien ebenfalls keine Rolle zu spielen. Es ging um die Aura. Und, ganz wichtig: Das Zimmer sollte die meiste Zeit unbenutzt sein, zudem abgedunkelt, wie damals eben. Diese nostalgischen Regungen ihres sonst so sachlichen Ehemanns hatten sie anfangs verwirrt. Er hatte schon in Bovec von der *stanza blu* gesprochen, er war ganz vernarrt in das Zimmer, es musste etwas mit seiner verstorbenen Mutter zu tun haben. Und er vermisste Sizilien, das war offensichtlich. Sie hatte geglaubt, Palermo und Neapel würden sich nicht groß unterscheiden, zwei Städte des Südens, zwei Städte am Mittelmeer, Promenaden mit Palmen, Salz in der Luft, Marktstände am Hafen, magere (oder fette?) Katzen, die sich an Fischabfällen gütlich taten, Schiffssilhouetten am Horizont, die Abendsonne, die im Meer versank. Offenbar ein Irrtum. Palermo, so referierte Pietro gerne, Palermo sei zurückhaltend, stolz, aristokratisch, ruhig. Die Stadt strahle Würde und Gelassenheit aus, so wie er, wie sie sicher schon bemerkt habe. Neapel hingegen … immer Drama. So wie ich, dachte Zora, das war es doch, was er sagen wollte. Wobei sie das mit dem angeblich undramatischen Palermo schlicht nicht glauben mochte, das musste eine Verklärung sein, die sie überprüfen würde, sobald sie im Frühjahr nach Sizilien reisten. Wenn sie an die Schilderungen dachte, wie ihr schmerzzerrissener Schwiegervater eine Kapelle in Brand gesetzt hatte, nachdem seine Frau an einem Fieber gestorben war, machte das einen höchst dramatischen Eindruck auf sie. Eine Kapelle anzünden! Vor den Augen der zwei Kinder! Und dann diese Geschichte mit dem Selbstmord des reichen Onkels. Der Mann hatte an einem Hinterzimmer-Kartenspiel teilgenommen und Geld an einen stadtbekannten Tunichtgut verloren. Da sei ihm nur der Suizid geblieben, hatte Pietro ihr erklärt. Der Onkel habe sich im Palazzo der Familie erschossen, nach dem Abendessen, im Ankleidezimmer seiner Frau, während die im Salon eine Tischdecke mit blutroten Spitzen umhäkelte, blutrot, was für ein Omen! Und er selbst habe als Gymnasiast in ebenjenem Palazzo wohnen müssen, den Geist des selbstmörderischen Onkels um sich, in diesem gedemütigten Trauerhaushalt, mit der ewig wehklagenden Tante, die partout die Blut-Tischdecke benutzen wollte, was der Rest der Familie zu verhindern suchte. Zora war unbegreiflich, warum der Onkel sich hatte erschießen müssen, Pietro konnte ihr noch so oft von Schande, Ehre, Rufschädigung, Ansehensverlust der Familie und so weiter erzählen, sie verstand es dennoch nicht, sie hatte aber schon zu Kaisers Zeiten diese ausufernde Duelliererei wegen *Beleidigung der Mannesehre* nicht verstanden, gut, dass dieser Unsinn nun verboten war, zumindest in Wien – und wenn er in Wien verboten war, dann bestimmt irgendwann auch im Rest der Welt.

Zora ging zum Kinderzimmer, sie versuchte klackende Geräusche auf dem Terrazzoboden zu vermeiden, der sich wie ein moosgrün gesprenkeltes Band durch die Wohnung zog und am Ende um die Ecke verschwand, um in die offene Bibliothek zu münden, in der auch der Billardtisch stand, doch Davide war wach, ohne zu weinen, sie hörte ein wohlig seufzendes Schmatzen, das sie rührte. Sie hatte erwartet, dass tiefe Glücksgefühle sie dauerhaft durchströmen würden, wenn sie Mutter wäre, eine Art Wärmefluss, der alles zum Glühen brachte. Aber so war es nicht. Ihr Sohn rührte sie, weil er hilflos war und seine Bedürfnisse schlicht. Während der Schwangerschaft waren sie eins gewesen, sie und das unbekannte, dennoch vertraute Wesen in ihr. Aber schon am Tag nach der Geburt hatte sie eine Getrenntheit wahrgenommen, die sie kränkte. Der Junge schrie nicht nach ihr, sondern nach der Person, die ihn fütterte, und das war nun einmal sie. Sie machte sich keine Illusionen, er hätte auch nach einer Amme geschrien, wenn es eine gegeben hätte, was vernünftig gewesen wäre. Zudem hatte Davide sich zwischen sie und ihren Mann gedrängt. Es war nicht so, dass Pietro sie weniger beachtete, beider Verlangen nach einander war stark, und sie verknoteten sich im Schlaf ineinander wie eh, es war vielmehr so, dass sie das Gefühl hatte, ihr sei ein Teil von sich weggenommen und dem Kind überlassen worden (oder schlimmer: von dem Kind gestohlen worden), als ob ihr ein Stück fehlte, wie eine angebissene Kaisersemmel, dachte sie, die Form nicht mehr stimmig, sie war nicht mehr ganz. Dass Pietro sich dann von dem quengelnden Säugling in seiner Arbeit gestört gefühlt und Mutter samt Kind den Sommer über nach Bovec geschickt hatte, war die zweite Kränkung gewesen. Sie war noch nie von jemandem weggeschickt worden. Und es würde nicht noch einmal vorkommen. Als Pietro im Spätsommer schrieb, sie möge nach Hause kommen, weigerte sie sich. Herumkommandieren ließ sie sich nicht, auch nicht von ihrem Mann. Sie vertraute Pepca an, dass sie von Pietro Liebesbriefe erwarte, nicht einen, sondern viele, sonst würde sie niemals nach Neapel zurückkehren. Am 3. September traf der erste ein. Als ihre Mutter Zora den Umschlag mit bedeutungsvollem Gesichtsausdruck überreichte, saß sie gerade beim Frühstück und las über das Erdbeben, das halb Tokio verwüstet hatte, es habe über hunderttausend Tote gegeben, stand im *Corriere della Sera,* der einzigen Zeitung, die man außer der faschistischen *Il Popolo d'Italia* in Bovec offiziell erhielt, alles Slowenische war verboten und nur mit Mühe zu beschaffen. Seit Mussolini an der Macht war, wurde die *Italianisierung* rigoros durchgesetzt. In Ninos Klasse unterrichtete nun ein Italiener auf Italienisch statt einer Slowenin auf Slowenisch. Bovec hieß nicht mehr Bovec, Flitsch schon gar nicht, die offizielle Sprachregelung lautete: Plezzo. Auch auf dem Ortsschild stand nur: Plezzo. Als Zora im Juni mit dem kleinen Davide im Bahnhof von Udine eintraf, wo ihr Vater sie mit dem Wagen abholte, war Cesaro fast so reserviert wie bei der Hochzeit zwei Jahre zuvor, aber er stank wenigstens nicht. Dass seine Tochter einen Italiener ehelichte, hatte er von Anfang an als ungeheuerlich und als persönliche Beleidigung empfunden. Noch als die Hochzeitsglocken der Kirche von Bovec läuteten (man hatte den Kirchturm nach Kriegsende sofort repariert), war er nicht zur Stelle, beinahe hätte Zora sich von einem ihrer Brüder zum Altar führen lassen müssen. In letzter Minute tauchte der Vater auf, er kam direkt aus dem Stall, im Sonntagsanzug zwar, aber ungewaschen und nach Mist stinkend. Die Dorfbewohner waren nicht besonders erstaunt, Cesaro hatte oft und laut genug gezetert, dass seine einzige Tochter einen Italiener heirate, bringe ihn ins Grab, und Gräber gebe es ja genug in diesem Tal der Toten. Während die Hochzeitsgesellschaft vorne in seinem Gasthof feierte (auch Ana war gekommen), ging er nach hinten in den Stall und schaufelte weiter Mist, im Sonntagsanzug. Im Laufe der Monate beruhigte er sich, vor allem, weil er von Zora hörte, wie sehr Pietro Mussolini und dessen Schwarzhemden verabscheute, was er nur unterstützen konnte, Mussolinis Hass auf Sozialisten und Slawen war bedrohlich, faschistische Milizen massakrierten ihre Feinde regelrecht. Dass seine Tochter und sein Schwiegersohn in Neapel allerdings in den brandneuen *Partito Comunista d'Italia* eingetreten waren, um den Faschismus zu bekämpfen, wie sie sagten, fand er unnötig, wie auch Parteien und Politik überhaupt. Arbeit war wichtig, Geschäfte machen, er hatte letzten Monat den vierten Lastwagen gekauft, ein ausgedientes Armeefahrzeug, er hatte im Kriegsschrotthandel ordentlich Geld verdient. Zudem schien Zora, dass es ihrem Vater (und ihrer Mutter erst) schmeichelte, einen Schwiegersohn aus gutem Haus zu haben, allerdings machte er sich keine Vorstellungen, wie das süditalienische Großbürgertum aussah, er wusste nichts von Spielgesellschaften und Maskenbällen und Aristokraten, die in ihrer Konversation ins Französische wechselten, sobald das Hauspersonal den Speiseraum betrat. Zora hatte sich an derlei Dinge erst gewöhnen müssen, aber sie lernte schnell, sie kannte keine Scheu, zudem hatte Pietro ihr gestanden, dass er all das erst in Palermo gelernt hatte, auf der Insel Ustica sprach kein Mensch Französisch, nicht einmal Italienisch, sondern nur Dialekt, die meisten Insulaner waren sowieso Analphabeten. Pietro, und das fand sie bewundernswert, konnte sich in jeder Gesellschaft bewegen. Wenn sie bei hochmütigen sizilianischen Bekannten seines Vaters eingeladen waren, verhielt er sich genauso souverän wie im Kreis resoluter Kommunisten, die die Revolution in Amerika planten.

Sie hörte das Türschloss klacken, dann Pietros Stimme, er sprach deutsch. Adelsberger und er kamen aus der Universitätsklinik, vergnügt und hungrig wahrscheinlich, fürs Abendessen war es aber zu früh, erst würde in den Salonsesseln ein Scotch getrunken werden, Pietro würde rauchen. Wären außer Adelsberger noch andere Kollegen (oder Kommunistenfreunde) hier, würde man Billard spielen, aber Adelsberger spielte nicht, weder Würfelspiele noch Brettspiele, von Kartenspielen ganz zu schweigen, selbst Patiencen vermochte er nicht zu legen, was Zora seltsam fand, jeder Bayer konnte doch Watten, so wie jeder Österreicher auch, sie selbst mochte Skat, Skat hätte man spielen können zu dritt. Adelsberger war blass geworden, als Zora neulich beim Abendessen die Geschichte vom Onkel, der sich erschossen hatte, zum Besten gegeben hatte – *unglaublich: wegen eines verlorenen Kartenspiels!* –, und Pietro hatte sie später im Bett zurechtgewiesen, dass sie nicht so *unsensibel* auf dem Thema hätte *herumtrampeln* dürfen, wo sie doch gemerkt habe, wie unwohl Adelsberger sich gefühlt habe, man könne ja nicht wissen, was er erlebt habe, sie solle in Zukunft *diskreter und rücksichtsvoller* sein. Diskreter und rücksichtsvoller … Wie er mit ihr redete! Sie hatte bis zum nächsten Tag nicht mehr mit ihm gesprochen. Aber dass Dr. Adelsberger an einer Spielneurose litt, war offensichtlich, und sie würde herausfinden, weshalb.

Die junge Neapolitanerin, die ihr tagsüber zur Hand ging, hatte Zora nach Hause geschickt, sie kochte lieber selbst, obwohl sie zugeben musste, dass das Mädchen ihr einiges beigebracht hatte; dass man mit Olivenöl braten konnte zum Beispiel, das hatte sie nicht gekannt, bei ihnen zu Hause verwendete man Butter oder Schmalz, auch darüber hatte Pepca gestaunt: *Olivenöl! Braten! Wirklich?* Zora war froh, dass Pepca in zwei Wochen zu ihnen ziehen würde, zusammen mit ihrem kleinsten Bruder Nino, der so klein nicht mehr war, dreizehn immerhin, der Nachzügler der Familie, ein echter Ostan, nachdem Boris ja nur ein halbgarer war, worüber offiziell nie gesprochen wurde, ihr Vater behandelte Boris nicht anders als die anderen Kinder, aber natürlich kannte sie die Gerüchte, ihre Mutter sei damals mit dem Vikar aus Tolmin durchgebrannt und Boris das Resultat, andere Gerüchte besagten, es sei ein polnischer Jude auf Durchreise gewesen, der Marija den Kopf verdreht habe. Ob Vikar oder Jude, Marija war schwanger zurückgekehrt und hatte später noch drei Kinder bekommen (alle von Cesaro, hoffte Zora, aber bei ihrer Mutter wusste man natürlich nie), von denen zwei nach der Geburt gestorben waren. Nino aber lebte. Und Nino sollte nun in Neapel bei seiner Schwester wohnen und auf eine anständige Schule gehen, weil die Atmosphäre in Bovec wegen der Faschisten so vergiftet war, dass die Dorfschule ihren Namen nicht mehr verdiente.

Letzteres erklärte sie Dr. Adelsberger, der, wie die ganze Woche schon, beim Essen kräftig zulangte, vor allem bei der geschichteten Rokitansky-Torte war er nahezu hemmungslos, was Zora beglückte, denn natürlich schmeckte die Torte hier besser als in Wien, wo sie sie kennengelernt hatte, die Pistazien waren frischer und die Datteln auch. Adelsberger wusste kaum etwas über den Faschismus oder den Kampf dagegen, was sie in ihrem Verdacht bestätigte, dass Ärzte sich vorwiegend für Krankheiten erwärmten. Mit Pietro als Ehemann hatte sie Glück gehabt, er war ein politischer Mensch, an Adelsbergers Seite hätte sie sich gelangweilt und wäre dick geworden. Sie liebte es, zu politisieren, mit Männern selbstverständlich, es gab kaum Frauen, die sich dafür interessierten oder etwas zu sagen hatten. Außer der Fürstin natürlich. Und diesem Fräulein Dr. Bloch, von dem Pietro manchmal erzählte, zu wenig allerdings, als dass sie sich wirklich ein Bild von ihr hätte machen können. Sie hatte versucht, Adelsberger Informationen über Fräulein Bloch zu entlocken, was der Vater beruflich mache, ob sie Geschwister habe, einen Verlobten vielleicht?, aber er hatte sich bedeckt gehalten, eine begabte Ärztin sei sie, hatte er nur gemurmelt und hinzugefügt: *und etwas wild.*

»Bordiga plant eine neue Zeitschrift«, sagte Pietro plötzlich.

»Ach, kaum aus dem Gefängnis entlassen und gleich wieder eine Zeitschrift«, sagte Zora, »woher weißt du das?«

»Ich bin der Fürstin begegnet, sie war auf dem Weg zum Hafen, einen Amerikaner abholen.« Fjodora Lwow kannte viele Amerikaner. Und sie kannte viele Leute im Hafen. Leute im Hafen zu kennen war nützlich. Sie war wesentlich älter als Zora, über vierzig, und kurz nach der Oktoberrevolution aus Petrograd nach Neapel gekommen. Über die genaueren Umstände wusste niemand Bescheid, alle nannten sie *die Russin,* als ob es nur diese eine Russin in der Stadt gäbe. *Fürstin* hieß sie nur bei Zora und Pietro, weil sie angeblich mit Fürst Lwow verwandt war, dem ersten Ministerpräsidenten der Russischen Republik (einer kurzen Episode im Jahr 1917). Fjodora Lwow war eine hochgewachsene, streng blickende Frau, die in dritter Ehe mit einem neapolitanischen Sozialisten verheiratet war, der partout nicht zu den Kommunisten übertreten wollte. Zora war sich sicher, es würde bald zur Trennung kommen, Pietro hielt dagegen. Sein Schulfreund Neldo war Mitglied der konservativen *Katholischen Volkspartei,* man könne durchaus mit Menschen befreundet sein (*und ja, auch verheiratet!*), die andere politische Meinungen vertraten, behauptete Pietro. Neldo, entgegnete Zora dann jeweils, Neldo sei eine Ausnahme, da ein Kindheitsfreund, alle, die von Ustica kämen, hielten zusammen, Insulaner eben, zudem hätten sie den Krieg gemeinsam überstanden (darüber hinaus war Neldo rothaarig wie Pietro, und Rothaarige hatten diese Art von geheimbündlerischer Verschwörung, die andere ausschloss, aber das sagte sie nicht, sonst hieße es wieder, sie sei eifersüchtig), das reiche, um eine Ausnahme zu sein.

»Wer ist Bordiga?«, fragte Adelsberger.

»Amadeo Bordiga, Gründer der Kommunistischen Partei Italiens«, erklärte Zora geduldig, »ihr erster Vorsitzender.«

»Neapolitaner«, sagte Pietro.

»Ein Bekannter von uns«, ergänzte Zora, »brillanter Kopf. Die Faschisten hatten ihn inhaftiert.«

»Ein enger Freund der Fürstin«, sagte Pietro, mehr zu Zora als zu Adelsberger.

»Sind wir nicht alle Freunde?«, fragte Zora.

»Ja, sind wir wohl«, antwortete Pietro.

»Sind die Faschisten im Süden stark?«, fragte Adelsberger.

Zora seufzte, sie erinnerte sich an jenen Dienstag im Oktober letzten Jahres, als Neapel von Faschisten überrannt worden war, wie schwarze Ameisen hasteten sie in Kolonnen durch die Straßen, von überallher kamen sie angereist, zu Fuß, auf Pferden, mit Automobilen, vor allem aber mit Eisenbahnen. Sie hatte den Eindruck gehabt, dass sämtliche vierzigtausend Schwarzhemden auf dem Weg vom Bahnhof zum Teatro San Carlo unter ihrem Haus vorbeimarschiert waren, brüllend, Fahnen schwenkend, vierzigtausend Besessene in schwarzen Uniformen, die den noch besesseneren Mussolini sprechen hören wollten, *Duce del Fascismo,* allein schon diese Bezeichnung, der Führer des

Faschismus. Es waren nicht nur Provinzler, die da kamen, auch der Bürgermeister Neapels, die Stadtverordneten und Richter, die Damen und Herren der guten Gesellschaft waren dabei. Die Fürstin hatte an jenem Tag bei ihnen geklingelt, russische und italienische Freunde im Schlepptau, damit man den Aufmarsch von ihrer Wohnung aus gemeinsam betrachten konnte, aus allen Fenstern schauten sie dem Spektakel zu, sogar aus der *stanza blu*, Zora und Pietro versorgten sie mit Getränken, später kochte das Hausmädchen *pasta al forno* für die, die geblieben waren, während andere (auch die Fürstin) sich die zweite Rede von Mussolini hatten anhören wollen, er sprach auf der Piazza Plebiscito, diesem riesigen Platz, und sich todesmutig ins Feindesgebiet begeben hatten.

»Vierzigtausend haben sich hier versammelt«, sagte Zora zu Adelsberger.

»Sie haben sich aufgewärmt«, sagte Pietro.

»Er hat sie aufgeheizt«, ergänzte Zora.

»Für den Marsch auf Rom?«, fragte Adelsberger.

»Genau. Die ganze Nacht sind sie durch die Straßen gezogen und haben nationalistische Lieder gesungen, ach was, gegrölt. Und das: *Abbiamo conquistato l'anima vibrante di Napoli. O ci danno il Governo o lo prendiamo con la forza*«, rezitierte Zora, ihr Italienisch hatte bereits die südliche Gedehntheit angenommen.

»Das bedeutet?«, fragte Adelsberger.

»Wir haben die pulsierende Seele Neapels erobert. Entweder sie geben uns die Regierung oder wir nehmen sie mit Gewalt«, übersetzte Pietro.

»Sie sind so pathetisch«, sagte Zora, »diese Inszenierungen! Pathetisch und lächerlich, dann die Uniformen und Zeichen, diese Theatralik, schwülstig, immer sprechen sie von der glorreichen Zukunft, vom schweren Weg, der dahinführt, vom Heldentum, sie fordern Hingabe und benehmen sich allen Ernstes wie Märtyrer, törichte Bande.«

»Diesen dramatischen Stil haben sie von D'Annunzio gelernt«, sagte Pietro und schaute Adelsberger an, »D'Annunzio, du weißt schon, der Dichter, der Fiume okkupiert hat.« Adelsberger wusste nicht.

»Fiume, eine Hafenstadt, auch Rijeka genannt«, ergänzte Zora, und Pietro zwinkerte ihr zu: »Oder St. Veit am Flaum« (was er kaum aussprechen konnte), woraufhin Zora entgegnete: »Manchmal auch Pflaum.« Sie gaben sich dem Namensspiel mit einer verschworenen Unermüdlichkeit hin, die an Koketterie grenzte und für Außenstehende oft so unverständlich war wie für Adelsberger jetzt.

Pietro kehrte zum Thema zurück. »Neapel hat sie erschöpft. Nach Rom marschierten längst nicht so viele wie behauptet«, sagte er, »aber es spielt keine Rolle. Nun sitzt er da. Und er sitzt fest im Sattel, sie verehren ihn wie den Heiland. Aber immerhin ist Bordiga in Freiheit und Gramsci aus Moskau zurück.«

»Gramsci?«, fragte Adelsberger. Davide fing an zu schreien, arg schrill, wie Zora fand. Sie stand auf und ging zum Kinderzimmer, besser, Pietro würde Adelsberger erklären, wer Antonio Gramsci war, ihr wurde diese Fragerei zu strapaziös, sie war froh, sich um den Säugling kümmern zu können. Der Kleine beruhigte sich schnell, als sie im Raum war, sie hob ihn hoch und trat mit ihm ans Fenster. Zusammen blickten sie über die Stadt; was Davide sah, wusste sie nicht, aber die funkelnden Lichter schienen ihm zu gefallen, er glückste zufrieden. Seine Haare fühlten sich fein an, als sie sein Köpfchen streichelte, wie ein warmes Seidentuch, er roch gut. Zora nahm ihren Sohn mit in die Küche und wärmte sein Fläschchen im Wasserbad. Sie hörte, dass Adelsberger und Pietro nicht mehr über Mussolini sprachen, sondern über *die Bloch'sche*. Ihr war sofort klar, wer gemeint war. Pietro hatte diesen Namen nie erwähnt, er kam ihr unverschämt intim vor. Sie musste *dieser Emmi,* so würde sie Fräulein Dr. Bloch ab sofort nennen, bedauerlicherweise dankbar sein, denn die hatte Pietro in den Fürstinnenzirkel eingeführt. Offenbar hatte sie auf einer Moskaureise Freunde der Fürstin kennengelernt. Fjodora Lwow hatte in Russland zum Dunstkreis von Trotzki gehört, was Zora ungeheuer aufregend fand, geradezu elektrisierend, sie wollte teilhaben am Weltgeschehen, mehr noch: an der Weltveränderung. Die Lwow sprach äußerst respektvoll von *dieser Emmi,* die im Sommer, ausgerechnet, als Zora samt Davide in die Berge verschickt (ja, verschickt!) worden war, nach Neapel zu Besuch gekommen war, um mit der ganzen Truppe über die Komintern zu sprechen. In Neapel gab es mehrere kommunistische Gruppen, die Theoretiker um Amadeo Bordiga, die Praktiker, die in den Bergdörfern Versammlungen abhielten oder sich wie Pietro um kranke Arme kümmerten, zudem die Russen, die den Aufbau der Kommunistischen Partei in Amerika vorbereiteten. Amerika war von zentraler Bedeutung, Fjodora Lwow würde bald nach New York aufbrechen, alles war vorbereitet. In den Sommermonaten hatte sich Pietro prächtig mit den Russen verstanden, sie hatten zusammen musiziert, Pietro spielte die Flöte. Die Fürstin hatte eine Fotografie mitgebracht, Pietro inmitten der Kumpane, alle mit Instrumenten, auf Capri war das gewesen. Zora hatte einen Stich verspürt, als sie seinen Gesichtsausdruck sah, freudestrahlend, wie ein zerzauster Lausebengel und nicht wie ein Arzt und Vater, vielleicht war an dem Wochenende auch diese Emmi dabei gewesen, abgelichtet war sie nicht. Pietro konnte nicht nur Flöte spielen, er hatte von seinen Freunden auch Russisch gelernt, beides Dinge, die Zora nicht beherrschte. Wie hatte er es nur wagen können, sie fortzuschicken, weil das Baby ihn in seiner Arbeit störte, um dann Zeit für Musik und Wochenendausflüge nach Capri zu finden! Sie war nachhaltig verärgert.

Zora brachte Davide ins Bettchen zurück und deckte ihn zu. Auf der Straße schrie niemand mehr und auch in dem Lichthof, um den sich die Wohnung legte, kein Laut; ein Moment der Stille, der unmöglich lange währen konnte. Als sie ins Esszimmer zurückkam, sprachen die Männer über Rio de Janeiro. Pietro musste sich entscheiden, ob er einem Ruf als Professor nach Brasilien folgen oder bei der Gründung der Universität von Bari die Medizinische Fakultät aufbauen wollte, Zora und er diskutierten seit Wochen das Für und Wider. Unternehmungslustig waren sie beide: Rio hatte einen verlockenden Klang. Allerdings war die Kommunistische Partei, erst im Mai 1922 gegründet, seit Juni verboten. Parteiarbeit in Brasilien würde mühselig werden und Zora hatte Freude an Parteiarbeit (vor allem Listen zu erstellen liebte sie: Namenslisten, Lektürelisten, auch Einkaufslisten für die Treffen, auf denen die Texte diskutiert wurden, die sie ausgewählt hatte, zudem übte sie sich im Auswendiglernen von Marx-Zitaten, die sollte man immer parat haben; am liebsten mochte sie: *Der gesellschaftliche Fortschritt lässt sich exakt messen an der gesellschaftlichen Stellung des schönen Geschlechts (die Hässlichen eingeschlossen),* es war fast wie ein Spiel, auch wenn sie das öffentlich nie zugegeben hätte). Bari und ganz Apulien waren medizinisch und akademisch gesehen komplettes Brachland, was Pietro wiederum gefiel: Bei null anfangen, Chef sein, in Italien etwas erreichen. Zora hatte im Sommer mit Pepca über beide Möglichkeiten gesprochen, sie waren eigens nach Görz in die Bibliothek gefahren und hatten sich Bücher über Rio de Janeiro angeschaut. Was für eine moderne, prachtvolle Stadt, nicht zu groß und sehr gepflegt, zudem gab es beides: Berge und Meer. Pepca war begeistert. Rio natürlich! Sie würde mitkommen und der kleine Nino auch. Aber erst mal zogen die beiden nach Neapel, zwei Tage vor Heiligabend war es so weit. Zora kam es sehr entgegen, dass in Süditalien Weihnachten kaum gefeiert wurde, sie hatte nichts für allgemeine Festtage übrig. Gesellschaften veranstalten: unbedingt. Aber nicht dieses familiäre Zusammensein an vorgegebenen Tagen, das widerstrebte ihr zutiefst; sie wollte bestimmen, wann man sich traf.

»Kaffee?«, fragte sie Adelsberger, der sich zufrieden den Bauch rieb. Es klingelte, Pietro stand auf und ging zur Wohnungstür, Zora hörte die Stimme des Concierge. »Gern«, antwortete Adelsberger.

Zora wollte gerade zur Küche gehen, als Pietro mit einem Telegramm in der Hand in der Tür stand. »Was ist passiert?«, fragte sie.

Pietro öffnete den Umschlag und las vor: »*Il Duce mi ha designato podestà. Papà.*«

Bevor Adelsberger die Frage stellen konnte, sagte Zora schnell: »Mussolini hat meinen Schwiegervater zum Bürgermeister ernannt.«

Ustica, August 1927

Was für ein Wirrwarr. Letzten Dezember, als alles losgegangen war, hatte er noch geglaubt, die Aufregung ließe sich gar nicht mehr steigern. Dann hatte sich die Situation beruhigt, ja man könnte behaupten, dass sich durch diese so andersartigen Gefangenen das hiesige Leben insgesamt verbessert habe. Und jetzt das. Die ganze Insel war in Aufruhr. Ein toter Anarchist, das hatte gerade noch gefehlt. Familienvater, fünf Kinder, ein netter Kerl. Mit einem Schustermesser erstochen. Der Mörder: ein Faschist, Inselbewohner aus alteingesessener Familie, ein unangenehmer Zeitgenosse. Und er, der Bürgermeister, würde selbstverständlich zur Rechenschaft gezogen werden. Darauf warteten die in Rom doch nur: dass ihm das Ganze hier entglitte und sie ihn absetzen könnten. Das Innenministerium beobachtete ihn genau, er hatte Freunde in der Präfektur von Palermo, die ihn mit Informationen versorgten, auch der Inhalt des Schreibens vom 3. August war ihm zugetragen worden. Man habe starken Zweifel an der politischen Gesinnung des Giuseppe Del Buono *(il Cav. Uff. Del Buono Giuseppe lascia fortemente dubitare della sua fede politica)*, stand da, er verhalte sich wie ein *Freund der Verbannten,* der ihnen *Privilegien verschaffe.* Er stand auf, ging um seinen Schreibtisch herum und setzte sich auf einen der beiden neuen Stühle mit den grünen Ledersitzen, die er eigenhändig aus Palermo herbeigeschafft hatte, und betrachtete seinen massiven Tisch von vorn. Die Stühle waren eine kleine Widerstandsgeste gegen Mussolini, sie waren schmal und hoch, so hoch, dass die Bittsteller (denn meistens waren Bittsteller hier) ihm auf Augenhöhe gegenüber saßen. Er hatte dieses diskrete Machtinstrument erst bemerkt, als er in Palermo hatte vorsprechen müssen und gedemütigt auf einem lächerlich niedrigen Stuhl vor dem Mussolini hörigen Präfekten saß, der nicht nur qua Amt, sondern auch qua Sitzhöhe auf ihn herabblicken konnte. Wenn er daran dachte, dass er höchstpersönlich Mussolini zum Ehrenbürger von Ustica ernannt hatte – ihm wurde speiübel vor Scham. Pietro hatte ihm damals die Leviten gelesen (im Mai 1924 war das gewesen), in höflicher Sohnmanier zwar, aber dennoch deutlich. *Mussolini! Ehrenbürger! Von unserer Insel! Dieser lumpige Faschist! Papà, wie konnten Sie nur!* Natürlich hatte er Antonio Gramsci diesen dunkelsten Fleck seiner Biografie verschwiegen.

Er drückte auf den Knauf des Stehaschenbechers, den er für seine neuen Inselbewohner gekauft hatte, ein elegantes Stück mit Drehscheibe. Die Metallscheibe rotierte, Aschegeruch stieg ihm in die Nase, widerlich war das. Aber es musste sein, die Neuen rauchten alle. Und sprachen häufig bei ihm vor, vor allem Gramsci war mit vielfältigen Wünschen an ihn herangetreten, immer höflich, immer respektvoll. Ach, Gramsci, dieses bucklige, kleinwüchsige Genie; wie er ihn vermisste, diesen italienischen Karl Marx der Gegenwart. Giuseppe bedauerte wirklich, dass Gramsci weggeschafft worden war, jetzt hockte der arme Kerl im San-Vittorio-Gefängnis im nebligen Mailand in einer feuchten Zelle, fern der Freunde, ohne Sonne, ohne Wind, ohne Meer – was bestimmt noch entsetzlicher für ihn war, schließlich war er ebenfalls Insulaner, ein Sarde, ein Bruder im Geist also.

Nur vierundvierzig Tage hatte Gramscis Gefangenschaft auf Ustica gedauert. Aber was für Tage! Sie hatten alles umgekrempelt: woran man geglaubt hatte, worüber man noch nie nachgedacht hatte, was möglich war, was möglich sein könnte. Als ob ein Wintersturm über das kahle Inselchen gefegt wäre. Vierundvierzig Tage, die Italien verändern würden, schrieb ihm seine Schwiegertochter mehr als einmal begeistert: Die Saat werde aufgehen. Er mochte Zora, sie erinnerte ihn an seine verstorbene Frau, beide charakterstarke Persönlichkeiten, anders als seine Tochter, die ständig jammerte, auch jetzt, wo sie diesen vielversprechenden Ingenieur aus Messina geheiratet hatte und mit ihm nach Rom gezogen war, irgendetwas war immer. Zora jammerte nie. Sie packte an. Sie schien eine Spur heller zu leuchten als die Menschen um sie herum, es war ein ständiges inneres Glühen, sie glühte sogar, wenn sie sich unbeobachtet fühlte, als ob sie darauf brennen würde, etwas ganz Großes zu tun. Sie war weder hübsch noch lieblich, aber dennoch aufreizend in ihrer jugendlichen Pracht, eine Frau, die ihre Umgebung aufmerksam beobachtete und mit Biss kommentierte, scharf, aber nicht gehässig. So stellte er sich Wienerinnen vor, selbstbewusst und gleichzeitig wohlwollend, schlagfertig und trotzdem konziliant. Vor allem gefiel ihm, wie sie und sein Sohn sich in Wortspielen ergehen konnten. Wortwitz, das war ihm kürzlich klar geworden, hatte mit Bildung zu tun. Auf Ustica gab es keinen Wortwitz. Und kaum Bildung. Oder besser gesagt: Bis letzten Dezember hatte außer dem Pfarrer (und natürlich ihm selbst, er war durchaus eitel und stolz darauf, Französisch zu sprechen) kein einziger Gebildeter auf der Insel gelebt, nur analphabetische Fischer und Bauern; auch der Dorfschullehrer machte keinen gewieften Eindruck auf Giuseppe, aber es war schwierig gewesen, überhaupt einen Lehrer für die Insel zu finden. Und jetzt? Spazierten lauter Gelehrte durch die Gassen, saßen auf den Mäuerchen und dozierten. Manchmal, wenn er wieder einen dieser kommunistischen Professoren gestikulierend auf einen Esel einreden sah (die nahmen sogar Lasttiere ernst), dachte er: Selbst die Esel werden klug!

Giuseppe war kein Kommunist. Obwohl Bürgermeister (oder gerade deswegen), war er ein unpolitischer Mensch, aber er bewunderte die kommunistischen Gefangenen für ihren Idealismus, auch die Anarchisten fand er interessant, obwohl sie staatsfeindlich waren und im Umgang schwieriger, weil chaotischer, obschon es wenige waren, etwa zwanzig, darunter auch zwei Frauen. Dass sie alle in Gefangenschaft etwas aufbauen wollten, was sie *gelebte Utopie* nannten, imponierte ihm, er hatte noch nie über Utopien nachgedacht.

Ustica war Verbannungsort, seit die Insel 1763 besiedelt worden war: Wenn die Bewohner eines auswendig wussten, dann diese Jahreszahl, den Beginn ihrer abgelegenen kleinen Gemeinschaft. Vorher hatte über Jahrhunderte keiner mehr hier gelebt, der maghrebinischen Korsaren wegen, die das Tyrrhenische Meer terrorisierten, die Insel ihr Rück-

zugsort. Man benutzte ihre halsbrecherisch in die Felsen ge-
hauenen Treppenstufen immer noch, auch die Höhlen und
Grotten kannte jedes Kind, Giuseppe hatte darin genauso
Schmuggler und Pirat gespielt wie seine beiden Kinder später. Die Insel zu besiedeln war die Idee des sizilianischen
Königs gewesen: den Piraten trotzen. Die Kolonisation
war sorgfältig geplant worden. Ein Militäringenieur hatte
die Insel vermessen und einen Landverteilungsplan erstellt.
Die Dokumente lagerten im Archivschrank des Gemeinde-
hauses, zwei Pläne sogar in einer Vitrine, goldbraun ge-
malte Schmuckstücke, die Grundstücke der Bauern wie
ein Fleckenteppich um den Berg herumgelegt, das Dorf in
Rasterform, drei Längsstraßen, elf Querstraßen, ein zentraler Platz mit Kirche, perfekt sah das aus, so akkurat und
durchdacht, auch eine Utopie. Giuseppe studierte manchmal die Pläne, zwirbelte an seinem Schnurrbart, der in der
Spiegelung des Glases besonders prachtvoll wirkte, und
versuchte sich vorzustellen, wie Ustica ausgesehen hatte,
als die Siedler in der engen Bucht, die jetzt der Fischerhafen
war, an Land gegangen waren: Ruinen eines Klosters und
einer Kirche hatten sie vorgefunden, ein paar würfelförmige
Bruchsteinhäuser (würfelförmig waren die neuen Häuser
auch) aus dunklem vulkanischem Stein, zwei historische
Wachtürme, Mauerbrocken und zerbrochene Amphoren
aus griechischer Zeit, Grotten, sonst nichts. Giuseppes Ur-
urgroßvater Francesco Del Buono war einer dieser Wage-
mutigen gewesen, im Oktober 1763 hatte der Apotheker
aus Neapel hier sein neues Leben begonnen, zusammen mit
vierhundert anderen Kolonisten. Und zweihundert Soldaten und vierzig Häftlingen, die den Ort aufbauen sollten,

auch den Marktplatz, die Kirche, das Waschhaus. Die Gefangenen waren der (manchmal stotternde und hustende) Motor der Insel – denn schon damals galt: Man brachte her, wen man in den Provinzen hatte loswerden wollen, Trinker, Diebe, Mörder, politische Gefangene, Königsverächter, später auch *Garibaldini* und sechshundert Libyer, die zuvor eine italienische Kompanie massakriert hatten. Sie alle waren auf die karge und zugige Vulkaninsel verfrachtet worden, die die Griechen *Osteodes* genannt hatten, *Beinhaus,* weil hier Tausende Meuterer verhungert waren, ein wasserloses Eiland, das man zu Fuß in zwei Stunden umrunden konnte, auf dem Esel in anderthalb, entweder links herum oder rechts herum auf der *contrada tramontana,* viel mehr Wege gab es nicht und nur ein Dorf, das sich vom Hafen aus den Hang hoch zog und von dem aus man bei klarem Wetter nach Palermo blicken konnte, von wo das Frischwasser gebracht wurde, in Bottichen, die die Gefangenen auf Eselskarren hievten und zum Dorfplatz hochbrachten. Sträflinge war man auf Ustica gewohnt, sechshundert waren es zurzeit (und tausend Einwohner). Aber diese Häftlinge waren anders als alle zuvor. Giuseppe war gleich aufgefallen, wie stilvoll sie gekleidet waren, als am 7. Dezember die ersten an Land gebracht wurden, aneinander gekettet und von Carabinieri bewacht, darunter der legendäre Antonio Gramsci in langem Mantel, er gehörte zur allerersten Ladung, neunundzwanzig Männer, eine Frau. Amadeo Bordiga folgte zwei Tage später. Noch so ein Genie – vielleicht sogar das größere.

Bordiga war immer noch da. Mit ihm hatte Giuseppe sich sofort beratschlagt (diskret beratschlagt!), nachdem der

Leichnam des ermordeten Anarchisten in das Hinterzimmer der Krankenstube gebracht worden war, die sich bald mit Blumen und Kerzen füllte, die Verbannten strömten zu dem Haus unweit der Kirche. Sollte man Spartaco Stagnetti auf dem Friedhof von Ustica beerdigen? Aber wohin sonst mit ihm? Wie hatte es zu dem Mord kommen können? Und warum im *Miramare*, der Anarchisten-Kantine, die Stagnetti aufgezogen hatte? Ein Gefangener betrieb eine Mensa, ein Einheimischer arbeitete als Tellerwäscher: Allein das wäre in normalen Zeiten ungewöhnlich gewesen. Aber es waren keine normalen Zeiten. Die Dinge hatten sich gedreht, es war momentan, wie Giuseppe sich immer wieder sagen musste, eben alles verrückt. Warum hatte der Tellerwäscher seinen Chef erstochen? Bordigas Erklärung klang plausibel: Rossi sei von Stagnetti beim Diebstahl seiner Brieftasche erwischt worden und habe Angst gehabt, dass dieser ihn an die Polizei verrate, was Stagnetti selbstverständlich niemals getan hätte, weil ein Anarchist so etwas grundsätzlich nicht tue, mit dem Staatsapparat zusammenarbeiten, undenkbar … Bordiga hatte Giuseppe zugezwinkert. Die Anarchisten und die Kommunisten mochten unterschiedliche Charaktere sein, aber letztlich hielten sie zusammen. Sowieso hatte man sich hier gefunden: Bordiga und Gramsci, die beiden Granden des italienischen Kommunismus, waren zerstritten gewesen, bevor sie nach Ustica verbannt worden waren, aber auf der Insel hatten sie an einem Strang gezogen und etwas Neues aufgebaut, und zwar in rasender Geschwindigkeit: eine Schule für Erwachsene. Die Arbeiter lernten von den Intellektuellen, die Intellektuellen von den Arbeitern, und vor allem lernten die Intellektuellen von den Intellektuellen, die Physiker von den Juristen, die Historiker von den Philosophen und alle von den Ingenieuren. Giuseppe hatte mehrmals in dem Schulraum vorbeigeschaut, man hatte ihn höflich hereingewunken. Zuerst hatte er sich gewundert, dass nicht ein Lehrer vorn stand, sondern alle im Kreis herumsaßen, aber dann war ihm das plausibel erschienen. Sogar Libyer saßen in der Klasse, sie unterrichteten Französisch. Der Präfekt von Palermo hatte verhindert, dass die Dorfbewohner den Unterricht besuchten, obwohl Gramsci einen Antrag gestellt hatte. Deswegen blieben die Verbannten unter sich – sicher erbaulicher für sie ohne die dörflichen Analphabeten. Wenn Mussolini wüsste, dass er eine Kaderuniversität finanzierte (wie sollte man das nennen, was hier passierte, hatte sich Giuseppe gefragt, bis ihm Zora das passende Wort geliefert hatte), eine Denkschmiede der Opposition! Wenn Mussolini wüsste, dass hier Proletarier Philosophie studierten und sogar Abschlüsse machten! So wie Enrico, der Hilfsmaurer, der jetzt Professor Bauers Assistent war, ein unwahrscheinlich kluger Kopf, hatte Gramsci gesagt.

Giuseppe schrieb eine Meldung mit den neuesten Erkenntnissen an die Präfektur in Palermo, die nach Rom weitergeleitet würde. Er tippte den Brief selbst (sicher war sicher), zweimal zog er ihn aus der Maschine und fing von vorne an, zwischendurch stand er auf und trat zum Fenster, um auf die lang gezogene Piazza vor der Kirche zu blicken, den einzigen Platz der Insel, vier magere Kiefern wuchsen da, darunter standen Männer, die diskutierten. Er war nervös. Es war alles so heikel. Jedes Wort konnte das falsche sein. Die Brieftaschendiebstahl-Geschichte würde in Palermo niemand glauben und in Rom schon gar nicht, die Faschisten unter den Bewohnern hatten bereits Gerüchte gestreut, der Tellerwäscher habe ein Komplott aufgedeckt und sei bedroht worden, Notwehr sei das gewesen und die Anarchisten die eigentlich Schuldigen. Bordiga hatte ihm prophezeit, dass es so kommen würde und dass nicht nur die Anarchisten, sondern auch die Kommunisten zur Rechenschaft gezogen würden, eigentlich warte er nur auf seine Verhaftung, man habe bei Gramsci ja gesehen, wie schnell das ging.

Giuseppe war erleichtert, dass Bordiga ihm nicht allzu übel nahm, dass man Stagnetti nachts in aller Heimlichkeit zum Friedhof gebracht und beerdigt hatte. Sämtliche Verbannte hatten die Prozession begleiten wollen, aber das hatten er und der Direktor der Kolonie (so nannte man die Gefangenengemeinschaft: *la colonia*) unterbinden müssen und nur fünfzig Leuten erlaubt mitzulaufen. Aus Protest gegen diese Restriktion waren sie alle in ihre Unterkünfte verschwunden, wie geschlagene Hunde in ihre Hütten, *alle oder keiner,* hatten sie gesagt, und so fand die Beerdigung ohne Trauergesellschaft statt, vorsichtshalber weit nach Mitternacht. Er selber ging mit, der Friedhof lag außerhalb des Dorfes im Norden der Insel, dort, wo die Klippen steil ins Meer abfielen; auch das Teil des Besiedlungsplans, der Ingenieur hatte an alles gedacht. Die Nacht war sternenklar und man konnte die Wellen an die Felsen schlagen hören, in jenem beruhigenden Rhythmus, an den sich die zwei Totengräber anpassten, als sie Schaufel um Schaufel trockene Erde auf Spartaco Stagnettis Sarg schippten, der tief in den Boden versenkt worden war, schippen für die

Ewigkeit. Wobei … Ewigkeit … womöglich würde man ihn exhumieren müssen, um ihn aufs Festland zu bringen und irgendwo anonym zu begraben, damit hier kein Märtyrertum entstand; die Schwarzhemden in Rom kamen auf solche Ideen, Giuseppe schwante Böses.

Madonna, wie würde es weitergehen? Die Einwohner waren unruhig. Die Häftlinge auch, sie hatten ihren Alltag so perfekt wie möglich organisiert, Gramscis Schule lief, die Schule für die Kinder der Verbannten lief, die Mensen funktionierten, die Tischlerei auch, alle hatten Unterkünfte, sogar Fußball wurde gespielt. Der einzige Republikaner unter den Verbannten hatte bei der Gemeinde ein Stück Land für einen Fußballplatz gepachtet, Giuseppe hatte die Genehmigung erteilt. Nun fanden Turniere statt, Kommunisten gegen Sozialisten gegen Anarchisten, die Anarchisten verloren eigentlich immer. Dieser Republikaner war sowieso ein Tausendsassa, der hatte im Juli ein Wasserballturnier organisiert, auch das hatte eine Genehmigung erfordert, die Dorfbevölkerung hatte zugeschaut, wie die Gefangenen in ihren gestreiften Badeanzügen einander Bälle zuwarfen, zwei Polizisten in Ruderbooten hatten die Spieler bewacht, was lächerlich war, wohin hätten sie fliehen sollen?, aber die Polizisten mussten ja auch beschäftigt werden. Giuseppe war stolz auf sich, vieles, was die Verbannten aufgebaut hatten, hätte er verhindern können, einiges war durch ihn erst möglich geworden. Zora und Pietro waren ebenfalls stolz auf ihn, zumal sie mit Bordiga bekannt waren. Giuseppe korrespondierte regelmäßig mit den beiden, sie lebten in Bari, meist antwortete Zora, Pietro war zu beschäftigt. Zora machte derzeit einen latent missgelaunten Eindruck, sie erwartete ihr zweites Kind, und wie Giuseppe schien, war ihr Mutterschaft an sich nicht so wichtig, wie sie es hätte sein sollen. Die Briefe an die beiden brachte er nicht mehr zur Post (er wurde überwacht), sondern drückte sie Luciano unauffällig in die Hand, wenn die *Lampedusa* im Hafen lag, ein dampfbetriebenes Vaporetto, das zwischen Palermo und Ustica hin und her fuhr – bei ruhiger See. Luciano war sein Vertrauter, ein einfacher Seemann, alter Freund der Familie, sehr integer.

Giuseppe hatte sich Feinde gemacht auf der Insel, vor allem seit der Sache mit dem Radio, das er Gramsci auf Kosten der Gemeinde gekauft hatte. Die Polizisten hatten ihn denunziert, weil sie dachten, es sei ein Abhörgerät, diese Ignoranten. In Palermo wäre das Leben unbedingt angenehmer für ihn, auch unterhaltsamer (Caféhäuser, Theater, charmante Damen), aber 1927 war er kaum drüben gewesen, anders als sonst, wo er die Winter in Palermo verbrachte und die Bürgermeisterpflichten auf ein Minimum reduzierte, das wäre dieses Jahr unmöglich gewesen. Und er hätte es auch nicht gewollt. Vor allem nicht während Gramscis vierundvierzig Tagen. Fast jeden Morgen war der Sarde mit den wilden, nach hinten gekämmten Locken zu ihm gekommen und hatte höflich um etwas gebeten, um desinfizierende Seife, Aspirin, Schreibstifte. Das erste Mal hatte der Bürgermeister seinen prominenten Gefangenen noch verstohlen gemustert, diese Verwachsungen, die den Mann wie ein körpereigener Panzer zu erdrücken drohten, waren das zwei Buckel, einer hinten und einer vorne? Gramscis Schultern schienen direkt unterhalb des Kinns steif aus dem Hals zu ragen, wie bei einer Vogelscheuche, der man eine Jacke über die Holzarme gestülpt hatte. Man hörte ja viele Geschichten, dass ein Kindermädchen ihn als Säugling auf den Boden habe fallen lassen und er sich die Wirbelsäule verletzt habe zum Beispiel. Dass er buckelig geboren und seine Kindheit eine einzige Schmerzhölle gewesen sei. Dass man den Sechsjährigen nachts an den Füßen aufhängt habe, damit sein verkümmerter Körper sich strecke. Dass seine Mutter ihm vor dem Schlafengehen den Sonntagsanzug angezogen habe, damit er die richtige Kleidung für sein Begräbnis trage, weil er den Morgen sowieso nicht erlebe, und das monatelang, Nacht für Nacht. Dass er mit vier zu lesen begonnen habe, weil er sich von den anderen Kindern abgelehnt gefühlt habe, ein Genius, geboren aus der Einsamkeit.

Gramsci war eine Erscheinung, obwohl so klein, dass er nicht einmal Frauen bis zum Kinn reichte, ein Meter fünfzig etwa. Wenn Giuseppe vor ihm stand, fühlte er sich noch voluminöser als sonst und versuchte sich dünn zu machen, was ihm schwerlich gelang. Ja, Gramsci war eine Erscheinung: Nicht nur diese schwarze Pracht von lockigem Haar, das seinem eigenen in der Länge Konkurrenz machte, aber viel voller war (Gramsci war fünfunddreißig, Giuseppe achtundfünfzig), und die auffallend hohe Stirn ließen ihn besonders aussehen, auch die Augen hinter der runden Brille blickten so gescheit, dass Giuseppe ganz ehrfürchtig wurde. Am anziehendsten aber war der Mund. Das hatte Giuseppe selbst gar nicht bemerkt, vielmehr seine Nichte Agnese dabei beobachtet, wie sie Gramsci unablässig auf den Mund starrte, wie ein liederliches Frauenzimmer, als ob sie sich gleich an dieser Unterlippe, die eine Spur asymmetrisch war und links ein wenig herunterhing, ansaugen wollte, und da hatte er es selbst gesehen: Gramsci war ein schöner Mann, gefangen im Körper eines Gnoms.

Die ersten Tage teilte sich der berühmteste Häftling Italiens ein Zimmer mit fünf Freunden, die *Politischen* mussten nicht ins Gefängnis, das am Rand des Dorfes lag, es war sowieso überfüllt, man brachte sie in leer stehenden Häusern, Kellern und der Herberge unter, die sie selbst bezahlen mussten und die sie vor Sonnenaufgang und nach Sonnenuntergang nicht verlassen durften. Schon am dritten Tag bat Gramsci darum, einen Studierraum mieten zu dürfen, man wolle eine Schule gründen. Am siebten Tag bezog er mit neun Genossen ein kleines Haus im Dorfkern, zwei schliefen in der Küche im Erdgeschoss, einer im Flur, die anderen sieben in zwei Zimmern im oberen Stock, Bordiga gehörte auch dazu. Der hatte sich bereits am Tag nach seiner Ankunft erkundigt, ob er die Kirchturmuhr reparieren solle, die seit Jahren nicht mehr funktionierte. Der Direktor der Kolonie hatte Giuseppe um Erlaubnis gefragt, der war zum Pfarrer gegangen, und alle drei hatten beschlossen, dass eine funktionierende Uhr auf der Insel eine gute Sache wäre. Bordiga war Ingenieur. Und der Mann, der elektrisches Licht nach Ustica brachte. Nur ein Lämpchen zwar, das er am Balkon seines Wohnhauses befestigte, aber die Einwohner standen nachts staunend vor dem Haus. Niemand verstand, wie das funktionierte, Bordiga habe Chemikalien im Gepäck gehabt, hieß es, mit Chemikalien könne man Licht machen, es habe etwas mit einem Apparat namens Generator zu tun. Die elektrische Lampe hatte Gramsci nicht mehr erlebt, da war er schon verhaftet und mit Ketten an den Händen aufs Vaporetto verfrachtet worden, in die dritte Klasse, wie alle Gefangenen.

Giuseppe nahm seinen Rock vom Knauf und zog ihn an. Er blickte in den Spiegel neben der Tür, sah, dass der oberste Westenknopf offen stand, knöpfte ihn zu und rückte die Krawatte zurecht. Wäre nicht dieser verfluchte Mord passiert, die Dinge hätten sich weiter verbessert, so viele kultivierte Menschen auf Ustica, auch solche mit Geld, diese Professoren etwa, die in Mailand Bücher bestellten und sie dann der Bibliothek übergaben. Je mehr politische Gefangene, desto weniger gewöhnliche Kriminelle, so einfach war das. Ihm war dieser Austausch, den Rom veranlasst hatte, sehr recht. All diese Trunkenbolde, die die Frauen verschreckten, wurden nach und nach auf andere Inseln deportiert. Stattdessen: gut gekleidete Revolutionäre, die einander nicht nur kluge Dinge lehrten, sondern verblüffend geschickte Organisatoren waren, vor allem ihre Kantinen, die sie Mensen nannten, waren Geniestreiche (die der Anarchisten weniger als die der Kommunisten). 3 Lire 50 kosteten zwei Mahlzeiten in der *Mensa Bordiga*, zwei Wochen lang war jemand Präsident der Mensa, alle, die eingeschrieben waren, mussten turnusmäßig einkaufen, vorbereiten, kochen, servieren (sogar Gramsci hatte serviert!), am Ende der Woche machten sie Kassensturz und hatten Geld im Überfluss, sodass sie sogar den Armen und Kranken Essen austeilen konnten. Revolutionäre, die der Bevölkerung nebenbei Rechnen und Lesen beibrachten (auch Italienisch, aber das gestaltete sich schwierig, die meisten Einwohner sahen nicht ein, warum sie etwas anderes als Dialekt sprechen sollten, kein Mensch brauchte Italienisch). Aber jetzt, wo alles in Unruhe geraten war, drohte auch das zu kippen. Er sah sich schon als Bürgermeister einer Insel mit sechshundert Mördern, die man aus ganz Italien heranschaffen würde, aus purer Rachsucht des Regimes. Seit Mussolini im Oktober dieses Attentat überlebt hatte (den anarchistischen Attentäter – fast ein Kind – hatten sie gelyncht) und alle Oppositionsparteien auflösen und Gramsci trotz parlamentarischer Immunität verhaften ließ, konnte man von *Regime* sprechen, auch von *Diktatur,* das hatte er von den Verbannten gelernt.

Giuseppe trat aus dem Haus und ging zur Piazza hinüber, der Duft der Kiefern beruhigte ihn, die Bäume waren knorrig und schief vom Wind, sie schienen ihm Sicherheit zu bieten, als Kind war er auf sie geklettert. Man begrüßte ihn, er war eine Respektperson, nicht nur seines Amtes oder seines Wohlstands wegen, sondern auch, weil er Mussolini ein Telegramm geschickt hatte, der solle seine Wächter an die Kandare nehmen, nachdem einer dieser Faschisten sich an einem Mädchen aus dem Dorf vergangen hatte, das sich danach vom mittelalterlichen *Spalmatore* aus lauter Scham in den Tod stürzte (dieses Telegramm hatte Rom nicht goutiert, Giuseppe wurde postwendend aus der Partei ausgeschlossen, in die er aus Pflichtgefühl eingetreten war). Zudem gab es in seinem Landhaus eine kleine Kapelle, die er zur Verfügung stellte, während Prozessionen etwa oder für Andachten, dafür war man ihm dankbar. Er hatte die Kapelle restaurieren lassen, nachdem er sie an Vitas Sterbetag in Brand gesteckt hatte, man hatte damals zwar nachvollziehen können, dass er aus Verzweiflung über den plötzlichen Tod seiner Frau den Verstand verloren hatte, aber natürlich war das Gotteslästerung gewesen und schändlich, auch wenn die Erinnerung an die nächtlichen Flammen, die sich knisternd durch das Dach fraßen, bei ihm wohlige Schauer auslöste, nie hatte er sich seinem Schmerz so nah gefühlt wie damals. Das Feuer war Vita, deren Wärme ihn jahrelang beglückt hatte, angemessen gewesen.

Zwei Einwohner beäugten ihn misstrauisch, er sah es genau. Die Battaglia-Brüder lehnten an der Mauer und schienen jeden seiner Schritte zu überwachen. Wahrscheinlich folgten sie ihm seit Tagen: dass er das nicht bemerkt hatte! Die Insel war klein und man sprach über vieles, auch darüber, dass Pietro und Zora Kommunisten waren und mit Bordiga bekannt. Die Leute hungerten, es waren schwierige Zeiten, aber schlecht übereinander reden konnten sie trotzdem. Oder gerade deswegen. Die Battaglia-Brüder sahen aus, als ob sie jederzeit für den Duce in den Kampf ziehen würden, grimmige Blicke aus Gewohnheit, vielleicht lag es am martialischen Namen; impertinente Jugend. Giuseppe schritt an ihnen vorbei, über den Marktplatz hinunter zu seinem Haus, er lebte in unmittelbarer Nachbarschaft zu Professor Bauer; er bewohnte das Eckhaus allein. Es war Zeit für das Mittagessen, Signora Rizzo hatte etwas zubereitet, er hatte ein Paket mit Lebensmitteln und Wein aus Palermo erhalten, sie kochte für ihn und für sich (sie und ihr Mann bewirtschafteten auch sein Land), meist aß sie vor ihm und war schon weg, wenn er nach Hause kam; danach würde er ruhen. Es war nahezu windstill heute, ein heißer Tag, kein Laut war zu hören, sogar die Hunde schwiegen, die Esel sowieso, und auch die Vögel waren verstummt. Er schob die Haustür auf, Dunkelheit und angenehme Kühle, einmal mehr dachte er, dass genug Platz für eine Gruppe Verbannter wäre, dann wäre es nicht so still bei ihm und leer, sie hätten das Erdgeschoss bewohnen können, aber natürlich konnte er nicht vermieten, zumal er auf das Geld nicht angewiesen war, wie hätte das auch ausgesehen, der Bürgermeister und ein Haufen Kommunisten in einem Haus. Zora hatte ihm das mehrmals vorgeschlagen, er wusste, sie wollte ihn für *die Sache* begeistern; man müsse teilen, wenn man besitze, sagte sie immer, aber das war ihm nicht geheuer. Abgeben ja, so wie er Essen an Signora Rizzo abgab, aber teilen …? Er stieg ins obere Geschoss und öffnete die Tür zur Terrasse, das tat er immer als Erstes, wenn er nach Hause kam, bei jedem Wetter, tags und nachts, es war keine Gewohnheit, es war eine innere Notwendigkeit. Er hatte oft mit Vita hier oben gestanden und über Ustica und aufs Meer geblickt, spätabends vor allem, wenn die Kinder schliefen. Vita war eine Mancuso, die Mancusos lebten fast so lang auf der Insel wie die Del Buonos. Wenn sie beide über das Dorf geschaut hatten, hätten sie zu fast jedem Haus eine Geschichte erzählen können, von ertrunkenen Fischern, eifersüchtigen Eheleuten, verpfändeten Grundstücken und Erbstreitigkeiten, am liebsten aber sprachen sie über die nach Amerika Ausgewanderten, über deren Leben in New Orleans, was die von ihrer Arbeit auf den Zuckerplantagen, in den Docks und den Makkaronifabriken schrieben, von kreischenden Straßenbahnen und Negermusik und einer verwegenen Prozession namens *Mardi Gras,* von Essen, das so scharf war, dass man sich den Mund verbrannte, von der *San Bartolomeo Society,* wo man sich traf, und Little Palermo, wo man wohnte, von den Iren, mit denen es Schwierigkeiten gab, weil der irische Polizeichef erstochen worden war und die Sizilianer des Mordes beschuldigt wurden. In den Sommernächten waren sie lange hier oben geblieben, vom Duft der Oleanderblüten umhüllt, Oleander, den Vita auf der Terrasse gezogen hatte, eine rosa Herrlichkeit, wie es sie sonst nirgends gab.

Er hörte ein lautes Klopfen, aufdringlich laut, Türgeräusche. Unverschämtheit, dachte er, wer ist das denn; dann Schritte, grobe Männerschritte, sie stapften die Treppe hoch. Er stellte sich auf die oberste Stufe, breitbeinig, mit verschränkten Armen, sah, dass es Seracusa war, sein Freund Seracusa, Kommandant der lokalen Marine, kurze Erleichterung, er hatte schon Schlimmstes befürchtet, doch Seracusa sah nicht gut aus, er war atemlos, nass geschwitzt auch, er keuchte, »schnell, du musst weg, nimm die *Lampedusa,* sie legt gleich ab, ich kann das nicht mehr lange zurückhalten, hier …«, er reichte Giuseppe den Rock, »… geh, bevor sie dich holen.«

»Aber was?«, fragte Giuseppe und zog den Rock an.

»Telegramm aus Rom, dein Haftbefehl!« Seracusa zeigte auf das Papier in seiner Hand. »Ich komme direkt von der Station« – er meinte die Marinestation auf dem Berg oben, wo alle Telegramme aus Palermo eingingen, auch dort von einem Hügel hinter der Stadt versandt, von Berg zu Berg wurde telegrafiert, ein Telegramm nahm immer denselben Weg: vom Ministerium in Rom zur Marinestation in Palermo, von dort zur Marinestation auf Ustica (nur die Marine durfte telegrafieren), dann in den Händen eines Offiziers hinunter ins Dorf, meist war es für den Bürgermeister oder den Kommandanten der Kolonie bestimmt, wer erhielt denn sonst schon Telegramme. Dieses war für die Polizei. »Ich habe es abgefangen«, schnaufte Seracusa, der kaum sprechen konnte, er war den Berg hinuntergeritten – der Capo der Marine im Eselsgalopp. »Ich muss es abgeben, bevor etwas auffällt, beeil dich.«

Giuseppe ging zum Ende des Flurs, griff den Hut von der Ablage, setzte ihn auf, rückte die Krawatte zurecht, warf einen Blick in den Spiegel, bedankte sich bei seinem Freund, einen Moment lang blieben sie schweigend voreinander stehen, überlegten, ob sie die Hände auf die Schultern des andern legen sollten, taten es nicht, bevor Seracusa das Haus verließ und Richtung Polizei hochschritt. Giuseppe zog die Tür hinter sich zu, trat in die Mittagshitze hinaus, ging nicht zur Hauptstraße, sondern um sein Haus herum zu der schmalen, steilen Treppe, die die afrikanischen Piraten in den Fels gehauen hatten, einer Treppe, die direkt zum Hafen hinunterführte.

Bari, November 1932

2, 3, 1, dachte sie, wie jedes Mal, wenn sie die drei zusammen sah. Nie 1, 2, 3 (oder gar Davide, Greco, Manfredi), was normal gewesen wäre, das war ihr durchaus bewusst. Sie betrachtete ihre am Tisch sitzenden Söhne in ebendieser Reihenfolge und wunderte sich, warum sie Nr. 2 am liebsten mochte, dicht gefolgt von Nr. 3. Nur mit Davide, dem Erstgeborenen, haderte sie. Es gab überhaupt keinen Grund dafür. Und ohne die Zichichi wäre es sowieso bei der Nr. 1 geblieben, warum hätte sie noch mehr Kinder haben sollen. Loredana Zichichi – allein schon dieser Name! Mit welcher Penetranz die sich bei Pietro gemeldet hatte, ein Notfall, noch ein Notfall und wieder ein Notfall. Unzählige Male hatte diese unverfrorene Person einen Boten geschickt, zu jeder Uhrzeit, auch nachts, und jedes Mal war Pietro hingeeilt, auch nachts. *Warum kann sie nicht in die Klinik kommen?*, hatte Zora gefragt. *Du bist doch kein Hausarzt! Wer ist diese Zichichi überhaupt?* Pietro hielt sich strikt an die ärztliche Schweigepflicht, es gab kein Durchkommen. Entweder war diese Frau todkrank, eine Hypochonderin oder Pietros Geliebte. Zudem vermögend, sie bezahlte das Honorar in Goldmünzen (allerdings bezahlten auch Bauern in Gold, aber nur ausnahmsweise, die kostbare Notreserve für den lebensrettenden Arzt). Und sie blieb ein Phantom.

Zora und Pepca waren Pietro mehr als einmal heimlich gefolgt, nicht im Automobil natürlich, der neue Fiat 514 wäre zu auffällig gewesen (ein wundervolles Gefährt in Tannengrün), es gab kaum Automobile in Bari und keinesfalls wurden sie von Frauen gesteuert. Nein, Pepca und sie nahmen die Trambahn, aufregende Stunden, zwei Freundinnen, die dem Ehemann der einen hinterherspionierten, aber sie hatten die Zichichi nie zu Gesicht bekommen. Pepca hatte sogar versucht, den Pförtner zu bezirzen, um etwas über *la signorina Zichichi* herauszufinden, die im zweiten Stock eines herrschaftlichen Hauses am Corso Vittorio Emanuele lebte, ganz allein in einer sehr großzügigen Wohnung, so viel wussten sie. Zora hatte an der Straßenecke gewartet, mit klopfendem Herzen, bis Pepca kleinlaut zurückkam, nichts habe sie erfahren, gar nichts, ihr slowenischer Charme habe den Pförtner nicht zu überzeugen vermocht. Ich muss etwas gegen diese Frau unternehmen, hatte Zora gedacht – und wurde schwanger. Die Macht der Mutter gegen die Macht der Geliebten. So kam es zu Nr. 2. Greco, ihr Liebling, der verschmitzte Charmeur. Nr. 3 folgte, weil es nun auch keine Rolle mehr spielte, sie war schon eine Gefangene. Manfredi, ein gewitztes, stets gut gelauntes Kerlchen (dem sie den Zweitnamen Svevo gab, dem Dichter Italo Svevo zu Ehren, einem Triestiner, der eigentlich Ettore Schmitz hieß, sich aber *Italienischer Schwabe* nannte, weil er die deutsche Sprache liebte, so wie Zora auch, und der an einem Automobilunfall verstorben war, was sie nicht als böses Omen nahm). Wahrscheinlich war es das, was sie Davide, der Nr. 1, nicht verzieh: dass er sie in etwas gezwängt hatte, für das sie nicht geschaffen war: Mutterschaft. Greco war bereits ein gutes Jahr alt, als Loredana Zichichi starb. In einem Nachruf in der *Gazzetta del Mezzogiorno* wurde die 1838 geborene Baronessa als wissenschaftsfreudige Mäzenin gewürdigt. *1838 geboren!*, hatte Zora entsetzt gerufen und Pepca die Zeitung mit zitternder Hand hingestreckt. Als Pietro Wochen später am Mittagstisch vermeldete, *la signorina Zichichi* (er sprach das *signorina* mit Hochgenuss aus) habe der Radiologischen Abteilung der Universität ihr gesamtes Vermögen zu Forschungszwecken vermacht, fiel Pepca der Löffel in den *brodo* und Zora verschüttete vor Schreck den Wein. Sie sprachen nie wieder darüber, dass sie einer Greisin hinterherspioniert hatten.

Mit dem Spionieren hörten sie allerdings nicht auf. Es war ja auch zu unterhaltsam und ihr nächstes Objekt der Observation mindestens so illuster wie die Baronessa: Giuseppe Del Buono. Zoras Schwiegervater war dreiundsechzig und ein imposanter Mann, die Frauen umschwärmten ihn. Zu viele Frauen, wie Zora fand, lasterhafte auch, Tänzerinnen aus dem Teatro Petruzzelli etwa, Luder mit kerzengeraden Beinen, die womöglich auch Pietro gefielen. Ihr Schwiegervater konnte fabelhaft Geschichten erzählen, besonders die aus seiner Zeit als Bürgermeister auf Ustica, der Höhepunkt seine Flucht von der Insel, er im Anzug und nur mit Aktentasche in der Hand, eine Flucht ohne Wiederkehr für immer. Natürlich musste er aufpassen, wem er was erzählte, Linientreue gab es im Süden zuhauf, immerhin war *Radio Bari* Mussolinis liebstes Sprachrohr und allgegenwärtig, oft ging es um Afrika als zu erobernden Lebensraum, um Tripolitanien und Cyrenaica, man konnte seiner Stimme kaum entkommen. Giuseppe war mit alter

Schwiegermutter und altersloser Cousine nach Apulien gezogen, nachdem er Ustica hatte verlassen müssen und auch Palermo zu unsicher schien. Die beiden Damen wohnten bei ihm in der Via Sparano im zweiten Stock eines Palazzo, opulenter Neobarock, beste Lage, gegenüber ein Geschäft mit Stoffen und Kurzwaren. Es war Zoras Lieblingsladen in ganz Bari, nicht nur wegen der Stoffballen, die in schmucken Holzschränken meterhoch gestapelt waren und auf polierten Tresen auslagen, die langschenkligen Scheren daneben, sondern auch wegen des Geruchs, der sie an Wien erinnerte, ein warmer und schwerer Geruch, wohliger als jedes Parfum, dem etwas Weltläufiges, aber dennoch Tröstliches, Behütendes innewohnte, wie man es sich von einer Mutter wünschte, auf deren Schoß man sich verkriechen konnte, ein pudriger Duft nach Röcken, die übereinander angezogen waren, jeder Rock eine andere Textur, eine andere Fülle, so war das mit den Stoffballen hier; sie strich mit der Hand über Samt und Seide und Barchent und Brokat – und dann kaufte sie ein.

Die Kinder hatten aufgegessen, Davide hatte artig gefragt, ob sie den Tisch verlassen dürften, nun waren sie weg, alle drei, Manfredi war den beiden Älteren ins Spielzimmer hinterhergewetzt auf seinen krummen Beinchen (den krümmsten von allen). Eine halbe Stunde durften sie mit den Zinnsoldaten spielen, dann war Zeit für den Mittagsschlaf. Zora stapelte das Geschirr aufs Tablett und brachte es in die Küche, das Mädchen konnte später spülen, sie war noch mit Pepca auf dem Markt.

Zora deckte den Tisch neu ein, Pietro würde aus der Universität zum Mittagessen kommen, was nicht oft der Fall war, meist arbeitete er über Mittag. Eine knappe Stunde blieb ihr noch, die Antipasti hatte sie bereits vorbereitet, danach würde sie *pastasciutta* kochen, Pietros Leibgericht *Orechiette alle cime di rapa,* der Stängelkohl war geputzt, Knoblauch und Sardellen lagen bereit, sie kochte oft und gerne Spaghetti und Penne und Bucatini, aus lauter Trotz gegen Marinetti, der ein *Manifest der futuristischen Küche* veröffentlicht hatte, ein gräuliches Machwerk, worin er die Abschaffung der Pasta forderte und welches halb Norditalien und ganz Süditalien in Aufruhr versetzt hatte, in Neapel war es sogar zu Demonstrationen aufgebrachter Frauen gegen den berühmten Futuristen gekommen, der jedoch im Radio mit der ihm eigenen Raserei dafür warb, *Alaska-Lachs mit Sonnenstrahlen in Mars-Soße* oder *Kolonialfisch mit Trommelwirbel* zu kreieren und überhaupt das Essen im Chemielabor zu entwickeln, es in Pillen- und Pulverform zu verabreichen (auf Staatskosten), weil die Pasta für *die Schlappheit und nostalgische Untätigkeit der Italiener* verantwortlich sei und man die Teigwaren schleunigst durch Reis ersetzen solle, wenn man schon nicht ganz auf Chemie umstellen wolle. Echte Patrioten hätten Reis zu essen, anstatt auf überteuerten Weizen aus ausländischer Produktion angewiesen zu sein, Reis verspreche *italienischen Körpern Agilität,* man müsse *der Rasse neue dynamische und heroische Kräfte einflößen,* die Pasta, diese *absurde italienische Religion,* gehöre ein für alle Mal weg von den Tellern, weg, weg, weg! Zora und Pepca hatten laut gelacht, als sie das Manifest in den Händen hielten, und lasen seither alles über die neuesten Kreationen der Futuristen, was sie in den Zeitschriften entdecken konnten, um sich auszumalen, wie in den Gesellschaften Mailands und Turins überkandidelten Damen und Herren Gerichte wie *Huhn Fiat* (mit Schlagsahne und Gewehrkugeln gefülltes Huhn) oder *Exaltiertes Schwein* (in Eau de Cologne und Espresso marinierte Salami) serviert wurde. Natürlich war das alles geckenhaft, aber einen gewissen mondänen Glanz strahlte die Sache dennoch aus, zumal Zora bitter daran erinnert wurde, dass sie in der tiefsten Provinz lebte und nicht in den lebhaften Metropolen des Nordens, ach, wie sie sich nach Wien sehnte. Als Marinetti seinen Kritikern attestierte, sie hätten nicht *die geistige Klarheit des Laboratoriums* und vergäßen *die hohen dynamischen Pflichten der Rasse,* reichte es Zora, und sie legte eine Sammlung mit den köstlichsten und ausgefallensten *pastasciutta*-Rezepten an, erst in einem Ringordner, die sie nach und nach in ein dickes Buch mit lauter leeren Seiten übertrug, das sie mit *Manifesto della pastasciutta – contro Filippo Tommaso Marinetti* betitelte, sie träumte (von Pepca ermuntert) von einem Wiener Verlag, der das Kochbuch in zwei Sprachen herausgeben würde. Zora wusste um ihr Trotzverhalten, Trotz war etwas, das sie an ihren Söhnen zutiefst verstand, er stand am Anfang der Streitlust. Erst wurde man trotzig, dann musste man argumentieren, um ernst genommen zu werden, vor allem von Männern, und das war etwas, was sie liebte: von Männern ernst genommen zu werden – daher übte sie das Argumentieren. In diesem Fall gegen Marinetti, der nicht nur ein lausiger Koch, sondern auch ein jämmerlicher Faschist war, ein Agitator, ein Feind.

Im Kinderzimmer war es verdächtig still. Vielleicht herrschte Waffenruhe, die Jungen spielten oft die Schlachten vom Isonzo nach, wobei nur Davide verstand, worum es ging, Zora hatte ihm alles unzählige Male erklärt, die Italiener hier, die Österreicher da, die Deutschen von hinten oben und mittendrin die bosniakische Kompanie; strategisches Denken war wichtig, das mussten Kinder frühzeitig lernen. Die beiden Kleinen verschoben mit Leidenschaft Frontlinien, Soldatenreihe um Soldatenreihe und Kanone um Kanone, die Pappmascheeberge hinauf und hinunter, während der schmalwangige Davide fuchtelnd das Geschehen dirigierte, ein neunjähriger General, vielleicht wurde ja doch etwas aus ihm.

Immer noch Stille, dann plötzlich ein Giggeln und Stampfen. Zora schlich zum Spielzimmer und spähte durch den Türspalt, das Fenster stand trotz winterlicher Kälte weit offen, Stimmen drangen ins Zimmer, die Baresen waren nicht so laut wie die Neapolitaner, aber still waren sie beileibe nicht. Manfredi stand ohne Hosen da, trampelte mit nackten Beinchen und glucksend vor Glück auf einem Stuhl herum, während Greco mit flinken Fingern seinen Hosenlatz zuknöpfte, er war ein motorisch bemerkenswert geschicktes Bürschchen. Die beiden blickten ihre Mutter erschrocken an, als Zora ins Zimmer trat und sofort nach Davide rief, was hier los sei. Der hatte sich hinter seinem Schreibtisch verkrochen und tat so, als habe er Schulbücher studiert, sie sah, wie er errötete, während Manfredi rücklings vom Stuhl kletterte und tolpatschig versuchte, die Hose anzuziehen, die auf dem Boden lag, was ihm nicht gelang. »Hilf ihm«, sagte Zora zu Davide. Sie ging zum Fenster und schaute hinaus. Die Wohnung lag im dritten Stock; wenn man nach rechts blickte, entdeckte man das

Meer am Ende der Straße, die Via Imbriani führte direkt darauf zu, Zora liebte diesen Anblick, manchmal trat sie auf den kleinen *Imperatorenbalkon,* wie sie das Französische Fenster im Wohnraum nannte, und betrachtete das Adriatische Meer aus der Ferne. Greco gluckste laut. Sie drehte sich um, sah die beiden Kleinen kichern, Manfredi schlug dabei die Fäustchen aneinander und konnte sich kaum beherrschen. »Jetzt verstehe ich!«, rief sie und schaute auf die Straße hinab, geschäftiges Treiben da unten, bevor die Läden für die Mittagsruhe schlossen, sie zeigte auf Greco und Manfredi: »Ihr beiden habt Pipi aus dem Fenster gemacht!« Alle drei Kinder erstarrten, Zora musterte ihre Söhne, ausnahmsweise nach 3, 2, 1 (auf der 1 verharrte ihr Blick am längsten), sah ihnen ihre Erschütterung an, ihre Gedanken, wie furchtbar klug die Mutter sein musste, woher die wissen konnte, dass nur die zwei Kleinen Pipi gemacht hatten (in lustig hohem Strahl, dessen war sie sich sicher) und nicht Davide, konnte sie durch Wände blicken, war sie eine Zauberin, eine Hexe? Zora überlegte, ob sie die Kinder bestrafen sollte, wie Maria Montessori in so einem Fall vorgehen würde, ob die freie Entfaltung des Kindes im Vordergrund stünde (vielleicht gehörte das Erlebnis des gemeinsamen Urinierens an unpassender Stelle zur Entwicklung eines gesunden Knaben dazu?) oder ob man ihm in aller Strenge klarmachen müsste, dass es anderen Schaden zugefügt habe. In Anbetracht des dritten Stockwerks und der daraus resultierenden Zerstäubung des Strahls dürfte keiner der Passanten etwas gemerkt haben, und angesichts der drängenden Aufgabe, die sie noch zu erledigen hatte, bevor sie zum Ingenieur ins Büro musste, sah sie von einer Bestrafung ab und schickte ihre Söhne ins Bett, zwei Stunden Mittagsschlaf. Die Kinder legten sich ohne Mucks hin, heilfroh, vom Donnerwetter verschont zu bleiben. Sie hörte sie noch ein wenig flüstern, dann war Ruhe.

Zora ging über den Flur, hinten stand die Kommode mit dem ovalen Spiegel, man lief direkt darauf zu, tagtäglich sah man sich so unzählige Male, wenn auch nur im Halbdunkel, an manchen Tagen blieb sie stehen und betrachtete sich, drehte sich ein wenig nach hier und da; die aktuelle Mode war nicht ideal für sie, betont breite Schultern, schmale Röcke, hoch gesetzte Taille, aber wenigstens kam ihre prächtige Büste gut zur Geltung. Sie war keine kokette Frau, aber dennoch auf ihre Wirkung bedacht, fünfunddreißig Jahre war sie jetzt alt, der Zenit der Jugend überschritten, aber sie konnte sehen, dass sie von Jahr zu Jahr charaktervoller wurde, eine Spätblüherin, während andere, hübschere und anmutigere Frauen bereits zu verwelken begannen, Ana zum Beispiel, die langbeinige, schwanenhalsige Ana hatte bei Zoras letztem Besuch in Bovec gewirkt wie eine Narzisse an Pfingsten (zu viele Kinder, ein schlechter Ehemann). Heute war aber keine Zeit für Selbstbetrachtung und andere Eitelkeiten. Sie musste die Zeichnung fertigstellen, der Ingenieur wartete darauf. Sie trat in die *Spitzbuben* ein, wie Pietro und sie das größte und dunkelste Zimmer der Wohnung nannten, in voller Länge hieß es *Spitzbubenbude* (was Pietro *Spitza-buba-buda* aussprach; sein Deutsch war etwas unbeholfen), ein Raum, zu dem die Kinder unaufgefordert keinen Zutritt hatten, genauso wenig wie zum Elternschlafzimmer oder Pietros Bibliothek. Die *Spitzbuben* beherbergten Zoras Sekretär, den Billardtisch, zwei Kartenspieltische (an denen auch gewürfelt wurde), drei Klubsessel, eine Chaiselongue, den Raucherschrank, eine Schweizer Nähmaschine und das Grammofon samt Schallplattensammlung. Dr. Adelsberger schickte gelegentlich deutsche Schallplatten nach Bari, gerade letzte Woche war ein Paket mit neuen Schlagern gekommen, über die er schrieb, ganz Berlin singe *Mein Onkel Bumba aus Kalumba* und *Maskenball im Gänsestall,* und ganz München sicherlich auch, vor allem die Kommunisten seien ausgelassen zur Zeit, *eure Freunde,* wie Adelsberger schrieb, denn die Reichstagsneuwahl hatte der KPD Zulauf beschert und die NSDAP vierunddreißig Sitze gekostet, was Zora und Pietro bereits mit Genugtuung im Radio vernommen hatten, dort allerdings mit gehässigem Unterton vorgetragen. Die Lieder waren durchaus frivol, was Zora nicht davon abhielt, sie mit den Kindern zu singen, damit die sich frühzeitig ans Deutsch gewöhnten, Wien stand als Studienort für alle drei auf dem Plan; die Anzüglichkeiten verstanden sie sowieso nicht, auch wenn Davide und Greco kräftig sangen (Manfredi brummte eher): *Glaube mir, ich sag das nicht zu jeder / sprach er leis' und küsste eine Feder / Sei doch lieb und werd' nicht immer spröder / Es ist Mai, komm leg' mit mir ein Ei.* Eine der Schallplatten war mit einer Widmung für Pietro und Zora versehen, auf Italienisch, Adelsberger war sehr stolz darauf, er kannte die Musiker, sie probten in seiner Nachbarschaft.

Zora und Pietro sprachen oft über die *tre tedeschi:* Dr. Alois Adelsberger, Dr. Emmi Bloch, Prof. Dr. Dr. Oskar Blank. Adelsberger war in Berlin geblieben und hatte eine Praxis für Allgemeinmedizin in der Stubenrauchstraße in Friedenau eröffnet, obwohl er sich nach Franken sehnte, aber Friedenau schien ihm auch recht ländlich. Die Bloch'sche arbeitete als Ärztin im Krankenhaus am Urban und spezialisierte sich auf die Arteriografie der Hirngefäße, eine neue Technik, für die Pietro sich besonders interessierte. Blank hatte an der Charité von der Medizinischen an die Chirurgische Abteilung gewechselt, die unter Professor Sauerbruch einen ungeheuren Aufschwung erlebte. Alle drei waren irritierenderweise nicht verheiratet, aber Fräulein Bloch sicherlich ein Fräulein nur noch dem Namen nach. Zora hatte sie nie persönlich kennengelernt, seit zehn Jahren war Emmi eine Art Phantom, für das alle drei Männer schwärmten, wenn auch jeder auf eine andere Art, Pietro für ihre Willenskraft, Adelsberger für ihre Fröhlichkeit und Blank, nun Blank, der schien sie innigst zu begehren, ohne dass Zora erkennen konnte, ob er jemals zum Zuge gekommen war, was zu Streitigkeiten zwischen ihr und Pietro führte, weil der ihr zu verheimlichen schien, was er wusste. Adelsberger und Blank waren in Neapel zu Besuch gewesen, Blank sogar einmal in Bari, allerdings im Hotel, und beide hatte sie bei Kongressen in Rom und Bologna wieder getroffen, zu denen sie Pietro begleitet hatte.

Wenn das Haus in der Via Dieta di Bari fertig wäre, würde sie endlich Gäste empfangen können, dachte Zora und strich den Plan glatt, den sie auf dem Sekretär ausgerollt hatte. Dann könnten sie auch Fräulein Bloch einladen, die Neugier musste befriedigt werden. Die Wohnung war zu klein für Gäste, zumal auch Pepca bei ihnen lebte, aber Nino nicht mehr, der war ja nun in Afrika. Sie dachte mit Bitterkeit an ihren jüngsten Bruder, ihren Schützling, mehr Sohn als Bruder. Hätte sie verhindern können, dass aus diesem robusten kleinen Hallodri ein Mann im Dienste Mussolinis wurde, der auf einem Kriegsschiff italienische Truppen nach Bengasi verschiffte, Imperialisten, die durch Libyen marodierten, man hörte ja viele Geschichten. Sie dachte oft darüber nach, was schiefgelaufen war. Vielleicht war die Schule in Neapel das Problem gewesen, wo der kleine Slowene neben einem kleinen Griechen sitzen musste, in der hintersten Reihe, mit genügend Abstand zu den vorderen Bänken, *damit die beiden Ausländer einander helfen können,* wie der Lehrer es spitz formulierte, der die zwei aber selbstverständlich nur von den Italienern separieren wollte, was dazu führte, dass die Hosentaschen des kleinen Chrysanthos Papadakis dunkle Flecken mit Salzrändern aufwiesen, weil er sein dauernasses, voll geweintes Taschentuch darin verstaute, abwechselnd links und rechts, wie Nino erzählte. Nino selbst weinte nie. Er hätte später Medizin studieren können, Pietro hätte alle Hebel in Bewegung gesetzt, aber das wollte er nicht. Er blieb alleine in Neapel (Zora brachte ihn beim Ehemann der Fürstin unter, die längst nach Amerika ausgewandert war) und beendete die Schule, ging dann nach Mailand und arbeitete fünf Monate bei Siemens als Fabrikarbeiter, bis er ins Elektromotorenwerk in Mülheim an der Ruhr geschickt wurde. Er schrieb Briefe, die von kalter Zwetschgensuppe, Bier und Nieselregen handelten und davon, dass er nach Italien zurückkehren wolle. Die Marine war schließlich der Ort, an dem Nino ein Zuhause fand, der Zerstörer *Cortellazzo* sein Ausbildungsschiff, ironischerweise ein Beuteschiff aus

Österreich, das die Italiener als Reparationszahlung erhalten hatten, die einstige *Lika 2*. In seinen Dokumenten stach der in fetten Buchstaben getippte Eintrag *elemento di origine slava* ins Auge, was ihm einen Aufstieg bei der Marine unmöglich machte und ihm erneut das Gefühl gab, neben einem verheulten Chrysanthos Papadakis in der letzten Bank zu sitzen, die in diesem Fall die Offiziersmesse eines Kriegsschiffes war.

Zora schob das hölzerne Geometriedreieck über das Lineal und zog mit dem frisch gespitzten Bleistift eine feine Linie übers Papier. Die Pläne waren im Maßstab 1:50 angelegt, vier Grundrisse, vier Ansichten, ein Querschnitt; sie hatte sich an das Umrechnen gewöhnt und konnte, ohne groß zu überlegen, Wände versetzen, Türen und Schränke einbauen und Fensterbrüstungen erhöhen (die Kinder!). Ihr Vorbild für das Haus hatte sie genau im Kopf: das neue Postamt in Palermo von Mazzoni. Sie hatte Abbildungen gesehen und wusste: So etwas will ich! Nicht das ganze Postamt gefiel ihr, nur die Eckteile, auf das Mittelstück mit den Säulenreihen konnte man getrost verzichten, das sah zu protzig aus, zudem verachtete sie Symmetrie, Symmetrie symbolisierte Macht, das war schon bei Palladio so gewesen, in ihrem Haus würde sie Symmetrien brechen, wo sie nur konnte. Mazzoni hatte sich natürlich vor den Karren der Faschisten spannen lassen, er war der Partei beigetreten und sogar *Staatsarchitekt* geworden, doch wer trat nicht der Partei bei, neuerdings sollten alle Universitätsprofessoren den faschistischen Eid ablegen, Pietro hatte dem bislang widerstehen können. Mazzonis Stil war avantgardistisch, er war Futurist. Zora hatte die Details seines

Postamts studiert und modifiziert, ihr Haus würde genauso stolz, kubisch und schnörkellos aussehen, weg mit dem historisierenden Ballast, sie hatte *Ornament und Verbrechen* von Adolf Loos zur Hand genommen, als sie anfing, sich mit Architektur zu beschäftigen, allein der radikale Buchtitel imponierte ihr, zudem war Loos Österreicher, ein moderner Österreicher, das verhieß nur Gutes. Das Haus: siebzehn Meter breit, einundzwanzig Meter tief, dreihundertfünfzig Quadratmeter Grundfläche, der Garten das Fünffache, allerdings direkt an den Bahngleisen gelegen, dafür mitten in Bari, fünf Minuten zu Fuß zum Bahnhof, neun Minuten zur Universität, zehn zum Lungomare, der ellenlangen Meerespromenade, die nachmittags im Schatten lag. Im Erdgeschoss die Privatklinik für Radiologie (die erste südlich von Rom, wie Zora stolz betonte), im ersten Stock Küche, Wohnräume und Pietros *stanza blu,* im zweiten Stock sechs Schlafzimmer mit Nebenräumen, darüber Dienstbotenzimmer, Waschküche und Dachterrasse zum Wäschetrocknen; zwölf Bäder insgesamt. Größten Wert hatte sie auf die acht Meter hohe Eingangshalle gelegt, immer wieder veränderte sie die geschwungene Freitreppe, die von der Wohnetage zu der Galerie im Schlafzimmergeschoss führte, verbreiterte sie, verschmälerte sie, vor allem der Wandschlitz mit den Glasbausteinen am Fuß der Treppe bereitete ihr in der Proportion Kopfzerbrechen, schließlich entschied sie sich für raumhoch und schmal. Heute musste sie noch die Veranda vor der *stanza fredda* überdenken, wahrscheinlich sollte die tiefer sein, damit das Zimmer wirklich so kalt blieb, wie es hieß, ein nach Norden ausgerichteter und mit raumhohen Drehfenstern versehener Ruheort für heiße Sommertage, darin Liegestühle wie in einem Schweizer Sanatorium, nebeneinandergereiht, mit Blick auf den Garten und die Klostermauer des angrenzenden Nonnenstifts. Zora strichelte eine weitere Linie dazu. Sie hatte ein gutes räumliches Vorstellungsvermögen, vielleicht hätte sie Bauwesen studieren sollen, anstatt Söhne zu gebären, Haushaltsvorsteherin zu werden und die Klinik ihres Mannes zu organisieren (doch im Süden arbeiteten Damen der besseren Gesellschaft nicht für Geld: *una signora non lavora*). Nur die Sache mit dem elektrischen Kochapparat verunsicherte sie, das Ofengebäck schmecke *elektrisch,* hatte sie in einer deutschen Illustrierten gelesen, unzählige Hausfrauen beklagten sich. Ob Elektrizität wirklich einen Geschmack hatte? Sie fürchtete sich nicht vor neuer Technologie, schließlich würde die Klinik mit hochmodernen Strahlenapparaten bestückt sein, nein, es ging nur um das Aroma. Konnte der Milchrahmstrudel einen metallischen Nachgeschmack hinterlassen oder es zu einem Britzeln auf der Zunge kommen? Sie musste das Thema Kochapparat unbedingt mit dem Ingenieur besprechen.

Die Wohnungstür ging auf, sie hörte Pepca, wie sie den Schlüssel ans Bord hängte, dieses Klimpern hätte es bei Pietro nicht gegeben, er verstaute alles in seinem Sakko, Schlüssel, Zigaretten, Streichhölzer, Taschentuch, Brillenetui. Herrgott, sie hatte es fast vergessen: Die Pepca-Angelegenheit musste sie noch einfädeln! Erst das Haus auf den Weg bringen, dann war Pepca dran, der Plan musste einfach klappen. Zora war kein verschwiegener Mensch, im Gegenteil, sie konnte gute Ideen kaum für sich behalten, und Pepca mit Boris zu verkuppeln war eine der besten Ideen, die sie je gehabt hatte. Doch diesmal hielt sie still, einzig Pietro gegenüber hatte sie den Plan einmal erwähnt, morgens um halb sechs im Bett, ein Tablett mit Kaffeetassen und Kännchen zwischen ihnen, beide die Zeitungen in der Hand, *Stampa* und *Corriere della Sera,* ärgerliche Lektüre wie immer, vor allem der *Corriere* war ein Trauerspiel, was für ein Verfall, Pietro hatte nur geseufzt: *Wenn du meinst.* Die Zeitung umgeblättert, weitergelesen und irgendwann gesagt: *Und wenn du glaubst, dass dein Bruder eine Ältere will.*

Sie hörte ihre Schwägerin in spe (die von ihrer Zukunft nichts ahnte) durch die Wohnung gehen, mit diesem kurzen, resoluten slowenischen Landfrauenschritt, den sie so mochte und den Pepca auch in zehn Jahren italienischen Stadtlebens nicht abgelegt hatte und der vielleicht der Grund war, warum sie hier keinen Mann gefunden hatte. Baresen waren elegant, Baresinnen zudem grazil, slawische Landfrauen nicht unbedingt, vor allem mit den spitzen Pumps haderte Pepca, und Zoras Versuche, sie in dem Tuchwarengeschäft für edle Stoffe zu begeistern, hatten nicht gefruchtet, lieber war Pepca in ihren flachen Schuhen aus dem Laden gesaust, als Giuseppe Del Buono mit einer fremden Frau am Arm das gegenüberliegende Haus verlassen hatte, um ihm hinterherzuschleichen wie ein wildes kleines Tier, das seine Beute leise und zielstrebig verfolgt.

Ein Klopfen an der Spitzbubentür. Pepca winkte ihr zu und zeigte auf die Lauchstangen, die aus der prall gefüllten Stofftasche ragten, und auf die Häkeltasche, die sie für Fisch verwendete, der in Papier eingeschlagen darin lag.

»Lauch«, sagte sie, »und Brokkoli. Sardellen, Pancetta für heute Abend. Und frische Seeigel, die bereite ich gleich zu.«

»Sehr gut«, antwortete Zora und beugte sich wieder über die Zeichnung, »ich bin bald fertig. Pietro muss jeden Moment kommen.« Sie wollte im Erdgeschoss noch eine Änderung vornehmen, die Dienstbotentreppe musste bis in die Klinik hinuntergeführt werden, erst hatte Pietro auf einer Trennung zwischen den beiden Bereichen beharrt und nur auf den ebenerdigen Zugang zum Garten Wert gelegt, hinter dem Patientenbad neben der Dunkelkammer, ganz diskret, dann hatte er aber eingesehen, dass es äußerst bequem wäre, einfach eine Treppe nach oben zu gehen, um ins Wohnhaus zu gelangen, direkt neben dem Küchenvorraum, man konnte die Türe ja abschließen. So wichtig es für Zora war, dass das Haus fertig werden würde, damit sie endlich Gäste einladen konnte, so wichtig war für Pietro die Inbetriebnahme der Klinik, Privatpatienten würden von weit her anreisen, um sich von ihm untersuchen zu lassen. Er hatte Zora neulich erläutert, dass das Gramsci-Debakel anders hätte verlaufen können, wäre die Klinik vor einem halben Jahr bereits in Betrieb gewesen. Gramsci war von Mailand nach Turi verlegt worden, einer Kleinstadt südlich von Bari, in ein Gefängnis für Kranke, mit Ärzten, deren Qualifikation in erster Linie darin bestand, dass sie Faschisten waren. Giuseppe und Zora hatten Pietro gedrängt, dass er nach Turi führe, nachdem sie vernommen hatten, dass es Gramsci gesundheitlich immer schlechter gehe und eine Fehldiagnose die andere jage, die Tuberkulose war gesichert, aber der Rest? Die Kommunistische Partei war alarmiert gewesen. Vielleicht würde Pietro ja Zugang erhalten, ein Universitätsprofessor war schließlich nicht irgendjemand, und Gramscis Tod konnte Mussolini nicht riskieren wollen, das hätte zu einer Revolution führen können, aber es war kein Durchkommen gewesen. Vater und Sohn Del Buono hatten sich wie Schulbuben abkanzeln lassen müssen, von einem Aufseher, der sie anschnauzte, man habe genügend Ärzte im Haus, woraufhin Pietro entgegnete, *aber keinen Radiologen!,* was den Mann genauso unbeeindruckt ließ wie der Fiat vor der Tür oder Giuseppes diskretes Klopfen auf ein prall gefülltes Kuvert in seiner Jacketttasche, von dem Pietro nichts wusste und das später zu Streitereien Anlass gab. Zora konnte kaum glauben, dass ihr Schwiegervater einen Gefängniswärter bestechen wollte, und nicht nur einen, denn Giuseppe hatte gleich mehrere Kuverts mit sich geführt, *für alle Fälle,* Herrgott, diese Sizilianer.

Zora hörte ein Knabenseufzerchen, drehte sich um und sah Nr. 2 in der Tür stehen. »Du kannst nicht schlafen? Komm, Schatz«, sagte sie. Greco trat ein, blieb ehrfürchtig vor dem Billardtisch stehen, den grünen Filz vor sich, den er nicht zu berühren wagte. »Ich zeig dir unser neues Haus«, sagte Zora und winkte ihn zu sich. Die Wohnungstür ging auf, Schritte im Flur, *»papà!«,* rief Greco und wetzte Pietro entgegen. Die beiden traten kurz darauf ins Zimmer, Hand in Hand, Pietro mit einer Zigarette im Mund. Er rauchte eigentlich immer, Zora nur abends.

»Die Veranda vor der *stanza fredda* muss tiefer werden«, sagte Zora und zeigte auf den Grundriss des Wohngeschosses. »Du meinst, das gesamte Haus muss länger werden«, fragte Pietro, »länger und teurer, wenn ich dich richtig verstehe?« Asche fiel von der Zigarette. »Ja«, sagte Zora, »länger und teurer. Greco, zurück ins Bett, aber schnell.« Sie wischte die Asche vom Tisch.

Beim Hinausgehen stieß der Kleine auf Pepca, die ein Tablett trug. »Frische Seeigel!«, rief sie und zeigte auf die Teller.

»Gleich, Pepca«, sagte Pietro, »wir kommen gleich.« Enervierter Tonfall. Alle erstarrten kurz, dann rannte Greco ins Kinderzimmer und Pepca verschwand im Speisezimmer. Pietro schloss die Tür. »Du hast die Kontrolle über den Bau, über die Kosten«, sagte er, »über die Haushaltsführung. Und über das Personal. Nicht wahr?«

»Selbstverständlich.« Zora wusste nicht, worauf er hinauswollte. Natürlich hatte sie alle Finanzen unter sich. Wer auch sonst?

»Ich habe eine Entscheidung getroffen«, sagte Pietro und hustete ein wenig, was Zora aufhorchen ließ. »Vater wird die Klinik verwalten. Er wird die Ausgaben überwachen, die Einnahmen natürlich auch. Er ist bestens geeignet dafür. Zudem braucht er eine Aufgabe. Du hast genügend anderes zu tun.«

»Du triffst Entscheidungen? Über mich? Entscheidungen? Und was heißt: Papà ist geeignet?!«, rief Zora empört. »Er ist verschwenderisch, er hat überhaupt keine Kontrolle darüber, wie viel ihn sein Haushalt kostet … und die Schwiegermutter … und die Cousine … und all diese Flittchen! Tänzerinnen, ha! Die bezahlst du doch auch! Und jetzt willst du ihm deine Klinik anvertrauen? Das ist bo-den-los! Du misstraust mir! Nur weil ich eine Veranda tiefer bauen lassen will, damit deine Söhne es im Sommer kühl haben?!«

»Beruhige dich.« Pietro steckte sich eine neue Zigarette an, die alte war zu Boden gefallen, er hatte sie mit der Schuhspitze ausgedrückt.

»Ich soll mich beruhigen? Keinesfalls werde ich mich beruhigen!« Zora beugte sich über den Tisch, schob die Pläne übereinander und rollte sie zusammen, sie drückte zu stark, es gab Knicke und sie musste alles wieder aufrollen, bis sie schließlich mit den malträtierten Plänen unter dem Arm aus dem Raum marschierte. Die Kinderzimmertür war zu, im Esszimmer wartete Pepca vor den halbierten Seeigeln und schaute sie erschrocken an. Zora feuerte ihre Hausschuhe neben den Kamin im Entree, ging zur Garderobe und schlüpfte in die höchsten Pumps, die sie besaß, warf das Wollcape über, stapfte aus der Wohnung und stöckelte schimpfend die Treppen hinunter; sie hasste hohe Schuhe. Sie war eben auch eine slawische Landfrau. Sie trat auf die Straße, Stille, Mittagsruhe. Zora schloss die Augen und atmete die salzige Luft ein. Dann wandte sie sich nach rechts, dem Meer entgegen.

Bari, November 1935

Neununddreißig, ein vortreffliches Alter, dachte Pietro und steckte seinen Thorax an den Leuchtkasten. Ein feines Geburtstagsgeschenk hatte er sich da gemacht, nicht ganz risikofrei natürlich, wer konnte schon seinem Inneren trauen. Aber alles sah bestens aus, einzige Auffälligkeit die alte Rippenfraktur mit lehrbuchhafter Callusbildung (der verunglückte Klippensprung an Usticas Ostküste). Sachte pustete er einen Mundvoll Rauch über das Röntgenbild, die Grautöne verschoben sich ineinander, fließende Bewegungen, als ob der durchleuchtete Brustkorb atmen würde, der Rauch zog wabernd über den linken Lungenflügel hinweg und verflog. Er sollte hinaufgehen, bestimmt warteten schon Gäste. Man feierte seinen Geburtstag nicht offiziell, zum Feiern war niemandem zumute, der Einmarsch in Abessinien zehrte an den Nerven, darüber musste gesprochen werden, sein Geburtstag schaffte Gelegenheit. Die Kommunisten im Ausland forderten die sofortige Einstellung der italienischen Aggression, die im Inland mussten vorsichtig agieren und den Widerstand koordinieren. Palmiro Togliatti, der immer entschiedener Gramscis Führungsposition übernahm, hatte aus seinem Moskauer Exil dem abessinischen Volk die Unterstützung zugesichert. Emmi Bloch hatte Togliattis Rede auf dem Weltkongress der Komintern gehört und in einem Brief ausführlich davon berichtet: Nicht nur die Russen, auch Togliatti habe zur Zusammenarbeit mit den einst verhassten Sozialdemokraten und Sozialisten aufgerufen (die man unlängst noch *Sozialfaschisten* geschimpft hatte), auch mit den katholischen Parteien solle man sich verbünden (*Herrjesus!*, hatte Zora entsetzt ausgerufen), weil den Nationalsozialisten und Faschisten anders nicht beizukommen sei, ein radikaler Politikwechsel, nun war die *Volksfront* die neue Strategie.

Wenn Pietro an die Bloch'sche dachte, wurde er sentimental. Und nervös. Er hoffte, dass sie bald nach Palästina ausreisen würde und nicht aus lauter Enthusiasmus nach Birobitschan in die neu geschaffene *Jüdische Nationale Oblast* zog, irgendwo in den sibirischen Wäldern, er hatte im Atlas nachschlagen müssen, wo Birobitschan lag, das konnte ja kein Mensch wissen. Sie war noch in Moskau, was ihm riskant erschien. Im März 1933, sechs Wochen nach Hitlers Ernennung zum Reichskanzler, hatte die Sturmabteilung der NSDAP das Krankenhaus am Urban besetzt, alle jüdischen Ärzte wurden am selben Tag entlassen, Emmi war eine davon. Eine Praxis konnte sie in Berlin nicht eröffnen, eine neue Verordnung entzog *nichtarischen Ärzten und Kommunisten* die kassenärztliche Zulassung, von Privatpatienten konnte sie nicht leben, schon gar nicht als Radiologin, die Geräte waren unbezahlbar. Pietro bot ihr eine Assistenzstelle in Bari an, aber das lehnte sie ab (*sehr dumm*, sagte Zora). Adelsberger wollte sie heiraten und mit ihr ins Ausland ziehen, Amerika oder England, auch dazu sagte sie Nein (*romantische Idealistin*, sagte Zora anerkennend).

Blank hatte seine Avancen eingestellt und überraschend eine Krankenschwester geheiratet, als es Emmi an den Kragen zu gehen drohte; schwacher Charakter, dachte Pietro, aber er wollte nicht über ihn urteilen, vielleicht war es ein Zufall mit der kleinen arischen Schwester (deren Mädchennamen er vergessen hatte, heute also Frau Professor Blank), vielleicht war Blank wirklich über die Bloch'sche hinweg und die Begegnung mit dieser Krankenschwester schicksalhafter als jene mit ihren Vorgängerinnen, eine freundliche Vermutung, die Zora nicht durchgehen ließ.

Pietro betrachtete seinen Thorax, verglich ihn mit dem von Dr. Laudani, der daneben hing, der sah nicht gut aus, ein Pleuraerguss, der Flüssigkeitsspiegel war deutlich angestiegen, sicher ein halber Liter. Morgen würde er Laudani als Erstes die schlechte Nachricht überbringen, er musste hospitalisiert werden, eine Punktion war unumgänglich. Pietro seufzte, fast alle Ursachen waren unerfreulich, womöglich Tuberkulose. Er löschte das Licht und zog die Tür des Diagnostikraums hinter sich zu. Im Vorraum der Geruch des Bildlabors, steter Begleiter in seinem Leben, sein Lieblingsgeruch. Er nahm nicht die Innentreppe, sondern ging durch die beiden Röntgenräume über den Flur ins Wartezimmer, wo er seinen weißen Kittel an den vordersten Garderobenknauf hängte und das Jackett überzog. Dann trat er durch die schwere Eichentür auf die Straße. Es war bereits dunkel, die drei Meter hohe Sandsteinmauer auf der gegenüberliegenden Straßenseite wirkte nachts noch unfreundlicher als sonst, parallel zur Straße der hochgelegte Bahndamm, von der ersten Wohnetage aus blickte man auf die Schienen, von der Klinik aus nur auf die Mauer, es war wirklich kein schöner Anblick. Hoffentlich kamen die Grenzstreitigkeiten mit dem Kloster auf der Rückseite des Hauses, die eigentlich die Vorderseite war, bald zu einem Abschluss. Dann würden Klinik und Wohnhaus von zwei Seiten erschlossen, zur Klinik käme man von der hässlichen Seite am Bahndamm, ins Wohnhaus durch den Garten von der Piazza di Luigi di Savoia vom Stadtzentrum aus, aber wie hatte Zora gesagt: *Die Pfaffen gewinnen immer.* Wahrscheinlich würde ihnen der Zugang jahrelang verwehrt und sie müssten auf ewig diese monströse Bahnmauer sehen, um neben dem Klinikeingang durch ein Eisentor auf die Treppe zur Loggia zu gelangen, von der aus man das Haus betrat.

Pietro mochte das Haus, aber es war nicht seine Obsession. Ganz anders seine Frau: Zora war besessen davon. Über den Kaminhut in der Halle hatte sie *Hic murus aeneus esto: nil conscire sibi, nulla pallescere culpa (Das sei die eherne Schutzwehr: Gewissensreinheit, frei von schuldgequälter Angst)* meißeln lassen. Er fuhr mit den Fingerkuppen über die Fassadenverkleidung, die zu wochenlangen Diskussionen geführt hatte: hellgrauer Marmor aus den Steinbrüchen des Monte Billiemi, so wie beim Postamt von Palermo, oder doch ganz klassisch Römischer Travertin? Zora hatte allen Ernstes im Hochsommer nach Sizilien reisen wollen, um *mit beiden Händen die Porösität der Fassade des Postamts zu ertasten* und den Steinbruch aufzusuchen, weil sie die Kaufverhandlungen selbst zu führen gedachte. Pietro hatte sie mit allerlei taktischen Raffinessen vom sizilianischen Marmor abbringen und zum Römischen Travertin hinlenken können, ausschlaggebendes Argument war gewesen, dass der Architekt des Postamts ein unverfrorener Faschist war und der Monte-Billiemi-Marmor somit ein Symbol, zumal die Ähnlichkeit der beiden Gebäude nicht zu übersehen war.

Er stieg die Außentreppe hoch, ging am Hauseingang vorbei bis zum Ende der Loggia und blickte auf den Garten hinunter, üppige dunkle Vegetation, einzig die Zitronen schimmerten, vom Mondlicht erhellt, und ganz hinten, vor der Trennmauer zum Kloster, leuchteten die drei Öllampen, die Zora an dem Steinbogen des mit Reben umrankten Sitzplatzes aufgehängt hatte, *um dem Garten im Dunkeln Tiefe zu geben,* Lampen, die Emma auslöschen musste, bevor man zu Bett ging, eine Aufgabe, die das Mädchen nur widerstrebend ausführte, weil ihr der Garten unheimlich war; riesige Katzen würden sie anglotzen, sagte sie einmal, ein andermal schwor sie, heftiges Schnaufen vernommen zu haben, was Zora als Windstoß abtat, doch Emma beharrte darauf, ihr habe *irgendein Höllenwesen in den Nacken geschnauft,* und zwar furchterregend laut. Die Öllampendiskussion hatte groteske Ausmaße angenommen, sodass Davide seit Neuestem durch den Garten tapern musste, um die Lampen auszulöschen, bevor er zu Bett ging. *Ein Zwölfjähriger wird das ja wohl können,* sagte Zora, und Emma steckte Davide heimlich glasierte Mandeln zu, aus lauter Dankbarkeit, der nächtlichen Tortur entkommen zu sein. Heute würden die Lampen brennen, bis die Gäste nach Hause gingen, *der Tiefe wegen.* Pietro würde diskret mit dem letzten Gast nach draußen gehen und sie auslöschen, um Emmas Nerven (und seine eigenen) zu schonen.

Er trat ins Haus, der Leuchter tauchte die Halle in ein

warmes Licht. Für diesen Kronleuchter war Zora nach Mailand gereist, und nicht nur für den, einen Großteil der Einrichtung hatte sie bei *Domus* gekauft, norwegisches und schwedisches Mobiliar, es war ihr nicht auszureden gewesen. Der Kronleuchter war das Herzstück des Hauses, Messing, so wie das Treppengeländer (mit drehbaren Ornamentringen unterhalb des Handlaufs, zur Freude der Kinder), Messing passe am besten zu dem Marmor, mit dem die Halle samt Galerie ausgekleidet war, in horizontalen Bändern, beige die schmalen, whiskyfarben die breiten. Über diesen Mailänder Kronleuchter wusste halb Bari Bescheid, sogar der Barbier hatte ihn darauf angesprochen. Ein zweieinhalb Meter hoher oktogonaler Leuchter, brandmodern, nicht so antiquiert wie die venezianischen mit ihrem bunten Glasgeklimper, die Glühbirnen waren gar nicht zu sehen, da hinter trapezförmigen Milchglasscheiben versteckt, ein modernistisches Objekt, oder wie Pietro gerne sagte: *dein Art-déco-Monster,* worauf Zora erbost antwortete, das sei kein Art déco, sondern etwas ZEITGENÖSSISCHES, Wegweisendes, weil Reduziertes.

Pietro hörte Männerstimmen im Salon, Avvocato Basso war bereits da, Neldo natürlich und auch die Lombardi-Brüder. Die Grandolfos sollten außerdem kommen und die Codas samt Tochter. Zudem sein Vater, wahrscheinlich mit einer Frau, auch unter den Tänzerinnen gab es Kommunistinnen (*immerhin das,* sagte Zora). Und Ljubko, den es von Bovec nach Triest verschlagen hatte und der zu Besuch in Bari war. Sie hatten keine Mediziner eingeladen, Pietro trennte Beruf und Politik sorgfältig. Er stieß die Tür zum Salotto auf, alle wandten sich ihm zu und standen auf,

Neldo eilte ihm entgegen, Zora war nicht im Raum. Dafür saß Tante Otilija in der hinteren Ecke im Halbdunkel in ihrem Sessel an der Heizung, eine Decke über den Knien; sie wohnte seit Monaten bei ihnen, nachdem ihr Haus in Srpenica eingestürzt war, ein Erdbeben. Pepca hatte sie nach Bari begleitet, ohne Boris, der war in Bovec geblieben. Otilija Ostan war niemandes Tante, sondern eine entfernte Cousine, aber die Kinder hatten sie mit sicherem Instinkt *die Tante* genannt, ihre Tantenhaftigkeit war ihr eingeschrieben, auch wenn sie noch keine fünfzig war. Sie war das dünnste Wesen, das Pietro kannte, welches nicht unter Schwindsucht litt, eine ätherische Person, die nicht nur körperlich abwesend schien, sondern auch psychisch, als ob sie den Wunsch hätte, nicht zu existieren, sich aber nicht traute, sich das Leben zu nehmen, zumal sie auch nicht depressiv war, sondern einfach nur kaum vorhanden. Kosten tat sie fast nichts, sie aß nur ein paar Hülsenfrüchte am Tag, manchmal etwas Obst, gelegentlich tunkte sie Brot in Milchkaffee, abends nahm sie Schafskäse in Würfelchen zu sich und trank ein Glas Rotwein. Nützen tat sie allerdings auch nichts, die Kinder zu hüten hätte sie überfordert. Die Tante saß einfach nur in ihrem schwedischen Ohrensessel aus olivgrünem Velours, fröstelte und lächelte freundlich. Ab und zu sagte sie etwas, wie: *Wenn das der Kaiser wüsste: zwei Ostans in Bari.* Oder: *Der Schlaf im Stuhl ist tiefer als der Schlaf im Bett.* Oder: *Mütter ertrinken gelegentlich im Isonzo.* Manfredi und Greco fragten dann, was sie meine, aber sie sagte nur, *ach nichts, ihr Kinderchen,* und Davide schaute sie versonnen an. Nachdem Pietro einmal beobachtet hatte, wie Davide der Tante Zuckermandeln zusteckte (die Emma-Dankbarkeitsmandeln), fiel ihm auf, wie mager sein ältester Sohn eigentlich war: Tante Otilija und Davide hatten einander in einer Art minimalistischer Überlebensstrategie gefunden, stille Verbündete in einer Welt voller Opulenz und Lärm, und Otilija lutschte die süßen Mandeln mit Vergnügen, einfach weil sie von Davide stammten.

Die Männer führten ihr Gespräch fort, nachdem sie Pietro begrüßt hatten.

»Sie werden den Suezkanal schließen«, sagte der jüngere Lombardi (ein Ingenieur), während er sich setzte.

»Niemals«, widersprach der ältere (ein Buchhalter). »Sie müssen Mussolini bei Laune halten. Wäre der Kanal zu, hätte das Heer Nachschubschwierigkeiten.« Er blieb stehen.

»Genau deswegen werden sie es tun: kein Öl für Italien«, sagte der jüngere.

»Um Mussolini Hitler in die Arme zu treiben? Undenkbar!«

Die beiden waren sich selten einig.

Emma huschte herein, sie brachte Tellerchen mit ofenwarmer Focaccia, Pecorino, Oliven, Artischocken, marinierten Sardellen. Dazu winzige Gabeln, winzige Servietten, Fingerschalen mit lauwarmem Zitronenwasser. Tante Otilija stellte sie Kamillentee mit Kandiszucker hin.

»Der Völkerbund ist schwach«, sagte Avvocato Basso, der auf das *Avvocato* Wert legte, »und Mussolini hat klug gehandelt, als Erstes die Sklaverei abzuschaffen. Damit hat er sie alle mundtot gemacht.«

»Neger in Amerika.« Ein dünnes Stimmchen im Hintergrund, zarte Hände auf Häkeldecke, ein Lächeln.

Die Männer schauten irritiert zu Tante Otilija, aber Pietro winkte ab: »Sie werden Addis Abeba erobern. Schneller, als ihr denkt.«

Plötzlich Schweigen, Zora betrat den Salon; schmales Abendkleid, kobaltblau und bodenlang, mit durchsichtigen, weiten Ärmeln und hauchdünner schwarzer Spitze über dem Dekolleté, insgesamt eindrucksvoll. Sie hielt ein Blatt Papier in der Hand. »Post aus dem Königreich«, sagte sie.

»Welchem?«, fragte Neldo, der bislang geschwiegen hatte.

»Jugoslawien. Ein Brief von Goran.«

»Goran, der Serbe!«, rief Neldo. »Den habe ich seit damals nicht mehr gesehen.«

Mit *damals* meinte er den Sommer 1919. Den Sommer, in dem er an Pietros Seite in Bovec stationiert gewesen war, kein Arzt, aber Sanitäter. Den Sommer, in dem Pietro Zora kennenlernte, die Neldo eifersüchtig beobachtete, weil ihr schnell klar wurde, dass die beiden Rothaarigen von der abgelegenen Mittelmeerinsel, diesem fremden Gefängniseiland, einen Erfahrungsschatz teilten, den sie nie würde aufholen können.

»Was schreibt er?«, fragte Pietro.

»Er ist in Split«, sagte Zora.

»Was um aller Welt tut ein Serbe in Dalmatien? Warum geht er nicht nach Belgrad?«, fragte der jüngere Lombardi.

»In Serbien ist er nicht gerne gesehen, er hat für Österreich gekämpft«, sagte Zora, »Split ist aber auch heikel, viele Faschisten in wichtigen Positionen, serbische, dalmatische.«

»Sitzen die Anführer der Rechten denn nicht im Gefängnis?«, warf Avvocato Basso ein. »Sind die nicht ruhiggestellt?«

»Das glaubst du nicht im Ernst?« Zoras Ton war scharf. »Die orchestrieren das im Stillen weiter. Mussolini lässt die bestimmt nicht fallen. Faschisten geben nie auf, das wissen wir doch. Wieso sollte es in Dalmatien anders sein als in Deutschland oder hier? Sie haben Oberwasser.«

»Oberwasser ist's wärmer als Unterwasser.« Das Stimmchen aus dem Hintergrund. Hände unter Häkeldecke diesmal, Tante Otilija fröstelte trotz Kamillentee.

»Will er dableiben?«, fragte Pietro.

»Nein, er fragt, ob es in Bovec Arbeit für ihn gibt. Er will zurück in die Berge.«

»Und was hast du geantwortet?«

»Selbstverständlich. Nach Vaters Tod gibt es genug zu tun. Er kann im Gasthaus arbeiten«, sagte Zora, »und Mutter zur Hand gehen, dann ist Pepca entlastet. Und vergiss die Tiere nicht. Aber lasst uns von etwas anderem sprechen. Es ist so viel geschehen. Abessinien macht mich krank. Ich brauche dringend etwas zu trinken.«

Neldo ging zum Getränkeschrank: »Sherry?« Er kannte Zora mittlerweile, dachte Pietro. Es hatte Jahre gedauert, bis seine Frau Neldo akzeptiert und ihre ärgsten Sticheleien eingestellt hatte, Eifersucht aus Gewohnheit wurde selbst ihr langweilig. Die Frage war: Würde das Verhältnis endgültig besser werden, wenn Neldo eine Frau fand? Nur fand Neldo keine Frau, Zora vermutete: Er suchte überhaupt keine. Er war ein Eigenbrötler, ein schweigsamer, stämmiger, kleiner Kerl mit kräftigen Schultern, den es nach Kriegsende zur Polizei von Udine gezogen hatte und der Pietro später nach Bari gefolgt war, *dein sizilianischer Teckel,* wie Zora auf gut Österreichisch sagte. Da katholische Parteien neuerdings zu den Verbündeten zählten, war Neldos Anwesenheit in ihrem Kreis plötzlich gefragt, was Pietro befriedigte, ihn hatte Neldos Konservativismus nie gestört, er war halt ein gläubiger Mensch, ganz im Gegensatz zu ihm selbst. Und seit der Vatikan den Faschisten willfährig diente, waren oppositionelle Katholiken zwar wundersame, aber wertvolle Wesen, die es zu pflegen galt.

»Unbedingt«, antwortete Zora und wartete auf das Sherryglas. Neldo lächelte.

»Sie machen Propaganda in der Provinz. Ich war im Wanderkino in Monopoli«, sagte der ältere Lombardi.

»*Wir* waren im Wanderkino in Monopoli«, korrigierte der jüngere.

»Was wolltet ihr in Monopoli?«, fragte Avvocato Basso.

»Unauffällig Kriegspropagandafilme anschauen«, erklärte der ältere.

»Sehen, was die Fischer sagen.«

»Die Bauern.«

»Die Priester.«

»Die Mütter der Söhne, die in Abessinien kämpfen.«

Pietro warf einen besorgten Blick auf Zora. Es gab nicht nur Mütter, sondern auch ältere Schwestern: Nino war ebenfalls in Abessinien. Sie gab sich unbeteiligt, dabei wusste er, dass sie innerlich kochte: Ihr jüngster Bruder, der eifrig mithalf, Panzer, Bomben und Menschen nach Afrika zu verschiffen, um *Lebensraum für Italiener* zu schaffen, er, der Slowene. *Lebens-RAUM!,* hatte Zora gebrüllt, als er ihr mit verblüffendem Selbstbewusstsein erläutert hatte, warum ihm diese Mission sinnvoll erschien, schließlich hätten alle anderen Länder auch Kolonien, nur Italien sei abgehängt, wohin man denn expandieren solle, wenn nicht nach Afrika, ihm erscheine das ausgesprochen einleuchtend, und es sei doch fantastisch, diese weiten, leeren Landschaften zu besiedeln, etwas Neues aufzubauen, die düsteren italienischen Städte, die sowieso verfielen, hinter sich zu lassen und in der hellen Sonne Afrikas ganze Städte zu errichten, so wie Littoria im Süden Roms, wo die Sümpfe trockengelegt worden waren und hochmoderne Siedlungen für Italiener entstanden, so könne der Osten Afrikas aufgebaut werden. Littoria habe sie doch auch beeindruckt und ihr Haus sehe sowieso aus, als ob es direkt aus den Pontinischen Sümpfen erwachsen sei. Das war der Moment gewesen, als Zora zum zweiten Mal gebrüllt und ihren Bruder erst des Zimmers und dann des Hauses verwiesen hatte.

»Und: Was meinen die Fischer? Die Bauern? Die Priester?« Alle warteten, ob Zora auch noch sagte: die Mütter. Aber sie schwieg, hob nur fragend eine Augenbraue.

»Sie jubeln.«

»Die Filme zielen auf die Ehefrauen«, sagte der Buchhalter.

»Wegen der Ringe?«, fragte Neldo.

»Ja, alles dreht sich darum: *Oro per la patria,* Gold für die Heimat.« Der Ingenieur seufzte.

»Erst zeigen sie Schlachtschiffe mit abreisenden Soldaten, taschentuchschwenkende Menschen am Kai, ich sage euch: Tausende!, dann Bilder aus Abessinien mit lächelnden, ellenlangen Negern, die barfuß gehen. Und zum Ende kommt der Aufruf zur Goldringspende für diese große Sache«, erklärte der Ältere.

»Jetzt, wo ihnen wegen der Sanktionen das Geld auszugehen droht, holen sie es sich vom Volk«, sagte Basso.

»Der geniale Coup des Duce: die *Giornata della Fede,* der Tag der Treue«, sagte der ältere Lombardi.

»Der Tag des Eherings«, sagte Zora.

»Es werden Millionen sein. Millionen goldene Eheringe. Eingetauscht gegen Blechringe vom Staat.«

»Auf denen nicht die Namen der Eheleute und das Hochzeitsdatum eingraviert sind, sondern diese grässliche Fasces und der Tag des Sanktionsbeginns.«

»Das ist doch Wahnsinn.«

Sie nickten. Tranken einen Schluck.

»Ja, dieser 18. Dezember wird als Symbol eines verrückt gewordenen Volkes in die Geschichte eingehen. Millionen Italienerinnen, vermählt mit dem Duce.«

»Bigamie! Doppelt verheiratet!« Tante Otilija kicherte, alle schauten sie erstaunt an. Man hatte sie ganz vergessen in ihrer Ecke.

»Ehering und Treue sind im Italienischen ein Wort, im Slowenischen nicht«, spottete Zora.

»Was willst du damit sagen?«, fragte Pietro.

»Dass die Italiener naiver sind?«, antwortete sie kokett. Alle lachten.

»Die Frauen sollen auf ihre Opferrolle vorbereitet werden. Die Blechringe werden gesegnet. Wenn der Mann gefallen ist, haben sie zum Trost die heilige kollektive Ehe mit dem italienischen Volk«, sagte der jüngere Lombardi.

»Diese Pfaffen wieder«, schimpfte Zora.

Emma kam in den Salon.

»Emma, Liebes, werden Sie Ihren Ehering auch dem Duce schenken?«, fragte Avvocato Basso sanft.

Emma errötete.

»Sie hat ihren Goldring durch einen Kupferring ersetzt, den sie bei der Zeremonie in den Topf werfen wird, wie alle klugen Frauen«, lobte Zora.

Emma errötete noch tiefer, ob aus Scham oder Stolz, war nicht ersichtlich. »Ich wollte melden: Die Grandolfos sind angekommen«, sagte sie.

Alle erhoben sich, außer Tante Otilija. Zora ging in die Halle, um die Gäste zu begrüßen, Pietro folgte ihr, während sich die Lombardis zum Billardtisch verzogen, noch war Zeit für eine Runde bis zum Essen. »Die Herren, spielt ihr mit?«, fragte der jüngere Lombardi und zeigte auf Basso und Neldo.

»Zwei Mannschaften?«, fragte Avvocato Basso.

»Wir eine, ihr die andere«, antwortete der ältere Lombardi. Natürlich, dachte Pietro beim Hinausgehen, natürlich spielten die Brüder zusammen gegen den Anwalt und den Polizisten. Sie konnten streiten, so viel sie wollten, nach außen verkörperten sie eine Einheit. Ihm fehlte ein Bruder, nahezu jeder Mensch hatte einen, Zora sogar vier. Er hatte nur seine Schwester, diese krämerische Person. Immerhin war Neldo an seiner Seite, sein Freund mit der Familiengeschichte, die an Tragik kaum zu überbieten war, zumal auf Ustica: ein Haufen Kinder, von denen einzig der Erstgeborene das Erwachsenenalter erreicht hatte; zwei ertranken, zwei starben an Schwindsucht, eines kam tot zur Welt, eines erlitt während eines epileptischen Anfalls einen Herzstillstand (wahrscheinlich eine übermäßige Stimulation des *Nervus vagus,* wie er im Studium lernen sollte). Pietro erinnerte sich besonders gut an die beiden Jungen, die ertranken, zwölf und dreizehn Jahre alt; man hatte das Ruderboot unterhalb der Klippen des Spalmatore gefunden. Wenn er an Zoras Brüder dachte, blieben sie ihm seltsam fremd: Franc kannte er kaum, ein Geometer, der in der Vojvodina lebte, Ljubko, der Lithograf in Triest, schien ihm arg verträumt, vielleicht auch versponnen, und Nino war schlicht ein Ärgernis. Am nächsten stand ihm Boris, ein Freigeist, der gern zu Berg stieg, vielleicht war es das, was sie verband: die Ehrfurcht vor der Gewalt der Natur, bei Boris die Berge, bei Pietro das Meer.

Pietro und Zora begrüßten die Grandolfos, Emma nahm ihnen die Mäntel ab, Grandolfo ließ ausrichten, die Codas seien verhindert, irgendetwas mit dem Kind.

»Zwei Gedecke weniger, bitte«, wies Zora Emma an.

Ljubko kam über die Galerie geschlendert, er musste kurz vor den Grandolfos nach Hause gekommen sein und sich noch umgezogen haben. Er blieb einen Augenblick stehen und schaute nach unten, diese frechen blauen Augen, dachte Pietro, welch kesser Blick; dann nahm er die Treppe in Angriff, als ob sie vor ihm ausgerollt worden wäre, majestätisch geradezu, er bewegte sich geschmeidig, trotz seines groben Knochenbaus, erstaunlich, dachte Pietro, wie elegant der Dreiunddreißigjährige die kräftige Hand über das Messinggeländer streifte, oder beinahe, es lag ein Hauch Luft zwischen ihr und dem Handlauf, ein Puffer, eigens dafür da, Ljubkos Finger in Szene zu setzen. Zora hatte die Treppe theatralisch entworfen, niedrige Stufen aus hellem Marmor, quadratisches Eckpodest mit Sitzgelegenheit in der Nische des raumhohen Glasbausteinfensters, durch das immer schmeichelhaftes Licht auf einen fiel, die letzten Stufen dann ausladend breit für den großen Auftritt in der Halle, als ob gleich Stars des amerikanischen Kinos herabgetanzt kämen. Wenn jemand Zoras Hang zum Pathos zu schätzen wusste, dann Ljubko. Und wenn jemand sich freute, dass Ljubko seine bäuerische Art abgelegt und durch lausbübische Distinktion ersetzt hatte, dann Zora.

Alle fünf gingen in den Salon, allgemeine Begrüßung, die neuen Gäste setzten sich, tranken, lauschten dem Gespräch. Das Kriegsthema war noch nicht ausgestanden.

»Meint ihr, er wird Gas einsetzen?« Lombardi trug Kreide auf die Pomeranze auf und lehnte sich für den nächsten Stoß über den Tisch, es waren noch zwei Kugeln im Spiel.

»Er wird es nicht wagen, das Genfer Protokoll zu brechen. Chemiewaffen sind verboten«, antwortete Avvocato Basso.

»Da wäre ich mir nicht sicher. Wenn ihm das Geld ausgeht, wird er mit härteren Methoden arbeiten müssen«, warf Zora ein, »und wir wissen, was härtere Methode bedeutet, ich meine: wir aus dem Sočatal, nicht wahr, Otilija?«

Tante Otilija nickte. Sie schien jetzt hellwach. Ihre Familie hatte das Haus im Krieg verloren, es wieder aufgebaut, und dann das Erdbeben. Die Kugeln prallten mit lautem Knall aufeinander, Elfenbein auf Elfenbein, Tante Otilija zuckte zusammen. Die Lombardis hatten gewonnen, dem älteren sei Dank.

Zora stellte ihr leeres Glas auf den Servierwagen und bedeutete den Gästen, es ihr gleichzutun. Das Essen würde bald aufgetragen werden, man konnte ja nicht ewig auf ihren Schwiegervater warten, wahrscheinlich machte seine Begleitung sich noch schön, das hatte sie Pietro in der Halle ins Ohr gezischt, *die Neue macht sich bestimmt noch schön*.

Pietro überlegte, dass er Ljubko an seiner Seite platzieren würde, als sie zur *stanza blu* gingen, die über die Halle zu erreichen war, am hinteren Ende mit Blick auf die Bahngleise, ein meist abgedunkelter, schmaler, langer Raum, der als Esszimmer fungierte und nicht oft benutzt wurde, manchmal arbeitete Pietro darin oder vielmehr, er saß allein an dem glänzend schwarzen Ebenholztisch, an dessen Längsseite sechs Menschen Platz fanden, und betrachtete die Intarsienwände, geometrische Kassetten aus dunklem Mahagoni, leuchtendem Zitronenholz und Schildpatt auf blauer Seide. Kein Zimmer roch so gut wie dieses, das Zitronenholz hatte Zora wegen des Geruchs ausgesucht, es war schwierig zu beschaffen gewesen. Er wollte Ljubko gegenüber schon einmal anklingen lassen, dass sein Aufenthalt hier mit einer Aufgabe verbunden war, einer delikaten Aufgabe, für die Ljubko bestens geeignet schien: nach Ustica reisen und überprüfen, ob die Bauern, denen man das Land und die Häuser anvertraut hatte, den Besitz in Schuss hielten. Ljubko würde zwar auffallen wegen seiner distinguierten Art und seines nordischen Aussehens, aber kein Mensch würde ihn mit den Del Buonos in Verbindung bringen. Politische Verbannte gab es kaum mehr auf der Insel, nur noch gewöhnliche Kriminelle, von denen die meisten im Kerker hockten und nicht im Dorf wohnten, die

Bewohner vermieteten daher Zimmer. Ljubko würde als weltläufiger Reisender aus der Triestiner Gegend durchgehen und könnte sich in aller Ruhe auf der Insel umschauen, ohne mit Giuseppes oder Pietros Freunden sprechen zu müssen. Vor allem wäre Ljubko in der Lage, einen Stimmungsbericht abzuliefern, weil er ein feiner Beobachter und exzellenter Erzähler war.

Ohne die Codas waren sie zu zwölft. Zora und Pietro saßen einander wie gewöhnlich an den Tischenden gegenüber, Pietro hatte zu seiner Rechten Ljubko platziert, zu seiner Linken blieben zwei Plätze frei, was ärgerlich war, eine Tischrunde mit Lücke konnte nicht funktionieren. Er sah Zoras blitzende Augen, sie war offensichtlich wütend über Giuseppes Abwesenheit, wie konnte er sich so verspäten. Emma und Dragica rollten den Servierwagen in den Raum, darauf die Rosenthal-Schüssel mit der Fischsuppe und frisch gebackenes Brot. Dragica war im selben Alter wie Emma, aber unverheiratet, älteste Tochter einer kinderreichen Familie aus Maribor, die ebenso gut Deutsch wie Slowenisch, aber kaum Italienisch sprach und tagsüber für die Kinder zuständig war. Sie gingen mit dem Servierwagen um den Tisch, von Gast zu Gast, Dragica schob, Emma schöpfte die Suppe, als es klingelte. Emma zögerte einen Moment. Ljubko sagte: »Geh nur, ich übernehm' das.« Er stand auf und trug weiter auf, Tintenfischarme baumelten über den Rand der silbernen Kelle.

Die Tischgespräche erstarben. Alles wartete. Schritte klackten über den Steinboden, Stimmen und Lachen; da war mehr als ein Mann dabei. Zora blickte Pietro über den Tisch hinweg erstaunt an. Giuseppe Del Buono trat als Erster in den Raum, gefolgt von einer mopsfidelen Schauspielerin mittleren Alters (später würde Zora sagen: *die Älteste, die er je hatte*) mit tief im Nacken sitzendem, breitkrempigem Hut, die flötete: »Ich hoffe, es stört Sie nicht, dass ich einen Gast mitgebracht habe.« Ein geschmeidiger junger Mann tauchte in der Tür auf, weite Hosen, grobes Hemd, beides abgetragen.

»Holla!«, gluckste Tante Otilija.

Zora, die mit unerwarteten Situationen normalerweise souverän umging, weil sie dann in ihren hochgeschätzten Verwaltungstonfall umschalten konnte, versteinerte. Pietro kannte so einen Blick an seiner Frau nicht. Ein unterdrücktes Husten. Es kam von Ljubko. Pietro musterte ihn. Derselbe bestürzte Gesichtsausdruck, diese Mischung aus Abscheu und Faszination. Warum stierten Bruder und Schwester diesen Burschen, der mit schiefem Grinsen am Türrahmen lehnte, so an? Diesen jungen Mann, der auf Pietro einen ausgesprochen ungehobelten Eindruck machte, ein Ausbund an spätadoleszenter Unverfrorenheit, und den die Schauspielerin mit nonchalanter Handbewegung der Tischgesellschaft vorstellte, ohne dass man ihren eigenen Namen erfuhr: »Mein Neffe: Angelo Zappacosta.«

»Ooooch, ein Engelchen!« Tante Otilija kicherte.

Bovec, August 1938

Schade, das Alter des Hand-in-Hand-Gehens war vorbei, genauso wie das der krummen, dicken Beinchen, in die man kneifen konnte. Seine Neffen waren immer noch beste Freunde, aber mit zehn und sieben Jahren keine niedlichen Kleinkinder mehr, die aneinander klebten, sondern zwei Bengel mit eigenem Willen und immer deutlicher an den Tag tretenden Charakterzügen: Greco der Zuverlässige, der Tüftler, der Brücken über Bergbäche baute, deren Konstruktion er vorher aufgezeichnet hatte, den Kopf mit der breiten Stirn tief über das Papier gebeugt, ein kluger, eher behäbiger Junge mit einer Tendenz zu Wutausbrüchen, ein Dickschädel auch, aber durchaus charmant. Manfredi der Leichtfüßigere, Unkonzentriertere, der sich heute für dieses und morgen für jenes interessierte, der schnell dachte, viel plapperte und noch mehr lachte. Das Hilflosigkeitsalter war vorbei, die Flegeljahre standen noch aus, eine unschuldige Zwischenzeit der Bewusstwerdung, dachte Ljubko, während er die beiden beim Striegeln von Mutters alter Kuh beobachtete, einer der Lieblingstätigkeiten Manfredis: Beschäftigung mit dem Lebendigen – während Greco wohl eher die Futtermenge für die kommenden Tage berechnete. Mit Greco sprach Ljubko wenig, ganz im Gegensatz zu Zora, die mit ihrem zweitgeborenen Sohn in einem unablässigen Gesprächsfluss zu sein schien, der Knabe dachte ähnlich wie seine Mutter, war stur wie sie und oft auch wütend. Manfredi, dieser flirrende Geist, war für alle schwieriger zu fassen, aber dank seines munteren Wesens ein ganz und gar unproblematisches Kind. Wenn ihm etwas misslang, weinte er kurz, versuchte es noch einmal und freute sich, wenn es glückte. Wenn nicht, wandte er sich etwas anderem zu und war zufrieden. Ljubko dachte selten über seine Neffen nach, dafür oft über seine Schwester, eigentlich täglich. Sie schien den Kindern zugeneigt, war besorgt um sie, aber wenn er andere Mütter im Dorf beobachtete, Ana zum Beispiel, wusste er, dass Zora etwas Entscheidendes fehlte, etwas, das er selbst nicht fühlen konnte, da er kein Vater war und schon gar keine Mutter, zudem waren ihm Kinder eine fremde Welt. In einer nächtlichen Stunde in Bari hatte Zora ihm anvertraut, dass ein kleines schwarzes Loch in ihr klaffe, das sich mit bestem Willen nicht schließen ließe. Bedingungslose Mutterliebe war ihr fremd, sie verstand sie einfach nicht. Sie schien ihre Söhne zu analysieren, wie sie ihre Brüder analysierte, als ob sie bei Professor Freud höchstpersönlich studiert hätte, und wenn er darüber nachdachte, was das schwarze Loch war, fiel ihm ein Wort ein, das er ihr einmal an den Kopf geworfen hatte: Misstrauen (worauf sie ihn sofort korrigiert hatte: es sei ein *leises,* zudem *gesundes Misstrauen*). Sie misstraute jedem, also auch ihren Kindern. Er ahnte ihre Angst. Ihre Söhne würden älter werden und sie anlügen und sie verlassen. Sie würden Frauen kennenlernen, von denen sie sich manipulieren ließen, junge Frauen konnten richtige Agitatorinnen sein, Schwiegertöchter erst recht. Die Frauen würden ihren Einfluss ausbauen und die Söhne würden ihnen nach dem Mund reden, so wie seine Brüder und Cousins ihren Frauen nach dem Mund redeten. Hätte Zora sich ihren Kindern hingegeben wie Ana, würde sie eines Tages gedemütigt und gekränkt zurückbleiben – und sie war leicht kränkbar. Hätte sie Töchter statt Söhne, dachte Ljubko, wäre das schwarze Misstrauensloch nicht winzig, sondern riesig, denn Frauen, davon war Zora überzeugt, logen mehr als Männer, weil ihnen Macht verwehrt wurde und sie sie kompensieren mussten, was sie durch Unehrlichkeit taten. Zur Entschuldigung der Frauen sagte sie dann: *Es bleibt ihnen ja nichts anderes übrig.* Die ehrlichsten Frauen waren daher jene mit Macht, weil den Männern ebenbürtig, erklärte Zora gerne. Wenn in einer kommunistischen Gesellschaft die Unterdrückung der Frau ad acta gelegt wäre, könnten einander alle auf Augenhöhe begegnen, was bedeutete, dass die Frauen weniger lügen und betrügen müssten. Gefälle schaffe Unehrlichkeit, nicht nur zwischen den Klassen, auch zwischen den Geschlechtern, zwischen Eltern und Kindern, Kinder sollten daher ernst genommen und nicht verhätschelt werden. Solche Dinge wurden in Bari oft diskutiert, auch in Ljubkos Anwesenheit, in Bovec weniger, hier gab es niemanden zum Diskutieren, außer Pepca vielleicht, und die zeigte sich sowieso einig mit Zora, insofern hatte seine Schwester gut daran getan, Pepca mit Boris zu verheiraten, eine ihr nicht wohlgesinnte Schwägerin weniger. Zoras These, dass die erste Loyalität dem Partner und nicht den Kindern gehöre, stieß rundum auf heftigen Widerspruch, Ana hätte deswegen fast mit ihr gebrochen (die ließ sich allerdings von ihrem Mann schlagen, war von Gleichberechtigung weit entfernt). Wenn Zora sagte, für ihren Mann habe sie sich *entschieden,* weil er ihr *gefalle,* ihre Kinder habe sie sich nicht aussuchen können, dachte jeder an den armen Davide, der die Sommermonate allein in einem Kinderferienheim in Österreich verbringen musste, was Zora damit rechtfertigte, sein Deutsch sei verbesserungswürdig, während Greco und Manfredi gemeinsam durch Bovec tollten (das natürlich immer noch Plezzo hieß). Dieses Jahr allerdings, nach dem ungeheuerlichen Anschluss Österreichs ans Deutsche Reich, hatte sie Davide in die französischsprachige Schweiz in ein Sommerinternat geschickt, auch Französisch wollte gelernt sein.

Sommer bedeutete Bovec. Bovec bedeutete Pause vom Gesellschaftsleben, vom Glanz. Pause vom politischen Leben auch. Die Dorfbewohner waren Handwerker und Bauern, die Felder in der Ebene mussten bestellt (und die Toten darunter vergessen) werden, die Tiere die Hänge hinauf- und hinabgetrieben, die Gärten gepflegt. Für Politik war kaum Zeit und glanzvoll war hier nichts. Die Situation im slowenischen Teil Julisch Venetiens blieb angespannt, kaum einer der Alteingesessenen wollte zu Italien gehören. Italienisch war zwanzig Jahre nach Kriegsende immer noch die Sprache der Okkupatoren, eine ganze Generation wuchs mit der falschen Sprache auf. Zu Hause redete man Slowenisch, mit den Kühen und Ziegen auch, mehr oder weniger heimlich beides, man kannte die Handvoll faschistischer Lakaien, die Rom in die Provinz geschickt hatte. Ljubko hatte kurz nach seiner Ankunft aus Triest von einem ehemaligen Schulkameraden vernommen, zwei TIGR-Kämpfer seien im Dorf untergetaucht, sie würden im Stall der Podgorniks hausen. Er hatte es Zora erzählt, die aufgeregt bei den Podgorniks angeklopft hatte, aber da waren die Widerständler schon weg gewesen. Seit TIGR mit der Kommunistischen Partei Italiens kooperierte, war die Gruppe (militante Leute), die dafür kämpfte, dass die slowenischen Gebiete Italien entzogen und Jugoslawien zugesprochen würden, bis nach Süditalien bekannt, und in Bari war Zora von der Partei nach TIGR-Mitgliedern befragt worden *(in eine Pasticceria haben sie mich bestellt, in der Mittagshitze!)*, hatte aber wenig sagen können, weil sie zu selten in Bovec war, auch Ljubko wusste nicht viel über sie, obwohl sein Wohnort Triest der Anfang ihres Namens war: *Trst Istra Gorica Rijeka*. Es gab Gerüchte, der britische Geheimdienst unterstütze TIGR, andere besagten, Tito arbeite mit ihnen zusammen. Tito war sowieso eine interessante Figur, dachte Ljubko, man hörte allerlei über ihn, dass er aus der Arbeiterklasse stamme, aber ein Bauernsohn war, der sich mit seinen Kumpanen am liebsten in Wäldchen treffe, zurzeit aber mit seiner Frau in einem Pariser Hotelzimmer lebe, vor allem aber: dass er Uniformen liebe. Im Gegensatz zu seiner Schwester war Ljubko kein politischer Mensch, genauso wenig wie seine Brüder: Franc war ein strebsamer Familienvater in Serbien, Boris wollte mit Pepca ein friedliches Leben führen, Gemeindechroniken erstellen und ansonsten auf Berge klettern, und Nino war einfach ein Opportunist. Und er, wer war er eigentlich? Was wollte er? Auf jeden Fall nicht seine Tage in Bovec verbringen, schon gar nicht jetzt.

Jeden Sommer pfiff Zora ihre Familie in Bovec zusammen, anders konnte man das nicht nennen, sogar Franc kam aus der Vojvodina angereist, inklusive der Serbin und der drei Kinder. Nino fand jedes Jahr gute Ausreden, um nicht antanzen zu müssen, Libyen, Abessinien, irgendein Krieg war immer, aber natürlich hatte er in erster Linie Angst vor seiner Schwester. Und Angst vor den Leuten im Dorf. An seiner Stelle würde ich mich hier auch nicht blicken lassen, dachte Ljubko, jeder wusste: Nino war Mussolini-Offizier. Seltsamer Vogel, sein jüngerer Bruder, sie hatten einander zuletzt im Mai 1936 in Bari gesehen, als Ljubko von seiner ersten Reise nach Ustica zurückgekehrt war (der keine Aura des Schicksalhaften anhing wie der zweiten), um über den Zustand der Besitzungen Rapport abzulegen, und Ninos Schiff im Hafen von Bari lag, bevor es wieder Richtung Afrika ablegte, um weitere Truppen zu transportieren, vierhunderttausend Mann waren bereits in Abessinien. Das kurze Treffen am Hafen war in eine Katastrophe ausgeartet, Zora hatte Nino beschimpft, ja angebrüllt *(man hört, ihr setzt Giftgas ein, wie kannst du es wagen, wo du doch weißt, was an der Soča geschah!)*, und Ljubko war nur froh gewesen, als das Schiff seines Bruders in See stach. Beide waren sie Junggesellen, wenn auch aus unterschiedlichen Gründen, Nino war zu oft unterwegs und sowieso ein Schmetterling, und er selber, nun ja. Zora hatte ihre Brüder nie gedrängt, sich bald zu verheiraten, aber als sie Mussolinis Zeitungsartikel las, in dem er schrieb, die Kinderarmut der Italiener sei *das Problem der Probleme* (vor allem die Kinderarmut des wohlhabenden Bürgertums, das *in Häusern ohne Kinder, aber mit Hunden und Hündchen lebt*), die Italiener müssten *wieder Helden und Heldinnen der Fruchtbarkeit werden*, zeterte sie über sich selbst, weil sie drei Söhne geboren hatte, und beschwor ihre Brüder, standhaft und ohne Nachkommen zu bleiben, Fortpflanzung für den Duce, das wäre ja noch schöner; sie war kurz davor, sich einen Hund und ein Hündchen anzuschaffen. Vielleicht hatte sich Nino aus lauter Trotz gegen die schwesterliche Bevormundung kurze Zeit darauf verlobt, ein Mädchen aus Tarent, die Verlobung aber Wochen später wieder gelöst, zur allgemeinen Belustigung der Familie. Würden Nino und er noch lange unverheiratet bleiben, müssten sie die neu eingeführte Sondersteuer für Junggesellen bezahlen, Mussolini machte wirklich ernst mit seinem Plan, lauter Italienerkinder zu produzieren, es war ärgerlich.

Manfredi und Greco waren aus dem Stall auf die Straße gestürmt, in Bovec führten sie ein freies Leben wie sonst nirgends. Auf Ustica wäre es auch so, er hatte gesehen, wie die Inseljugend sich draußen tummelte, in Bari gehörte sich das nicht (da waren nur die Kinder der Armen allein draußen, zahllose kahl geschorene kleine Bengel in zerrissenen Hemdchen). Doch Ljubko war ein Stadtmensch und das Dorfleben machte ihn nervös. Anders als seine Schwester konnte er nichts daran finden, Kräuter zu sammeln, Heuballen herumzufahren oder in der Käserei Gespräche über Ziegenmolke zu führen, er war lieber in Wien oder zu Hause in Triest, wo das Meer vor seinen Füßen lag. Heute allerdings wäre er lieber ganz woanders. Er setzte sich auf die Bank vor seinem Elternhaus und dachte über sein Leben nach. Bislang hatte er seine Erregtheit gut kaschieren können, die Geschehnisse der letzten Wochen waren nicht bis nach Bovec gedrungen, aber er fürchtete jeden Tag einen denunziatorischen Brief und schaute voller Sorge auf die Post, allein schon der Gesichtsausdruck des Briefträgers verschreckte ihn, durchtriebenerweise hatte man einen Italiener als Postmann installiert. Dass seine Grundempfindung einmal Angst sein könnte, hatte er nicht erwartet. Er hatte sich als Kind nicht geängstigt, als sie vor den Geschützen der Italiener aus Bovec geflüchtet waren, er hatte sich nicht geängstigt, als sie in das zerstörte Dorf zurückgekehrt waren, nicht einmal das Wissen um die Leichenfelder hatte ihn besonders verstört. Auch später, als er allein nach Triest ging und dort in einem Lithografenstudio zu lernen anfing und keinen Menschen in der Stadt kannte, war er guten Mutes gewesen. Sogar diese eigenartige Stimmung, die sich wie ein immer dichter werdendes, klebriges Spinnennetz über Europa legte, diese nervöse Erwartung schwerwiegender Ereignisse, ängstigte ihn nicht. Er war von seiner Schwester einiges gewohnt, sie exponierte sich mit ihren Gesellschaften, die sie gab, mit Vortragsrednern, die sie zu sich einlud, sie schien sich vor der Regierung nicht zu fürchten, es war, als ob sie unangreifbar wäre, als Kind hatte er oft gedacht, sie sei eine Hexe, die ihn beschütze, manchmal dachte er das heute noch (niemand würde eine Zora Del Buono, geborene Ostan, verhaften, mit diesem Gestus ging sie durch die Welt, und interessanterweise schien das jeder zu glauben). Aber dass er jetzt in den Fokus der Polizei geraten war, dass er sich unter Beobachtung fühlte, dass ihm Hausarrest drohte oder gar die Verbannung, ganz zu schweigen von dem Skandal, das ängstigte ihn sehr, zudem wollte er seine Mutter schonen, die einen zunehmend kränklichen Eindruck machte. Er gab vor, alles sei normal, unterhielt sich mit Manfredi, soweit man sich mit einem Siebenjährigen unterhalten konnte, half seiner Mutter im Haus, spielte vor dem Schlafengehen Karten mit Zora und Greco, hackte Holz, mistete den Stall aus, reparierte Fensterläden, holte dieses und jenes, kurz, er spielte Sommerferien wie immer und wusste doch, dass mit einem Schlag alles vorbei sein könnte. Michele schrieb ihm Briefe, rätselhafte Briefe, die er erst deuten musste. Zudem durften sie weder Zora noch seiner Mutter in die Finger geraten, er saß draußen und wartete auf den Postboten, um sie abzufangen.

Wann hatte alles begonnen? War es wirklich Angelo Zappacosta gewesen, der den Ausschlag für seine Wandlung gegeben hatte? Konnte so etwas sein, biologisch gesehen? Er war doch schon dreiunddreißig, als es geschah (er wollte jetzt nicht an Jesus Christus denken). Hätte es nicht früher beginnen müssen, im Alter von Davide etwa? Einerseits wünschte er, er könne die Zeit zurückdrehen, in die Vor-Zappacosta-Epoche. Andrerseits hätte er dann Michele nicht getroffen. Oder zumindest nicht beachtet. Zwischen Zappacosta und Michele lagen zweieinhalb Jahre und ein halbes Dutzend Männer. Davor lag: nichts. Wie konnte es sein, dass er nie etwas gespürt hatte? Dass er sich selber nicht kannte? Wie konnte es überhaupt sein, dass man sich selber nicht kannte? Zora sprach gern über Professor Freuds These, der Mensch sei sich fremd und habe ein Unbewusstes, das er nicht steuern könne, worüber Ljubko als junger Mann gelacht hatte, weil er sich vorzustellen bemühte, wie Seele und Unbewusstes sich gegenseitig den Platz streitig zu machen versuchten, aber dauernd kollidierten, weil sie sich ja nicht steuern konnten, lauter abstrakte Dinge, die da in seinem Inneren hausten, aber jetzt war ihm das Lachen vergangen. Anders als seine Schwester konnte er Haltung bewahren, wenn die Sachen zu entgleiten drohten. Er war ein guter Schauspieler, immer gewesen, aber seit dem Winter 1935 erst recht. Er war stark, er war schön, er war durchaus eitel, in Bovec fiel er auf wie eine Orchidee im Bauerngarten. *Gleichgeschlechtliche Unzucht* nannte man das, was er gern tat. Zum ersten Mal gehört hatte er diesen Begriff, als Pietro eine Berliner Lokalität namens *Eldorado* erwähnte, in die ihn das übermütige Fräulein Dr. Bloch als jungen Mann geschleppt hatte. Pietro hatte herumgedruckst, welche Leute das *Eldorado* frequentierten, aber Zora war nicht begriffsstutzig und hatte sofort ausgerufen: *Ist Fräulein Bloch eine Gleichgeschlechtliche?!* Ob sie das beruhigt oder beunruhigt hätte, war nicht zu erfahren gewesen. Man hatte über gleichgeschlechtliche Unzucht gesprochen und über die Theorien eines Berliner Arztes, dessen Namen sich Ljubko mit bestem Willen nicht hatte merken können, er wusste nur, dass ein deutsches Tier darin vorkam, ein Arzt, der behauptete, dass das, was Menschen wie er empfanden, keine Krankheit sei, sondern eine Art Varietät. Mussolini allerdings vertrat eine eigene Sichtweise. *In Italien gibt es nur echte Männer,* hatte der Duce verkündet. *Ich bin ein echter Mann,* hatte Michele ihm ins Ohr geflüstert, als er sich an ihn drückte, in jener mondhellen sizilianischen Nacht unterhalb des Spalmatore, als selbst das Meer vor Schreck über das, was gerade geschah, zu verstummen schien. Zappacosta hatte seine Begierde geweckt, die nachfolgenden Männer hatten seine Begierde gestillt, Michele aber hatte seine Seele und seinen Körper eins werden lassen (was sein Unbewusstes wohl dazu meinte, fragte er sich manchmal, aber nur selten). Ljubko hatte sechsunddreißig werden müssen, um sich als ganzer Mensch zu fühlen. Zwei Monate war das her, nur eine Woche war ihnen vergönnt gewesen, Ljubko hätte unmöglich länger auf Ustica bleiben können, viel zu klein die Insel, viel zu auffällig Michele. Genau wegen dieser Auffälligkeit hatte man den Jüngling aus Ligurien in den tiefsten Süden auf eine kahle sizilianische Insel verbannt. Erst zwei Monate Hausarrest, dann die Verbannung. Während des Arrests waren die Kleriker gekommen *(unangemeldet!)* und hatten es mit Exorzismus versucht, nicht in der Kirche, sondern bei Michele zu Hause, wo er mit seiner Mutter lebte, die ihn angefleht hatte, sich von den beiden Priestern die schrecklichen Dämonen, die in ihm tobten, austreiben zu lassen, obwohl sie ihn liebte, wie eine Mutter eine Tochter liebt, deren feines Haar sie abends kämmt und deren dichte Wimpern sie lobt, ihr Sohn war eine Elfe, auf die sie aufpassen musste, und schon als sie mit ihm als Kind in Nervi die Promenade entlangflaniert war, war sie vor Stolz erglüht, dass ihr Jüngster, das Nesthäkchen, so viele bewundernde Blicke auf sich zog, ein bildhübsches Kind, dem man hinterherrief und dem fremde Damen über das blonde Haar strichen und das sogar einem französischen Maler Modell gestanden beziehungsweise gelegen hatte. Ganz in Weiß gehüllt, hatte sich der Knabe auf einem Diwan *(aus roter Seide!)* ausgestreckt, eine weiße Rose neben ihm auf dem Boden, wie aus der Hand gefallen. Blond war Michele nicht mehr, aber das Elfenhafte war ihm geblieben, er war eine Grazie, nymphengleich. Die herrlichen Wimpern, und das war das Aufreizende und Schockierende und letztlich auch das Problem, kolorierte er mit einer winzigen Bürste, die man in einen schwarzen Block drückte und die er bei seiner Schwester entdeckt hatte, das Gemisch aus Vaseline und Asche verdunkelte nicht nur seinen Blick und gab ihm eine melancholische Note, sondern ließ seine grauen Augen funkeln wie Edelsteine. Für Ljubko war dieser Zweiundzwanzigjährige der schönste Mensch auf Erden, einfach makellos. Die beiden Priester *(der alte bucklig, der junge hässlich wie ein zerfleddertes Weib)* hatten die Mutter aus der Wohnung gescheucht, um Michele in einer zweistündigen Prozedur mit Weihwasser zu besprühen, ihn mit endlosen Litaneien, gemurmelten Psalmen und erschöpfenden Evangeliumslesungen in einen Zustand trostlosester Müdigkeit zu versetzen. Der Bucklige hauchte ihm seinen greisen Atem aus aller Nähe ins Gesicht, auf dass Satan an dem Odem zugrunde ginge *(das schrieb schon Paulus an die Thessalonicher!)*, der Hässliche legte währenddessen eine Hand auf seine Stirn *(mit aalnasser Handfläche!)* und umklammerte mit der anderen sein Handgelenk, damit er sich nicht aus dem Stuhl, in den sie ihn gezwungen hatten, winden konnte, es folgten die Segnung mit dem Kreuz und eine Kommandoformel, die den lüsternen Teufel endgültig vertreiben sollte, damit Michele gereinigt sei *(aber dann hätte ich dich nicht getroffen!)* und frei für ein Leben in Normalität, ohne Mascara, dafür mit einem Mädchen an seiner Seite (dem er beibringen würde, wie man Wimpern und Lider richtig koloriert, er konnte es wirklich perfekt).

Greco kam auf einem Bein angehüpft, die Arme ausgebreitet. »Zio Lupo, schau!«, rief er und hüpfte weiter. Dass seine Neffen ihn auf Italienisch ansprachen und Lupo nannten, lag an Davide, der Ljubko nicht richtig hatte aussprechen können als Knirps. Ljubko gefiel es, *lupo* zu heißen, der Wolf war kein übles Vorbild: strotzend vor Kraft, nicht ungefährlich und nur selten zu sehen.

Michele war ganz anders als Zappacosta, dachte Ljubko, während er seinem Neffen hinterherschaute, der über ein Blumenbeet hüpfte und um die Ecke verschwand, und wunderte sich einmal mehr über sich selbst. Zappacosta war grob, roh, dreist, ein richtiger Proletarier, einer der üblen Sorte. Vor allem einer, der von ihm nichts wissen wollte, der ihn herablassend behandelt hatte, der ihn gelockt und in die Falle hatte laufen lassen, nachts im Garten in Bari, hinten beim weinumrankten Sitzplatz, betrunken beide, um ihn danach kaltschnäuzig abzuservieren, ihn, der so verwirrt war von seiner eigenen Gier nach diesem Mann, nach dessen rauen Händen, die er auf seinem Körper spüren wollte, wie er noch nie zuvor etwas hatte spüren wollen. Michele hingegen war verfeinert und zart und anschmiegsam, er sprühte vor Witz und lustigen Teufeleien, es gab mit ihm viel zu lachen. Das Einzige, was Zappacosta und Michele außer ihrem Geschlecht verband, war ihr jugendliches Alter.

Er sah den Postboten aus dem Gemeindehaus treten, ein krummes Männchen aus den Abruzzen, von der Regierung hierher verfrachtet, ein mieser kleiner Spitzel. Ljubko kannte die Postmännchen-Tour, einmal im Uhrzeigersinn um den Platz herum, an Kirche und Friedhof vorbei, die schmalen Stichwege hinauf und hinunter, zwischen den bunten Rabatten mit den meterhohen Blumen hindurch, Bovec war sicherlich das blumenreichste Dorf zwischen der Adria und Wien, als ob die Bewohner den Kriegstoten etwas entgegensetzen wollten. Blütenduft statt Gasgeruch. Am oberen Ende des Platzes würde der Italiener zu Pepca und Boris gehen, falls diese Post erhielten, was nicht sehr wahrscheinlich war, da Boris allfällige Briefe schon in der Gemeinde geöffnet haben dürfte, er arbeitete dort. Warum, fragte sich Ljubko, während er dem Postboten hinterherschaute, war er so geworden, wie er war, und seine Brüder nicht? Boris schien mit Pepca glücklich, obwohl kinderlos, was beide schmerzte; ein gepflegter Herr, liebenswürdig, aber am liebsten allein in den Bergen unterwegs, ein mutiger Mensch. Nino, der Schwerenöter, war ein Herzensbrecher, wahrscheinlich trug er Uniform, um zu imponieren. Franc verkörperte seine Maskulinität auf herkömmliche Weise, ein Ingenieur und Familienvorsteher, dem nichts zu misslingen schien, ein Langweiler ohne Bösartigkeit. Zora hätte man in die Reihe der Männer stellen können, als ihr Anführer, Dirigent, Marschall, Patriarch: Alles hätte gepasst. Vielleicht war es bei ihm ja so wie bei Michele, vielleicht war er das wahre Mädchen in der Familie? Er musste lächeln, nein, gefettete Asche würde er sich nicht um die Augen schmieren. Zora wäre schockiert, wenn sie wüsste, was in ihm vorging. Er, das Mädchen! Sie, der Junge! Sie würde laut auflachen. Und dann in Windeseile einen Sprechstundenbesuch in einer Nervenheilanstalt fernab aller Bekannten für ihn einfädeln, in Zürich oder Genf wahrscheinlich. Er war verwirrt, immer noch. Dabei war sein Begehren so klar, so geradlinig, er wollte Männer lieben, und jetzt wollte er diesen einen Mann lieben, dessen Gebaren zwischen den Geschlechtern zu mäandern schien, was Ljubko so faunisch machte, es war, als sei Michele alles, Mann, Frau, Junge, alles. Ljubko konnte sich glücklich schätzen, dass er von dem deutschen Arzt mit dem Tier im Namen gehört hatte, der ihn zu verstehen schien, ohne ihn zu kennen, der nicht dachte, er sei wahnsinnig oder krank, der ihm einfach Möglichkeiten eröffnet hatte, die es vorher nicht gab: das dritte Geschlecht. Er konnte sich glücklich schätzen, dass er in Triest Männer mit derselben Neigung kennengelernt hatte, in der *Gelateria Nova,* direkt hinterm Hafen. Und er konnte sich glücklich schätzen, dass Micheles Exorzismus missglückt war *(aber natürlich: Glaubst du etwa, ich will ein anderer sein?!)*; dass man ihn aus dem Hausarrest entlassen und nach Ustica verbannt hatte, der einzige Gleichgeschlechtliche auf der gesamten Insel, die Hölle für ihn unter all den Kriminellen (politische Verbannte gab es keine mehr, die waren auf Lipari und anderswo), die ihn verspotteten und quälten und schlugen, zwischen naiven Dorfbewohnern, die keine Ahnung hatten, dass solch fremdartige Wesen überhaupt existierten; Ljubko konnte sich vor allem glücklich schätzen, dass er im richtigen Moment um das Stadthaus der Del Buonos gestrichen war, um diskret zu überprüfen, ob es gepflegt war (es war), wo dann auf dem Mäuerchen der Piratentreppe dieser Jüngling saß und ihn wissend angrinste, man erkannte einander sofort, wenn man einmal *drin* war, was Ljubko erstaunlich fand, denn als er noch *draußen* gewesen war, hatte er Gleichgeschlechtliche überhaupt nicht gesehen, und jetzt begegnete er ihnen überall, sogar auf Ustica! Es war wie ein Geheimbund und er war Teil dieses Bundes.

Seine Hände zuckten und wahrscheinlich redete er vor

sich hin wie ein Geisteskranker, als Zora auftauchte und sich neben ihn setzte, was schlecht war: Gleich würde der Postbote kommen.

»Tito ist nicht mehr in Paris«, sagte sie.

Ach herrje, dachte Ljubko, jetzt sollte er also über Politik sprechen, dabei war ihm nichts gleichgültiger, als wo Josip Broz Tito sich aufhielt, wahrscheinlich auf dem Weg in den Spanischen Bürgerkrieg, unterwegs zum nächsten Fiasko, so wie letztes Jahr, als Tito und Gorkić ein für teures Geld gechartertes Schiff mit Freiwilligen vollgestopft hatten, das kurz nach dem Auslaufen von der Regierung abgefangen worden war, fünfhundert dumme montenegrinische Bauernjungen landeten im Kerker, anstatt im Spanischen Bürgerkrieg Faschisten zu töten, ein Triumph für Belgrad, ein Debakel für die Linke.

»Spanien?«, fragte er höflich.

»Moskau«, antwortete Zora.

»Oh«, sagte Ljubko. Und dann: »Mutig. Ist Gorkić nicht in Moskau verschwunden?«

»Spurlos«, entgegnete Zora.

»Wahrscheinlich tot«, sagte er.

»Wahrscheinlich ermordet«, sagte sie.

Ljubko sah sie an und dachte: Du führst deine Kämpfe, ich führe meine. Er wollte schnellstmöglich nach Ustica zurückkehren und brauchte dafür einen Grund. Mitte September öffnete die Lithografische Kunstanstalt wieder, dann musste er in Triest sein und arbeiten. Viel Zeit blieb ihm nicht. Er sah den Briefträger den Platz überqueren, noch vier Häuser, dann wäre er bei ihnen, der blickte schon so herausfordernd, der Wicht.

»Er ist nach Moskau geflogen, um sich zu verteidigen. Er wird ihnen beweisen, dass er kein Konterrevolutionär ist. Steht er das durch, wird er die Partei endgültig führen, jetzt, wo Gorkić weg ist. Er wird das schaffen, es gibt nur ihn, Stalin weiß das auch, er braucht ihn«, sagte Zora.

Ständig machte sich seine Schwester Gedanken darüber, wie die Dinge sich änderten. Sie analysierte die Vergangenheit, bewertete sie neu, mit jedem Ereignis konnte die Zukunft in eine andere Richtung gehen. Als der arme Gramsci letztes Jahr starb (mit sechsundvierzig, die Jahre im Gefängnis hatten ihn komplett zerstört), war das Wehklagen in der Familie Del Buono groß gewesen, der Kommunismus tot, die Bewegung tot, ohne Gramsci ging nichts, was nicht stimmte, Togliatti machte seine Sache gut, soweit Ljubko es beurteilen konnte, verband er Kommunisten mit Sozialisten und Sozialdemokraten im Kampf gegen den Faschismus. Er verstand nicht, warum sie die Dinge nicht einfach auf sich zukommen ließ, dieses Studieren und Debattieren brachte ja nichts, oder vielleicht doch, vielleicht war sie deswegen ein politischer Mensch und er nicht. Sie wollte aufbauen, Neues einfließen lassen, neue Techniken, neue Ideen, neue Menschen, deswegen war der Kommunismus so aufregend für sie, da konnten umwälzende Dinge geschehen, eine Gesellschaft würde sich sprunghaft verändern, nicht schleichend, und sie konnte mitwirken dabei. Er glaubte nicht einmal, dass sie wichtigtun wollte, sie WAR wichtig, mit jedem heimlich vervielfältigten Flugblatt, jedem Gespräch mit einem Dorfbürgermeister, jeder Lira, die sie an Bedürftige überwies, wurde sie wichtiger, Teil einer Revolution, auf dem Weg zur Gleichheit, zum Wohlstand für alle. Er fand das mal naiv, dann wieder selbstzerstörerisch (wie konnte sie glauben, dass Pietro und sie eine Revolution überleben würden, reich, wie sie waren; an den Laternenpfählen des Lungomare würde man sie aufhängen, da nützte es auch nichts, dass Zora erklärte, Lenin habe maßgeschneiderte Anzüge beim besten Schneider Zürichs nähen lassen, Kommunismus und guter Stil seien durchaus vereinbar), dann schlicht bewundernswert, und gelegentlich sprang der Funke auch auf ihn über. Heute aber nicht. Heute war ihm die Zukunft Jugoslawiens herzlich gleichgültig, heute interessierte ihn seine eigene Zukunft, interessierte ihn Michele, dessen Haut, dessen Hände, dessen schlanker Hals, das Gesäß, so perfekt gerundet und glatt und haarlos wie das einer griechischen Statue, die prall strotzenden Backen, lockend und wartend, und das nur auf ihn.

Im Zug, Mai 1939

Da drüben lag Albanien. Es war schnell gegangen, nur sechs Tage. Sie hatte nichts von Nino gehört, sie wusste nicht einmal, ob er dabei gewesen war. Wahrscheinlich schon. Ihr jüngster Bruder schien bei jedem Krieg dabei zu sein, den Mussolini in seiner Gier nach Imperialem anzettelte, ein zuverlässiges Rädchen in der schwarzen Maschinerie (gut, dass die Mutter das nicht mehr miterleben musste). Sechs Tage Krieg. Und jetzt gehörte Albanien einfach zu Italien, obwohl doch ein Meer dazwischenlag. Das Meer, über das sie sich gestern Abend und heute früh hatte rudern lassen, beide Male halb ohnmächtig vor Übelkeit. Zora war immer noch ganz rammdösig im Kopf. Sie mochte Seereisen nicht, Seereisen in stinkenden Fischerbooten schon gar nicht, auch wenn sie nur zwei Stunden dauerten. Sie war ein Kind der Berge.

»Da drüben liegt Albanien«, sagte sie zu dem Faschisten, der ihr schräg gegenüber saß.

Der Faschist schaute aus dem Fenster: »Ich sehe nichts.«

»Natürlich nicht.«

Der Faschist blickte sie irritiert an. »Sie haben einen Akzent. Sind Sie Albanerin?«

»Natürlich nicht!«, antwortete sie gekränkt. Sie dachte, ihr Italienisch sei makellos.

Der Faschist war hager, geschnitztes Gesicht, Mund-falten wie Alpentäler, Adlernase, ihr Alter. »Was sind Sie denn?« Spöttischer Tonfall.

»Slowenin«, entgegnete sie trocken.

»Eine von unseren oder eine von den anderen?«

Was für ein dreistes Mannsbild.

»Einfach Slowenin«, antwortete Zora gereizt. Übel war ihr nicht mehr, nur noch leicht schwindelig, zudem zogen Kopfschmerzen auf. Sie hätte keine Konversation anfan-gen sollen, immer musste sie mit allen sprechen, geradezu zwanghaft war das, als ob sie wirklich Italienerin sei, dau-ernd plaudern mit wildfremden Menschen, anders als Pie-tro, der im Zug in Ruhe ein medizinisches Fachbuch ge-lesen hätte. Sie betrachtete Gespräche mit dem Feind als Sozialstudien, aber in ihrem lädierten Zustand war sie die-sem Burschen nicht gewachsen. Die letzten zwanzig Stun-den hatten sie aus der Bahn geworfen. DAS war eine echte Sozialstudie gewesen. DAS musste sie erst einmal verdauen. Nicht die unruhige Fahrt über das Meer, sondern was sie auf San Domino gesehen hatte.

Bis sie in Bari ankämen, musste sie sich halbwegs erholt haben, Pietro würde sie am Bahnhof abholen. Noch andert-halb Stunden, Trani, Bisceglie, Molfetta, der Zug hielt in jedem Ort. Sie hatte bereits über die Hälfte der Fahrt hinter sich. Das Meer war sehr blau. Hoffentlich stank sie nicht mehr nach Fisch. Sie schnupperte diskret an ihrem Mantel, den sie aufgehängt hatte, doch, der roch streng, ganz ein-deutig. Besser, sie überlegte sich vorab eine Lüge, ein Fisch-händler im Zugabteil, aber das würde Pietro kaum glauben, Fischhändler fuhren nicht erster Klasse. Ein Kleinkind, das sein Mittagessen in ihren Schoß erbrochen hatte, das klang plausibel, der Zug ruckelte ziemlich, zudem war es stickig hier drin, obwohl nicht voll, der Ruß zog durch die Fenster herein, da konnte einem schon übel werden. Sie mochte sich nicht vorstellen, wie das im August war, in den *treni popolari*, mit denen Mussolini die Arbeiterfamilien auf die Schienen schickte, zu spottbilligen Preisen, damit sie im Sommer in den Genuss der Strandfreuden kamen, wieder so eine ausgefuchste Idee des Duce, um das Volk zu beglücken, der Mann war nicht dumm, oder zumindest hatte er kluge Minister.

In der dritten Klasse drüben begannen sie zu singen, man hörte es bis hierher.

»Fröhliche Menschen«, sagte der Faschist, »voller Kraft und Elan.«

»Wahrscheinlich *avanguardisti*«, sagte Zora, »am Bahnsteig von Campomarino stand eine ganze Horde.«

»Horde?!«, rief der Faschist. »Diese jungen Männer sind unsere Zukunft!«

Zora setzte dem nichts entgegen, die Kopfschmerzen, der Schwindel, die Verärgerung, dass Mussolini das Wort *Avantgarde* für seine Jugendorganisation vereinnahmt hatte, wo doch Lenin die Partei als *Avantgarde der Arbeiterklasse* bezeichnet hatte. Sie fühlte sich machtlos und erschöpft, sie wusste, sie stand auf der richtigen Seite der Geschichte, doch die Entwicklung führte in eine andere Richtung. Wie konnte es sein, dass so viele Menschen dachten wie sie, doch nichts, wirklich nichts diese Verirrten von ihrem Siegeszug abhielt? Alle warteten auf den Krieg (als ob es keinen letzten gegeben hätte), fatalistisch oder bang oder hoffnungsfroh, Leute wie der Faschist mit dem geschnitzten Alpengesicht sowieso. Wenigstens akzeptierte er ihr müdes Schweigen und sprach nicht.

Draußen die Adria, gleißendes Nachmittagslicht, keine Boote mehr zu sehen. Dann Häuserzeilen, sie fuhren in Trani ein, stolzes Städtchen, noch eine Stunde bis Bari.

Zora betrachtete die Hände des Faschisten, die nun demonstrativ eine Zeitung hielten (*Lo Sport Fascista* natürlich), knochig und lang, kaum behaart, einen Ehering trug er nicht, wahrscheinlich damals willfährig dem Duce geschenkt, *oro per la patria,* es war keine blasse, sonnenverschonte Stelle zu sehen, vielleicht ein Junggeselle. Oder womöglich auch einer von denen? Sie begutachtete diese fremden Hände und stellte sich ihren Bruder vor, ein Mann von siebenunddreißig Jahren, wie er mit seinen kräftigen sommersprossigen Händen diesen anderen Mann umklammerte, um dann … von hinten … nein, es war ekelhaft.

Sie würde es Pietro nicht erzählen oder vielleicht doch irgendwann, aber nicht gleich, sie musste sich erst beruhigen und Pietro war zurzeit sowieso gereizt: Dass es zum Bruch mit seinem alten Freund Oskar Blank gekommen war, ärgerte ihn mehr, als er zugeben wollte. *Medizinische Maßnahmen zur Rassenverbesserung* hatte der Duce gefordert, und Blank hatte dem in einem Brief an Pietro eifrig zugestimmt, um nicht zu sagen: die Forderungen noch übertroffen. Die Sterilisation von Menschen mit der Diagnose *Schwachsinn* fand er überaus sinnvoll, das schlechte Genmaterial Hunderttausender würde so dem *Volkskörper* entzogen und schade nicht mehr. Dass jede zehnte sterilisierte Frau nach der Operation starb, meist an Bauchfell- und

Lungenentzündungen, fand er bedauerlich und präferierte deswegen die *Strahlenkastration,* an deren Entwicklung er mitgearbeitet hatte (was Pietro am meisten empörte). In Deutschland tobte der Streit über Eugenik unter Medizinern erbitterter als in Italien, wo die Diskussion, ob man Gottes Schöpfung durch Experimente verbessern dürfe, aus den Hörsälen und Laboren in die Kirchen hineingetragen wurde, wo die Forderungen nach Korrektur auf veritablen Widerstand stießen. Endlich waren diese Pfaffen für etwas gut, Mussolini wollte es sich mit ihnen nicht verscherzen und hielt sich zurück, obwohl sie zu seinen drei Hauptfeinden gehörten: Krone, Kirche, Bürgertum. Manchmal hasste er diese am meisten, dann jene, in den letzten zwei Jahren waren die Juden dazugekommen, obwohl Neldo durch frühe Zeitungsartikel nachweisen konnte, dass Mussolini schon 1920 Antisemit gewesen war, trotz mehrerer jüdischer Geliebter, über die man munkelte. Der Duce sprach dauernd von der Überlegenheit der mediterranen Rasse, irgendwie hatte man das nicht ernst genommen, sich in Zoras Kreisen darüber lustig gemacht, obwohl sie durchaus den einen oder anderen ihrer Freunde im Verdacht hatte, sich ernsthaft überlegen zu fühlen, als Slawin reagierte sie empfindlich auf das Thema. Seit dem neuen *Gesetz zum Schutz der italienischen Rasse* gab es allerdings keine Zweifel mehr, dass für die Juden schwere Zeiten angebrochen waren, sie durften nur noch untereinander heiraten und Mischehen sollten annulliert werden. Fräulein Bloch hatte damals gut daran getan, Pietros Angebot als universitäre Mitarbeiterin nicht anzunehmen, sie war in Palästina sicher besser aufgehoben als in Italien. Zora war es ganz recht, dass die Frau sich ans andere Ende der Welt verzogen hatte, irgendwo in die Wüste, Pietros ferne Schwärmerei für das ach so kluge und engagierte Fräulein Bloch (mit vierzig immer noch ein Fräulein!) war ihr zusehends auf die Nerven gegangen. Aber jetzt hatte sie andere Sorgen. Waren es überhaupt Sorgen?

In erster Linie musste sie darüber nachdenken, wie sie ihren Bruder davor bewahren könnte, in die Klauen des Regimes zu geraten, so wie es seinem kleinen Freund geschehen war. Dieser Michele war ein hübsches Bürschchen, dachte sie, nachdem der Schauer des Ekels sich gelegt hatte, sie versuchte zu verdrängen, was Ljubko mit dem Jüngling trieb, er war trotz allem ihr Bruder. Michele gehörte sicher zu denen, die ein ideales Objekt für Dr. Blanks medizinische Versuche wären: testen, ob man mit Hormonen etwas ausrichten konnte (kastrieren könnte man später immer noch), die weibischen Seiten des jungen Mannes waren unübersehbar. Ob es das war, was Ljubko reizte? Dieses Mädchenhafte? Warum dann nicht gleich ein Mädchen? Sie verstand es schlicht nicht. San Domino wäre ein gutes Versuchslabor für Mediziner, gerade für solche wie Blank. Eine Insel voller Homosexueller, abgeschieden vom Rest der Welt, an denen man testen konnte, was man wollte. Ob die Deutschen solche Versuchsinseln hatten, fernab jeder Beobachtung? Wahrscheinlich nicht, Deutschland war ja nicht eben reich an Inseln, anders als Italien oder Dalmatien. In Dalmatien könnte man jegliche Varietät menschlichen Verhaltens, politischer Ausrichtung, jede Krankheit oder Neurose auf eine eigene Insel verbannen, es gäbe mehr als genug. Auf San Domino wurde aber nichts getestet, so weit ging Mussolini nicht, auf San Domino wurden Gleichgeschlechtliche aufbewahrt, damit sie keine Unruhe stiften und arglose junge Männer verführen konnten, Schonung des heiligen Volkskörpers eben. Es war eine klitzekleine Insel in der Adria, nur zwei Quadratkilometer groß (ein Viertel von Ustica, das ja auch beängstigend klein war, wie Zora im Gegensatz zu Pietro fand), sie hatte vorher noch nie davon gehört. Dieses elfenhafte Jungchen war nun auf San Domino, von Ustica aus (wohin er erst verbannt worden war) quer durch Süditalien in die Adria geschafft, ein besonders hartnäckiges Exemplar von denen, die Mussolini *Verräter der Rasse* nannte, ein hoffnungsloser Fall. Und sie war nun ebenfalls auf San Domino gewesen, eine Inselspionin für ein paar Stunden. Verrückt, dachte sie und jubilierte innerlich ein bisschen, ich bin verrückt! Dabei war sie doch nur nach Mailand gefahren, um die neue Bernina-Zickzack-Nähmaschine zu testen. Und zu kaufen natürlich. Die Schweizer produzierten einfach die besten Nähmaschinen, in Bari fand man diese Zauberwerke nicht.

Der Zug kam neben einer Häuserwand zum Stehen, Zora sah sich in der verschmutzten Scheibe gespiegelt, und was sie sah, gefiel ihr nicht schlecht: eine Frau Anfang vierzig mit slawischen Zügen; breiter Mund, dunkle Augen, darüber auffallend gerade Brauen, kaum gezupft, kastanienbraunes Haar, kinnlang geschnitten und in sanfte Wellen gelegt, die Gott sei Dank das Abenteuer der letzten Nacht halbwegs überstanden hatten, das mauvefarbene Hütchen half, das Bild einer ordentlichen Arztgattin aufrechtzuerhalten, die in Mailand Einkäufe getätigt hatte, kein Mensch konnte ahnen, dass sie im durchgelegenen Ehebett einer greisen Fischerwitwe genächtigt hatte, die sich auf den Diwan in die düstere Stube verzog, großzügig entlohnt für diese Hilfeleistung.

Der Zug ruckte, der Faschist faltete die Zeitung und legte sie auf den Sitz neben Zora: »Falls Sie lesen wollen«, was sie nicht wollte, sie interessierte sich nicht für Sport. Am liebsten hätte sie gefragt, ob er Fußball denn noch aufregend fände, 1926 hatte der Duce noch einen Ausländer pro Mannschaft erlaubt, seit 1927 keinen mehr, was zu einer Verarmung des Spiels geführt habe, wie ihre Söhne behaupteten, die natürlich alle Fußball spielten (Manfredi am begeistertsten, aber der verstand noch nichts von Politik). Der Faschist stand auf und ging, ohne sich zu verabschieden, sie sah nur noch seinen Rücken. Sie waren in Bisceglie angekommen, ein Provinzler also, draußen wartete eine Frau auf ihn.

Passive Sodomie, dachte Zora. Diesen Begriff hatte sie nie zuvor gehört, aber jetzt kannte sie ihn und würde ihn nicht mehr vergessen. Nicht Michele hatte ihn verwendet, sondern dieser geschminkte Mann, den alle *Cinzia la capricciosa* nannten, Cinzia, die Kapriziöse. *Passive Sodomie.* Also musste es auch aktive Sodomie geben, offenbar war das strikt getrennt. Auf die Insel kämen vorwiegend *die Passiven,* hatte Cinzia ihr erklärt, die, die keine richtigen Männer seien, im Mussolini'schen Sinne. Der Satz hatte sie beruhigt, wenn Michele passive Sodomie betrieb, würde Ljubko ja aktive … So stellte sie sich das zumindest vor, Ljubko der Mann, Michele die Frau, oder so was Ähnliches wie die Frau. Cinzia war eine überaus hemmungslose Person, nicht unsympathisch, sehr herzlich, aber eben hemmungslos. Als Zora gefragt hatte, wie in Gottes Namen die Polizei beurteilen könne, ob jemand passiv oder aktiv sei, hatte Cinzia gesagt, es gebe genügend Spitzel, die sich in Wäldchen und Ruinen herumtreiben würden. *Wäldchen und Ruinen?*, hatte Zora gefragt. *Treffpunkte in den Städten halt …* Zora war wirklich ahnungslos. Wo wohl in Bari so ein Treffpunkt war? Hinter den Mauern des normannischen Castello? In flagranti werde man erwischt, das sei das Ziel der Spitzel, und im Revier befingerten die Polizisten einen dann untenrum. *Befingern?*, hatte Zora entsetzt ausgerufen. *Na, dein Loch befingern,* hatte Cinzia vulgär geantwortet. Dennoch war es ein Glücksfall, dass ausgerechnet Cinzia am Hafen gestanden und geraucht hatte, als Zora aus dem Fischerboot ausgestiegen war, niemand erwies sich als gesprächiger als sie, die wahrscheinlich ein Er war.

Eigentlich war Zora Körperliches nur selten zuwider, dafür war sie zu sehr Arztfrau, stand zu oft unten in der Klinik, folgte zu oft bei Tisch Krankheitsgesprächen, die Sensiblere in die Ohnmacht getrieben hätten, besuchte zu viele Kongresse an Pietros Seite, hatte zu viele Kinder geboren, stammte aus zu bäuerischen Verhältnissen. Was diese gleichgeschlechtliche Sexualität anbelangte, so rein körperlich, würde sie sich schon beruhigen, das wusste sie. Psychisch hingegen fragte sie sich, wie das hatte passieren können. Warum Ljubko? Ob es bei ihren Söhnen auch möglich wäre? War das erblich? War Davide etwa …? Letzten Endes war natürlich ihre Mutter schuld, wahrscheinlich verspürte Ljubko eine abgrundtiefe Abneigung gegen Frauen, kein Wunder, schließlich hatte Mutter ihn im heikelsten Alter verlassen, rücksichtslos, wie sie gewesen war. Eigentlich logisch, dass ausgerechnet dieser ihrer vier Brüder ein Sodomit wurde. Professor Freud schrieb, Homosexualität sei weder Krankheit noch Entartung, sondern werde durch eine Blockade der sexuellen Entwicklung hervorgerufen; bestimmt war das abrupte Verschwinden der Mutter für den Dreijährigen ausschlaggebend gewesen, blockiert fürs Leben, das arme Kind. Seit ihre Mutter nicht mehr lebte, dachte Zora mit etwas mehr Milde an sie, vielleicht weil ihr Sterben so entsetzlich gewesen war.

Zora empfand keinerlei Schuldgefühle, dass sie ihrem Bruder hinterherspioniert und seinem Geheimnis auf die Schliche gekommen war, im Gegenteil: Sie würde ihn retten. Entweder vor sich (wenn diese leidige Geschichte nur eine Flause war) oder vor dem Staat (notfalls würde sie ihren Einfluss geltend machen, immerhin war ihr Mann wohlhabend und sein Ruf als Arzt exzellent, wer südlich von Rom auf Röntgenmedizin angewiesen war, kam an ihm nicht vorbei, deswegen ließ man ihn in Ruhe, auch die Faschisten hatten Angst vor Krankheiten, zudem war Neldo bei der Polizei auf dem aufsteigenden Ast und Avvocato Basso sowieso ein Fuchs, ein perfektes Trio). Um Ljubko zu retten, musste sie aber ein Gespräch mit ihm unter vier Augen führen, davor graute ihr. Michele würde ihm selbstverständlich schreiben, dass sie aufgetaucht war; wer könnte es ihm verübeln?

Draußen war kein Meer mehr zu sehen, nur noch flaches, verdorrtes, rostrotes Land, Olivenbäume, Bruchsteinmauern, gekalkte flache Häuser, Esel, Ochsen, Armut.

M. Zanoni, San Domino, stand als Absender auf dem an

Ljubko adressierten Brief, den sie Weihnachten abgefangen, geöffnet und gelesen hatte, nur wenige Zeilen, sehnsüchtiges Zeug, unterzeichnet mit M. – und einem Herzen dahinter, wie kindisch. Zora hatte allerlei Namen durchgespielt, von Maria über Martina zu Michaela, sich dann aber mit sich selbst auf Maddalena geeinigt und im Atlas nachgeschlagen, wo San Domino lag, die Insel dann aber wieder vergessen. Aber auf dem Weg nach Mailand hatte sie, als der Zug in Termoli hielt, mit dem Gedanken gespielt, auszusteigen und auf die Insel überzusetzen, um die geheimnisvolle Maddalena aufzuspüren, von der Ljubko nie ein Wort erzählte, es aber verworfen, da zu aufwendig und auch lächerlich. Ab Rimini war der Gedanke dann zu einer fixen Idee geworden, die sich während der drei Tage in Mailand immer mehr konkretisiert hatte. Sie war einen Tag früher abgereist, hatte niemandem etwas mitgeteilt und war in Termoli aus dem Zug gestiegen, gestern Nachmittag. Abends, als sie aus dem Fischerboot kraxelte, das sie nach San Domino hinübergebracht hatte (ein Antonio, der sehr behände das Segel setzen konnte, aber kaum sprach, sicherlich war sie ihm suspekt), und gleich auf die rauchende Cinzia stieß, fing ein kurzes Abenteuer an, das sie beglückte: endlich alleine etwas erleben, an einem Ort, an dem niemand sie kannte, weg vom lästigen Mutterdasein. San Domino war kein richtiges Dorf, eher eine Ansammlung von gemauerten Fischerhütten, anders als Ustica, das eine zwar kleine, aber dichte Baustruktur hatte, mit Sinn und Verstand oberhalb des Hafens angeordnet, mit Gassen und Wegen und Treppen, mittendrin ein lang gezogener Marktplatz, dahinter die Kirche. Auf San Domino sah alles planlos aus, zerzaust. Cinzia hatte süffisant gefragt: *Na, Prinzessin, was suchen Sie in der Hölle?* Zora war seit dreißig Jahren von niemandem mehr *Prinzessin* genannt worden, sie war ein wenig beleidigt, doch Cinzia hatte versöhnlich gegrinst. *Cinzia, lass die Dame in Ruhe!,* hatte ein Mann in Uniform geschimpft, ein Brigadier, der am Hafen Kontrolle schob. *Ich suche Maddalena Zanoni,* hatte Zora gesagt, *vielleicht heißt sie auch Maria.* Sie spürte wieder, wie ihr die Röte ins Gesicht stieg, als sie an diesen Lapsus dachte, wie naiv, wie dumm, wie ungeheuer altbacken und weltfremd sie war, anders als Pietro, der in Berlin viel Halbseidenes erlebt hatte, Cabarets, Travestie, solche Sachen, was sie richtig ärgerte, zumal sie wusste, dass er ihr Dinge verschwieg. Vielleicht wollte sie Pietro deswegen nichts von ihrer Entdeckung erzählen, weil der sagen könnte, *selbstverständlich habe ich gemerkt, dass Ljubko andersherum ist;* wie hochnotpeinlich wäre das für sie: den eigenen Bruder nicht durchschaut. *Maria-Maddalena!,* hatte Cinzia ausgerufen, *ja, zu Maria-Maddalena führe ich Sie gern.* Erst da hatte Zora gesehen, dass Cinzia kaum Zähne im Mund hatte, vor allem hinten fehlten sie.

Pietros Freund Dr. Russo war Zahnarzt, zehn Jahre jünger als er, ebenfalls Kommunist. Vielleicht könnte der einmal auf die Insel fahren, dachte Zora, während sie den Mantel vom Haken nahm und wieder daran roch (es war nicht besser geworden in der Zwischenzeit), Molfetta lag bereits hinter ihnen, noch ein Halt, dann wären sie in Bari. Sie stellte ihre Handtasche auf das Fensterbord und dachte beschämt an die Szene am Tisch. Nie würde sie vergessen, wie sie auf diesen Tisch zugetreten und verstummt und wahrscheinlich auch errötet war, diese Blicke, diese Peinlichkeit. Cinzia war vom Hafen aus vor ihr hergegangen, humpelnd, in abgetretenen Holzpantinen, aber hocherhobenen Hauptes, lachend und scherzend und immer wieder *Maria-Maddalena* rufend; plötzlich dann die Baracke, davor ein langer Brettertisch, drumherum auf Bänken und Kisten sitzend gut zwanzig Männer, die sie anstarrten, brandmager die meisten. *Wer wird gesucht?,* hatte einer gefragt, ein Mittelalter in zerrissener Kleidung, aber mit Hut. *Maria-Maddalena Zanoni wird gewünscht,* hatte Cinzia todernst geantwortet. Vielleicht war Zora in dem Moment stutzig geworden, zumindest leise irritiert, aber verstanden hatte sie immer noch nichts. Erst als Cinzia rief, *Zanoni du Schnäuzelchen, die Dame kommt wegen dir,* und sich danach zu ihr umdrehte, um zu sagen, *Schnäuzelchen ist unser Küken,* begriff sie die ganze Dimension. In dem Moment hätte sie schweigen können, irgendeine Lüge erzählen, wer sie war, medizinischer Dienst oder so etwas, aber Schnäuzelchen wusste sofort, wer vor ihm stand, wahrscheinlich hatte er Fotografien gesehen. *Ich bin Michele,* hatte er sich vorgestellt. *Del Buono,* hatte sie geantwortet und sich erschüttert auf die Holzkiste gesetzt, die ihr ein Mann in schmutzigem Anzug schnell hinschob, wohl weil er fürchtete, sie kippe um. Sie war in einem Sodomitennest gelandet. Wenigstens hatte keiner gelacht.

Sie zog den Mantel an, stand auf und wechselte die Seite des Abteils, wie sie es immer tat, wenn der Zug in Bari einfuhr. Von Norden kommend saß sie gerne links, wegen des Blicks aufs Meer, doch ganz zum Schluss wollte sie ihr Haus sehen, dieses Prachthaus, das sie entworfen hatte, ein Palazzo, der von außen unscheinbar war, hochmodern, aber ohne Verzierung, keinerlei Eskapaden, ein nobler Kalksteinblock mit Fenstern, die bis in die Ecken reichten und dort auf das nächste Fenster stießen. Der Zug fuhr auf einem Wall in die Stadt ein, das Haus begegnete einem deshalb auf ungewöhnlicher Höhe, angemessener Höhe, *Aug in Aug,* dachte Zora, man erfasste es in Gänze, wenn man vorbeifuhr, sie erhaschte einen Blick in den Garten, diesen wildwüchsigen Dschungel, den sie hinter den hohen Mauern hatte anlegen lassen. Sie sah diese Üppigkeit und dachte an das karge Leben von Michele und Cinzia und drei Dutzend anderen Homosexuellen, die auf dieser gottverlassenen Insel vegetierten, auf die sie sich selbst hatten rudern müssen, die hundertfünfzig Gramm Brot am Tag erhielten und fünf Lira dazu, die Kapern von den Büschen lasen und Kräuter sammelten und Zitronen stahlen, die im Dorf arbeiteten, wenn sie Glück hatten, beim Schuster oder beim Krämer, die in einem Raum mit zehn Stockbetten schliefen wie Soldaten, die die Baracken nicht verlassen durften, wenn es dem Kommandanten gerade so in den Sinn kam, weil er eine Laune hatte oder seine Frau ihn geärgert, die von ihren Vätern verstoßen worden waren und deren Mütter nach ihnen weinten, die unter Syphilis litten und unter Tbc und faulen Zähnen und venerischen Krankheiten, die einfach nur dahockten und warteten, dass der Krieg anfangen und vielleicht eine neue Zeit anbrechen würde, eine bessere. Man hatte sie als *Politische* verurteilt, da es den homosexuellen Italiener als solchen nicht gab und auch kein Gesetz gegen Homosexualität, die echten *Politischen* saßen auf San Nicola drüben, das noch kleiner war. Wenigstens, und das sah Zora genau, waren die Männer auf San Domino unter sich, halbwegs unbehelligt. Und es schien, als hätten sie auch Spaß, Scherze waren hin und her geflogen, Codewörter, die sie nicht verstand. Sie hatte Michele nicht allein sprechen können, die anderen Männer hatten sich um ihn geschart, als ob sie ihn beschützen wollten wie ein frisch geworfenes Fohlen, da hatte sie begriffen, dass dies eine geschlossene Gesellschaft war, eine Gemeinschaft, in der sie nichts zu suchen hatte, dabei hätte sie nicht einmal gewusst, was sie mit ihm hätte reden sollen, da zu überrumpelt von der Situation. Sie könnte seine Mutter sein, und immer, wenn er zu ihr hinübergeblickt hatte, sah sie ein unruhiges Flackern in seinen Augen, darunter gleichzeitig ein schelmisches Lächeln. Er wollte ihr gefallen, wollte ihre Anerkennung, ihre Protektion, es war, als würde er sagen: *Schlag mich nicht, hab mich lieb*. Das war nun doch zu viel des Guten, dachte sie, sie könnte Ljubko diese Liaison nicht verbieten (und psychologisch gesehen war das alles interessant), aber selbstverständlich würde sie sie nicht unterstützen. In Bari würde der junge Mann keinesfalls willkommen geheißen werden. Einen Vorteil hatte die ganze Angelegenheit allerdings: keine aufmüpfige Schwägerin. Eigentlich war nichts Spektakuläres passiert, es war zu keinem Drama gekommen, und im Rückblick war sie zufrieden, wie beherrscht sie die Situation bewältigt hatte. Wäre Ljubko dabei gewesen, hätte es anders enden können, aufgeregter, mit Gezeter, sie herrschte ihre Brüder durchaus an – wenn sie nur an Nino dachte, bei dem verlor sie oft die Contenance, bei Ljubko hingegen war das selten vorgekommen, und sie gedachte auch nicht, das zu ändern.

Sie würde sich verhalten wie eine Frau von Welt, wie eine Pariserin oder Wienerin der besten Gesellschaft, mondän und gelassen. Sie würde zu erkennen geben, dass sie Bescheid wusste, des Weiteren würde sie schweigen. Und ihr war klar: Sie würde diesen jungen Mann niemals wiedersehen.

Bari, Juni 1940

Nun waren sie also im Krieg. Sie saßen aufrecht im Bett, Kissen im Rücken, Rollen im Nacken, Pietro rechts, Zora links, wie immer. Zwischen ihnen das aufgebockte Tablett, darauf zwei Kaffeetassen, Kanne, Zuckerdose; Zora liebte Zucker, sie süßte den letzten Schluck kräftig nach, wie eine Türkin, dachte Pietro, während seine Frau das klebrige Gemisch bis auf den letzten Rest aus der Tasse kratzte und den Löffel mit Genuss ableckte, wie immer. Um das Tablett herum Zeitungen, mehr als sonst, zerpflückter als sonst. Der Zeitungshändler hatte mitgedacht und einen ganzen Stapel geliefert, Blätter aller Couleur. Pietro würde später bezahlen. Die Zeitungen behandelten nur ein Thema, so wie im Mai 1938, als Hitler erst Rom und dann Neapel besucht hatte, da hatte es tagelang nur *Hitler, Hitler, Hitler* geheißen, es hatte ausgesehen, als ob ganz Neapel dem Führer, der einen Tross von fünfhundert uniformierten Männern mit sich führte (Diplomaten, Generäle, Journalisten) und einen überaus missmutigen Eindruck machte, die Hand schütteln wollte. Damals war das Volk in Hysterie verfallen und jetzt tat es das wieder.

Sie lasen einander vor, ihr obligates Bettduett, heute pointierter als sonst.

»Die *Stampa* titelt: *Der Duce hat gesprochen.*«

»*L'Italia* schreibt: *Die Würfel sind gefallen. Italien ist im Krieg mit England und Frankreich*. Ziemlich nüchtern.«

»Nüchternheit kann er nicht ausstehen, das macht ihn fuchsig, vor allem vonseiten der Kirche. Aber Donnerwetter, hör dir diese an, die ist nicht nüchtern, die wird ihm gefallen: *Es lebe der Duce, der Gründer des Imperiums!*«

»Die auch: *Endlich! DER FASCHISTISCHE KRIEG!* Mit zwei Ausrufezeichen. Diese Begeisterung … ein Wahnwitz.«

»Hier auch Ausrufezeichen: *Leuchtende Erklärung des Duce: ITALIENER, EILT ZU DEN WAFFEN!*«

»Alle zitieren das: *Eilt zu den Waffen! Die Ketten des Mittelmeers werden gesprengt!*«

Pietro nahm das Päckchen *Muratti* vom Nachttisch und steckte sich eine Zigarette an, er rauchte filterlos. »Als ob die Ketten nicht längst gesprengt wären. Diese Euphorie ist zum Verrücktwerden. Sag ich's nicht immer? Ein Volk von Schafen.«

»Nun muss Mussolini keine Angst mehr haben, dass Italien auf das Niveau der Schweiz herabsinkt«, sagte Zora.

»Hat er das?«

»Habe ich irgendwo gehört. Soll er gesagt haben: das Niveau einer zehnfach vergrößerten Schweiz.«

»Italien ist doch überhaupt nicht gerüstet für einen Krieg. So ein Unsinn, so viel kann Hitler gar nicht für ihn tun. Das endet in einem Fiasko«, sagte Pietro.

»Er will Hitler beeindrucken, das ist es.«

»Ich fürchte, du hast recht«, meinte Pietro.

Es war sechs Uhr. Zora stand jeden Morgen kurz nach fünf auf und ging zur Teeküche hinüber, um Kaffee zu kochen. Wenn sie mit dem vollen Tablett zurückkehrte, hatte Pietro bereits die Zeitungen geholt, die zwischen den Eisenstangen des Straßentors klemmten. Beide trugen Schlafanzüge, Pietro hatte einen grün-blau gestreiften Seidenmantel übergezogen und war in Pantoffeln in die Halle hinunter und über die Außentreppe zum Eingang geschlappt (auch bei Regen, der Schirmständer stand neben der Tür, darin auch Spazierstöcke in unterschiedlichen Formen, Pietro bevorzugte einen mit züngelndem Drachenkopf aus Elfenbein), Zora hatte ein gehäkeltes Tuch um die Schultern geworfen, was dem Schlafanzug eine feminine Note gab (Nachthemden waren ihr ein Gräuel, Pietro hatte ihr eines geschenkt, blassblau mit Spitzen, sie trug es nie und die Jungen spielten nun damit Gespenst). Es waren die einzigen Minuten des Tages, an denen sie nicht schicklich gekleidet waren, wissend, dass Hausmädchen und Kinder noch schliefen.

»Was Tito wohl tun wird?«, fragte Zora. Sie studierte die Fotografie von Mussolini auf dem Balkon des Palazzo an der Piazza Venezia, unten die Menschenmenge, dicht an dicht standen die Menschen, jubelverzerrte Gesichter, Hände in der Luft. Pietro hörte nicht hin, Asche krümelte auf die Zeitung, er las die letzten Sätze der Kriegserklärung: *Proletarier und Faschisten Italiens erheben sich zum dritten Mal, stark, stolz und vereint wie nie zuvor. Italienisches Volk! Eile zu den Waffen und demonstriere deine Härte, deinen Mut, deine Bedeutung.*

»Pietro!«

»Ja?«, fragte er abwesend, »… was ist mit Tito?«

»Das frage ich dich! DU kennst ihn doch!«

Heikles Thema. Er musste behutsam antworten, Zora war neidisch auf seine Bekanntschaft mit Tito, geradezu eifersüchtig, obwohl er den Mann nur einmal gesehen hatte und auch nur recht kurz (dafür nahezu nackt), im März 1938 in Paris. Goran hatte das Treffen arrangiert beziehungsweise Pietro hinbestellt, weil er wusste, dass der an einem Radiologenkongress in Paris teilnahm. Pietro hatte sich verwundert gefragt, wer wohl dieser geheimnisvolle Patient war, den er in einer Exilantenwohnung im 11. Arrondissement untersuchen sollte. *Erwähnen Sie Trotzki nicht, Herr Professor,* hatte ihm der kroatische Kontaktmann, der ihn zu der Wohnung führte, eingebläut, aber das hatte Pietro sowieso nicht vor, sein Kontakt zu Trotzkisten war seit den Zwanzigerjahren in Neapel abgeflaut, die Freunde längst in Amerika (und Trotzki im Exil in Mexiko), er dachte manchmal wehmütig an die Musikabende mit ihnen zurück (das Flötenspiel hatte er aufgegeben, Zora hatte es ihm vergällt, erst durch Spötteleien, dann durch Gehässigkeit. Dieses Musizieren, bei dem sie nicht dabei sein konnte, war ihr suspekt). Tito hatte Pietro in einem schäbigen Wohnzimmer empfangen, in dem ein aufgeschlagenes Metallklappbett stand, ein auffallend schöner Mann mit edlem Mund, über der Oberlippe ein markanter Leberfleck, ein ernstes, scharf gezeichnetes Gesicht mit hellen Augen, charaktervoller Nase und hoher Stirn, das Haar nach hinten gekämmt, eine Handvoll Jahre älter als Pietro und genauso gut gekleidet. *Ihre Frau ist Slowenin,* fragte er, und ob er als Radiologe auch internistische Untersuchungen vornehmen könne? Beides konnte Pietro bejahen, mehr schien Tito nicht wissen zu wollen, man hatte ihn sicher genauestens über ihn informiert; er klagte über Schmerzen im Oberbauch. Pietro konnte Gallen-, Milz- und Leberbeschwerden ausschließen, auch Herz- oder Lungenprobleme kamen nicht infrage, es sah alles nach einer Gastritis aus. Er bat den Kroaten herein, der vor der Tür gewartet hatte, fragte ihn nach seinem Namen und stellte ein Rezept auf ihn aus, Tito nahm das wohlwollend zur Kenntnis, keine weiteren Fragen, unkompliziertes Vorgehen. Danach war Pietro zum Kongress zurückgekehrt, wo er mit Adelsberger verabredet war.

»Tja, was ist mit Tito …«, sagte Pietro, »… er wird sich wappnen. Gibt ja genügend Faschisten im Land, die sich mit Hitler und Mussolini verbünden wollen, nicht nur die Ustascha.«

»Ich bin mir nicht sicher, wen er mehr hasst, die Faschisten oder die Imperialisten«, sagte Zora.

»Er hat sich Anfang des Jahres in einem Artikel über Frankreich und England beschwert, wegen deren Kriegshetze.«

»Ja, aber das war vor dem Einmarsch der Deutschen in Frankreich.«

»Das stimmt, jetzt wird er sich auf die Faschisten konzentrieren, wird ja schwer genug.«

»Die KPJ soll schon sechstausend Mitglieder haben, schrieb Goran letzte Woche, plus sechzehntausend von der Kommunistischen Jugend.«

»Nicht schlecht!«, rief Pietro erstaunt.

»Ja, es müssten aber dringend mehr werden.«

»Kann sein, dass er die Krise für die Revolution nutzen will. Und wird.«

»Ich fürchte, Hitler und Mussolini werden Jugoslawien zerstückeln wie ein geschlachtetes Kalb«, sagte Zora.

»Das wird Moskau verhindern.«

»Madonna, ich brauche frischen Kaffee.« Zora stand auf. »Du auch? Um halb neun steht Franca wegen der Pediküre vor der Tür. Maniküre lasse ich heute aus. Wir müssen den Abend planen, sie kommen bestimmt alle zu uns. Weißt du was? Wir legen zur Begrüßung Fortebraccio auf!«

»Gute Idee!« Das mochte Pietro an seiner Frau: dass sie nie ihren Witz verlor. Seit Mussolini das *MinCulPop* gegründet hatte, das *Ministero della Cultura Popolare,* scherzten sie über die Blüten, die die Italianisierung trieb, alles Fremdsprachige sollte ausgemerzt werden, die offizielle Umbenennung von Louis Armstrong in Luigi Fortebraccio war einer der Höhepunkte dieses Furors, auch Benny Goodmans neuer Name Beniamino Buonuomo war nicht übel, und dass Mickey Mouse nun Topo Michele hieß, fanden die Kinder sogar richtig gut. Man durfte nicht mehr *hotel* sagen, auch *bar* war nicht mehr genehm, es hieß jetzt *quisibeve (hier trinkt man)*, aber das ließ sich dennoch nicht durchsetzen, daher deklarierte das Ministerium die amerikanische Bar einfach in die Abkürzung von *bevande alcooliche rivendita* um, *bar* war wieder *bar.*

Pietro blickte seiner Frau hinterher, wie sie zielstrebig aus dem Zimmer ging. In ihrer locker sitzenden Schlafanzughose sah sie niedlich aus, wie ein rotziger, etwas rundlicher Junge auf dem Weg zu einem Abenteuer, neuerdings trug sie das Haar kurz. Er dürfte ihr niemals sagen, dass sie niedlich sei oder manchmal gar jungenhaft kindlich, dass er es liebte, wie sie mit den Fäusten fuchtelte, wenn sie sich freute, wie eine Dreijährige, die vor dem Eismann steht, manchmal stampfte sie sogar auf. Sie konnte mit ihren Fäusten auch in die Luft trommeln, wenn sie wütend war und sich zusammenreißen musste, um nicht auf etwas draufzuhauen. Nie schlug sie die Kinder, zu sehr hatte sie sich mit den Erziehungsmethoden von Maria Montessori beschäftigt (und den Privatkindergarten, den Greco und Manfredi besucht hatten, selber initiiert; die Schwarzhemden hatten es nicht verhindern können). Die geballten Fäuste blieben das stärkste Zeichen ihrer körperlichen Erregung, und diese trommelnden Fäuste waren eben: niedlich. Oder herzig, ein deutsches Wort, das sie oft ins Italienische einfließen ließ und das er in seinen Gedankenwortschatz aufgenommen hatte, aber niemals laut sagen würde, sein ganz privates Zora-Del-Buono-Schmeichelwort, sie sprach es *herrzigck* aus, mit rollendem R, eine Erinnerung an ihre Jahre in Wien, manchmal wollte er spötteln, wo denn eigentlich Herr Zigck sei, ließ es aber bleiben. Neulich hatten sie eine Aufnahme von Anarchistinnen im Spanischen Bürgerkrieg gesehen, die für den Fotografen posierten, vor einer verwüsteten Kirche, lachend und mit kämpferisch erhobenen Fäusten, die Frauen hatten Zora beeindruckt, und dass sich zwei von ihnen innig küssten, fand sie apart, *Lesbierinnen*, sagte sie zu Pietros Verwunderung kenntnisreich, wurde einen Moment lang still und betrachtete die Anarchistinnen genau, dann folgte: *Wahrscheinlich sind die alle tot.*

Sie sprachen oft über den Tod, am liebsten nach dem Abendessen im Salon. Sie sprachen abstrakt darüber, in Scherzen oder ganz konkret, wenn jemand im Bekanntenkreis erkrankt war, sie sprachen über Scheintote, die an

Sargwände hämmerten und aus Gräbern kletterten, über Grabstellen aus Marmor, über die *Toteninsel* von Böcklin, darüber, ob das Gemälde unheimlich oder im Gegenteil beruhigend sei, ob Zypressen Todesbäume seien oder nicht, darüber, wie viel es kostete, auf der Friedhofsinsel San Michele bestattet zu werden (eine Ehre für Nicht-Venezianer, Zora würde gern dort liegen), über Wasserleichen und Shakespeare und Ophelia, vor allem aber sprachen sie über Leberbeschwerden und deren Folgen. An ein Leben nach dem Tod glaubten sie nicht. Seine Frau, dachte Pietro, empfand regelrecht Lust am Gespräch über den Tod, anders als er, der als Arzt dauernd mit dem Sterben konfrontiert war und es nüchtern betrachtete. Es war nicht so, dass sie als Kind durch den Krieg traumatisiert worden wäre, natürlich hatte sie den Geist des zehntausendfachen Soldatentodes im Isonzotal gespürt, aber ihre Brüder und sie hatten die Schlachten nicht miterlebt, die Leichname nicht gesehen, nicht gerochen, sondern in Ljubljana recht komfortabel die Zeit überbrückt, bis sie nach Bovec zurückkehren konnten (Boris hatte während des Krieges sogar das Klavierspiel erlernt; warum er als einziges der Kinder Musikunterricht genossen hatte, wusste Pietro nicht, er müsste Zora einmal fragen, aber Musizieren war ein kritisches Thema, sie würde ihn in Verdacht haben, die Flöte wieder aus der Truhe in der *stanza fredda* holen zu wollen – falls die überhaupt noch da lag, er sollte das bei Gelegenheit überprüfen). Er selbst sprach mit ihr nicht über seine Erlebnisse in den Feldlazaretten, warum sollte er ihr die Bilder von zerfetzten Leibern und Gesichtern wie Krater in den Kopf einpflanzen, die er selbst mit Mühe verscheucht hatte. Er redete nur mit Neldo darüber, der schließlich dabei gewesen war, wobei begonnene Gespräche meist bei einem Glas Whisky auf ein: *Wir wissen ja beide Bescheid* oder: *Lass uns das bitte nicht vertiefen* zusammenschnurrten. Als Hemingway *In einem anderen Land* veröffentlicht hatte, hatten Zora und Pietro das Buch notgedrungen auf Deutsch gelesen, weil es auf Italienisch nicht hatte erscheinen dürfen, sie war ganz gierig auf die Lektüre gewesen, hatte ihm abends daraus vorgelesen, konnte so die Isonzoschlachten aus nächster Nähe nachspüren, erfuhr all die Dinge, über die Pietro lieber schwieg, Hemingways Protagonist war schließlich Sanitäter, erlebte genau das, was Pietro erlebt hatte, die Angst, das Sterben, den Dreck, die Kälte, auch die Anekdoten aus den Offiziersbordellen in Görz fand Zora interessant und immer fragte sie: *War das so? Lügt der Mann?,* und immer antwortete Pietro: *Er weiß viel. Aber Zora, es ist ein Roman!*

Zoras Todesobsession war seit der Beerdigung ihrer Mutter auf dem Dorffriedhof von Bovec ein wenig abgeklungen; deren Sterben hatte sie mehr mitgenommen als das des Vaters, was wohl daran lag, dass sie das mehrwöchige Siechtum miterlebt hatte, die Auszehrung durch den Krebs, den niemand festgestellt hatte, weil die Mutter die Knochenschmerzen verheimlicht und auf die Bemerkungen, dass sie immer schmaler und kleiner werde, nur mit müdem Achselzucken reagiert und gemeint hatte, auch alte Bergziegen würden mager, sie sei eben eine alte Bergziege, man solle sie in Ruhe lassen, Arthrose bekomme man nun mal im Alter, wohl wissend, dass es keine Arthrose war. So hatte es Zora Pietro erzählt, und Pietro hatte sich schuldig gefühlt, weil er sich mehr als drei Jahre nicht in Bovec hatte blicken lassen, er hätte womöglich eine Diagnose stellen und eine Strahlentherapie einleiten können, er vermutete ein Plasmozytom. Marijas letzte Tage sollen elend gewesen sein, aus ihrem ausgetrockneten Mund sei ein nahezu tonloses Wimmern gekommen, das gerade durch das Leise, kaum Wahrnehmbare, schwer erträglich für alle gewesen sei, es schien, als habe die Mutter auch im Sterben niemanden stören wollen, als habe ihr theatralisches Aufbegehren vor über dreißig Jahren ein für alle Mal gereicht. Durch Marijas Tod war Zora endgültig zur Vorsteherin der Ostans geworden, zur ungekrönten Regentin, wie Pietro dachte, und: zur einzigen Frau. Sie hatte einen Mann, drei Söhne, vier Brüder. Dazu gab es zwar zwei Schwägerinnen, aber die Serbin war weit weg und Pepca ihre engste Freundin.

Pietro und Zora waren sich einig, dass Davide, Greco und Manfredi frühestens im Alter von vierzig Jahren Kinder bekommen dürften, erst Karriere, dann Familie. Pietro meinte das ganz pragmatisch, die Jungen sollten sich auf das Studium und die Assistenzarztzeit konzentrieren, idealerweise im Ausland. Wenn sie erst einmal Oberärzte wären, dürften sie heiraten, besser sogar erst, wenn sie einen Lehrstuhl innehätten. Er hatte Zora im Verdacht, dass sie ihren Söhnen die Über-vierzig-Doktrin einimpfte, damit die keine Schwiegertöchter nach Hause brachten, wodurch sie noch fünfundzwanzig Jahre Ruhe vor fremder Weiblichkeit hätte. Begriffen, dass es keine läppische Eifersucht auf junge hübsche Frauen war, hatte er nach einer kleinen Bemerkung, die Zora gemacht hatte, völlig unvermittelt war das gekommen: *Vielleicht habe ich ja Glück und die*

Schwiegertöchter sind mutterlos. Danach hatte er tagelang darüber nachgedacht, was es mit dieser irrwitzigen Idee der mutterlosen Schwiegertöchter auf sich hatte, warum Zora sich überhaupt solche Gedanken machte, bis ihm klar wurde: Mutterlose Schwiegertöchter bedeuteten eine Alleinstellung, Zora bliebe die einzige Frau ihrer Generation in der Familie. Schwiegertöchter würde sie formen können, die Mütter der Schwiegertöchter nicht. Halbwaisen sollten sie sein oder am besten gleich Vollwaisen. Manchmal betrachtete er seine Frau staunend und mit nahezu wissenschaftlichem Interesse: Was in ihrem Kopf alles vor sich ging! Er dachte längst nicht so kompliziert und schon gar nicht so strategisch. Er hatte ihr (eher scherzhaft) geraten, Medizin oder Bauwesen zu studieren, um ihren Taten- und Gestaltungsdrang zu kanalisieren und von der Familie wegzulenken. Er hätte sie (womöglich) darin unterstützt, sogar ein Auslandsstudium hätte er gutgeheißen, zum Beispiel in Zürich, aber sie erklärte, sie wolle nicht bei null anfangen, und wie er überhaupt glauben könne, sie würde dieses Haus je anderen Menschen anvertrauen? Dass sie vom Haus und nicht von den Kindern gesprochen hatte, war ihnen beiden aufgefallen und sie hatte schnell hinzugefügt: *Haus = Familie.* Wenn er sah, mit welcher Gründlichkeit sie die Zeitungen studierte, mit welcher Vehemenz sie diskutierte, hegte er den Verdacht, sie wolle in die Politik einsteigen. Rosa Luxemburg war immer ein Vorbild für sie gewesen und über die Geschichte der Suffragetten hatte sie mehr als ein Buch gelesen. Seit Deutschland den Krieg begonnen hatte, schien sie in einem dauernden Erregungszustand, der ihm ungesund vorkam; dass sie heute den Pediküretermin nicht abgesagt hatte, erleichterte ihn nachgerade. Italien im Krieg, seine Frau mit bloßen Füßen auf dem Schemel. Das war ein gutes Zeichen. Vielleicht war auch ihre Verschwendungssucht ein Hindernis für Studium und Erwerbsarbeit. Erhielte sie einen Lohn, würde sie nicht mehr so großzügig mit Geld umgehen, da war er sich sicher, sie gab sein Geld nicht nur für sich aus, sondern verteilte es an Bedürftige und Bittsteller, an die Frau des erkrankten Zeitungsausträgers, den Neffen des Obsthändler, dessen Bein unter einem Fuhrwerksrad zerquetscht worden war, an die *Sozietät zur Alphabetisierung,* an weiß Gott wen (auch heimlich, trotzdem wurde es ihm zugetragen, sein Vater erfuhr alles). Kommunismus bedeutete für sie: Aristokratie für alle. Dass sein Vater für die Klinikabrechnungen zuständig war, erzürnte sie weniger als früher, weil sie eingesehen hatte, dass sie schlecht haushalten konnte, und auf keinen Fall wollte, dass die Klinik in finanzielle Schwierigkeiten geriet. *Es muss reichen bis zum Schluss,* sagte sie gern und hob bedeutungsvoll die rechte Augenbraue (als junger Mann hatte er vor dem Spiegel geübt, es ihr gleichzutun, aber es hatten sich immer beide Brauen gehoben), um sofort anzufügen: *Aber nicht darüber hinaus.* Sie war im Herzen Trotzkistin geblieben (und hätte Pietro nicht mit den Trotzkisten Flöte gespielt, wäre sie es heute noch), die das Erben grundsätzlich verbieten wollte, deswegen sollten die Söhne sich anstrengen und ihre Zeit nicht für Familiengründung verschwenden. Davide, Greco und Manfredi verstanden noch nicht, was das für sie bedeutete: *Es muss reichen bis zum Schluss – aber nicht darüber hinaus.* Zoras Verachtung des *Mutterschaftsdiktats,* wie sie es nannte, war sprunghaft gewachsen, als Mussolini – es muss 1932 gewesen sein – einen Feiertag eingeführt hatte, an dem Italiens fruchtbarste, das heißt: söhnereichste Mütter gekürt wurden, Frauen mit mindestens vierzehn, besser siebzehn oder achtzehn Söhnen (Töchter zählten nicht) erhielten Prämien, Renten, Medaillen und als Höhepunkt den päpstlichen Segen. Ihre Freunde neckten Zora, wenn der Termin der *Zuchtschau* wieder heranrückte und die nächsten Mütter prämiert wurden: Sie habe mit ihren drei Söhnen doch einen soliden Grundstock gelegt, wenn sie sich beeile, könne sie das Dutzend schaffen, es warteten Orden und die Liebe des Duce auf sie. Das Gelächter war jeweils groß, man prostete einander zu, trank Champagner und amerikanischen Whisky und hörte auf dem Grammofon Jazzmusik, die im Radio verboten war, und Béla Bartók, der italienischen und deutschen Rundfunksendern untersagt hatte, seine Musik zu senden, man rauchte und spielte. Niemand hier war im Fortpflanzungsrausch, Neldo hatte nicht einmal eine Frau und schien auch keine zu suchen, Avvocato Basso hatte eine, die er aber nie mitbrachte und die zu Hause auf die Tochter aufpasste, Dr. Russo war noch Junggeselle, die Grandolfos waren kinderlos geblieben (und litten deswegen), die Codas hatten einen Sohn und eine Tochter, bei den Lombardi-Brüdern müsste der eine anfangen, damit der andere nachzöge, aber sie waren sich nicht einig, wer anfangen sollte, ihre Frauenbeziehungen schienen zudem eher instabil, Giuseppes Schauspielfreundinnen mochten hie und da ein Kind haben, aber das wuchs wohl eher bei der Großmutter auf dem Land auf, irgendwo in Kampanien oder der Basilikata. Die drei Del-Buono-Söhne waren daher der Ausbund des Geburtenreichtums in ihrem Kreis. In Deutschland hatte es Blank mit seiner norddeutschen Arierin auf immerhin fünf Kinder gebracht (zweimal Zwillinge) und Adelsberger auf zwei, einen Jungen und ein Mädchen, auch er hatte eine Krankenschwester geheiratet, eine schnuckelige Nürnbergerin, Pietro hatte sie in Paris kennengelernt (allerdings nur flüchtig, sie war mit dem Damenprogramm unterwegs gewesen). Emmi Bloch hingegen lebte unverheiratet in Haifa und baute die Krankenversorgung Palästinas auf, sie hatte keine Zeit für Kinder.

Pietro dachte oft an Emmi. Wahrscheinlich dachten auch Blank und Adelsberger oft an Emmi. Adelsberger liebte Emmi immer noch, alle wussten das, auch seine Frau. Er liebte sie aus der Ferne, still und unaufdringlich, eine sanfte Liebe, die sich über das Begehren hinaus in Besorgnis gewandelt hatte, auf Adelsberger war Verlass. Hätte Emmi ihn gebeten, technische Geräte nach Haifa zu schmuggeln, zum Beispiel die neue Siemens-Röntgenbombe, er hätte alles unternommen, um dem nachzukommen. Emmi bat ihn aber um nichts. Genau das war es, was Pietro an ihr so schätzte. Sie war vollkommen unabhängig und voller Biss. Er musste oft über sie lachen, sie schrieb komische und anschauliche Briefe: über Sanddünen, die ins halbfertige Krankenhaus drangen und die mobilen Röntgengeräte begruben; über ihre Blauäugigkeit, als sie auf dem Markt eine Araberin fotografieren wollte, die aus Angst vor dem bösen Blick zu hyperventilieren anfing, bis sie kollabierte und Emmi sie reanimieren musste, weil kein fremder Mann die Ohnmächtige berühren durfte; über sich, wie sie wie alle anderen Jüdinnen am Freitag Fisch in die Handtasche stopfte; über die Autobusse, die von Menschen überquollen, bevor die Trompetensignale den Sabbat ankündigten. Briefe, die Emmi an die Adresse seines Vaters schickte, damit sie Zora nicht in die Finger gerieten. Giuseppe steckte sie ihm verschwörerisch zu, mit jovialem Männerschulterklopfen, er glaubte, sein Sohn habe eine Geliebte im fernen Palästina, die er auf internationalen Kongressen treffe, obwohl Pietro ihm versicherte, Fräulein Dr. Bloch sei nur eine alte Freundin, die nicht mehr nach Europa reisen könne. Dass Blank sich mit Leidenschaft in den Dienst des Nationalsozialismus stellte, blieb Pietro unbegreiflich, gerade wegen Emmi. Sie waren doch vor Gaudium übergeschäumt damals, das Semester in Berlin war ihnen allen unvergesslich, wie konnte Blank sich einem Regime andienen, das Juden das Leben derart zur Hölle machte? Blank hatte unzählige Frauen begehrt, sie bezirzt, mit seinem Witz verzückt, mit ihnen angebändelt und sie verführt. Nur bei Emmi hatte er nicht landen können. War es möglich, dass Blank aus lauter gekränkter Eitelkeit zum Antisemiten geworden war? Haifa lag im britischen Mandatsgebiet, und da Italien seit gestern im Krieg mit Großbritannien war, wäre ein italienischer Angriff auf Palästina naheliegend. Pietro war alarmiert, ließ sich seine Unruhe aber nicht anmerken. Emmi Bloch zu erwähnen wäre unklug, er wollte Zora nicht unnötig reizen. Heute würde es so viel anderes zu besprechen geben, erst musste er in die Universität, seine Kollegen treffen (zur Hälfte sicher euphorisiert), später in die Klinik, seine (womöglich euphorisierten) Patienten röntgen.

»Wir sollten aufstehen«, sagte er.

Zora drückte am Klingelbrett an der Wand die Nr. 2, Dragicas Nummer. Minuten später klopfte es an der Tür und Dragica trat ein.

»Bring die Jungen her, wir müssen mit ihnen sprechen«, befahl Zora, »und nimm gleich die Sachen mit in die Küche.«

»Guten Morgen, Dragica«, sagte Pietro.

»Guten Morgen, Professor«, antwortete Dragica, schob das Geschirr in die Mitte des Tabletts und tappte vorsichtig über den glatt polierten Steinboden, sie trug morgens Schuhe mit untergeklebten Wildledersohlen, die nicht klackten.

»Wir müssen ihnen erklären, wie sie sich in der Schule zu verhalten haben«, sagte Zora, nachdem Dragica weg war.

»Du könntest mir erklären, wie ich mich im Kollegium zu verhalten habe«, sagte Pietro, »es wird scheußlich, Pellini und Ranconi werden triumphieren. Sind ja auch zu alt, um eingezogen zu werden.«

Beide lasen weiter. Als sie ihre Söhne den Gang entlangrennen hörten, legten sie die Zeitungen beiseite. Die Schritte verlangsamten sich, dann Stille. Greco und Manfredi standen in karierten Pyjamas in der Tür und staunten ihre Eltern, die zwischen Kissen und Zeitungsbergen aufrecht im Bett saßen, schüchtern an. Das Elternschlafzimmer war eigentlich tabu.

»Kinderchen, seit gestern sind wir im Krieg«, sagte Zora. Etwas unvermittelt, dachte Pietro, aber wen sollte es wundern. Feinfühlige Gesprächseinleitungen waren nicht die Spezialität seiner Frau.

Die Jungen wagten keinen Schritt, auch Davide traute

sich nicht ins Zimmer. Sein Pyjama war gestreift, ein Zeichen, dass er kein Kind mehr war, sondern ein Jugendlicher (bald würde auch Greco auf Streifen in gedämpften Farben wechseln und Manfredi als Einziger in blau-weißen Karos schlafen, was bestimmt demütigend war, aber das ahnte er noch nicht, er war erst zehn. Vielleicht müsste Pietro dem eigenwilligen Adoleszenzkonzept seiner Frau dann einen Riegel vorschieben).

»Kommt nur herein«, sagte Zora und klopfte einladend auf die Bettdecke.

Sachte schob Davide seine jüngeren Brüder in den Raum und fragte: »Werden sie mich einziehen?«

Pietro hustete. Zora musterte erst ihren Mann, dann ihren bald siebzehnjährigen Sohn und antwortete ernst: »Das werden wir zu verhindern wissen. Keiner meiner Söhne wird für Mussolini sterben. Dieser Krieg ist nicht unser Krieg.«

Die Kinder blickten verständnislos.

Pietro hustete wieder.

Zora sagte: »Das ist ein imperialistischer Krieg.«

Bari, April 1942

Wäre sie doch nur Ärztin, Herrgott! Oder zumindest Sanitäterin. Zora nestelte in ihrer Schmuckschatulle, etwas, das sie nur tat, wenn sie aufgewühlt war. Sie ordnete dann den Schmuck, den sie vor dem Schlafengehen gedankenlos in die Holzkassette gelegt hatte, tagelang und ohne System, manchmal verhedderten sich die Kettenenden mit den Ringen, das war lästig, aber nicht Grund genug, Ordnung zu halten. Jetzt steckte sie die Ringe in die Schlitze im Samt, einen neben den anderen, legte die Armreife in die passenden Mulden, die Broschen dazwischen und drapierte die Halsketten in das große Abteil, man musste dafür den Zwischendeckel anheben. Ordnung in der Schatulle bedeutete Ordnung im Kopf.

Sie brauchte einen Plan.

Seit Tito die *Volksbefreiungs-Partisanentruppen* ausgerufen hatte, wollte sie Teil davon sein, seit Juni 1941 also. Dass ihr Mann ihr das verbot, war ungeheuerlich. Wäre sie Ärztin oder Sanitäterin, könnte er ihr den Wunsch nicht abschlagen, dann wäre es sogar ihre Pflicht, dahin zu gehen, wo man sie brauchte, so wie dieses ewige Fräulein Dr. Bloch, das man in Haifa brauchte, wahrscheinlich mehr denn je, nachdem Italien die Stadt dreimal bombardiert hatte. Filme der Bombardements zeigten Fliegerstaffeln über der sonnigen Ägäis, röhrende Motoren, Nahaufnahmen von entschlossen blickenden Piloten, dann den Küstenstreifen von Haifa, plötzlich gigantische Rauchschwaden über zerstörten Ölraffinerien, die Stadt in Schwarz gehüllt, das Ganze mit Musik untermalt, dramatisch, heroisch. Wenigstens bei diesen Angriffen war Nino nicht dabei gewesen, er lag verletzt in der Kaserne von Tarent, war auf seinem Schiff bei starkem Seegang im Maschinenraum die Treppe hinabgestürzt, keine besonders ruhmreiche Verletzung; hoffentlich kam er endlich zur Vernunft, Zora würde ihn beim Desertieren unterstützen, nach Südamerika etwa, es gab Mittel und Wege.

Sie ließ die lange Silberkette durch die Hand gleiten, die musste poliert werden. Beruhigt hatte sie sich keineswegs. Wie konnte sie ihre Heimat derart im Stich lassen? Jetzt, wo es so viele Partisanen gab und es immer mehr wurden? Sie hier und die alle da. Das war doch unmöglich! Sogar Goran war in den Wald gegangen. Sie wollte auch in den Wald. Schließlich war nicht mehr nur das Sočatal in italienischer Hand, Mussolinis Truppen hatten auch Ljubljana okkupiert, nachdem die Wehrmacht Jugoslawien zerschlagen hatte, elf Tage hatte das gedauert, ein Blitzkrieg, am 6. April hatten die Deutschen angegriffen, am 17. April hatte Jugoslawien kapituliert, König und Regierung waren ins Exil nach England geflohen, ein Jahr war das nun her. Slowenien war vollständig in fremder Hand, Deutschland hatte die Arbeit erledigt und Italien sich ins Nest gesetzt – auch wenn Mussolini das sicher anders sah. Immerhin wurden die Slowenen nicht in die italienische Armee eingezogen, anders als die Slowenen im Kärntner Gebiet, die für Hitlers Wehrmacht zwangsrekrutiert wurden. Und jetzt (das machte sie fassungslos) entstanden sogar italienische Konzentrationslager für Slowenen! Bei Gonars gab es eines, nicht weit von Gorizia und Triest entfernt, Ljubko hatte davon berichtet, sie hatten einen Freund von ihm geholt, einen jungen Mann aus Koper, sie holten viele junge Männer, wahrscheinlich so viele wie möglich, aus Angst, dass die sich den Partisanen anschlossen. Ljubljana war neuerdings mit Stacheldraht umzäunt, mittelalterliche Methoden, die Stadt abzuriegeln, so sehr fürchteten die Besatzer sich vor den Partisanen, die das Land kontrollierten und sogar Pässe ausstellten.

Das ganze slowenische Territorium muss ein einziges Schlachtfeld werden, auf dem der Kampf von Dorf zu Dorf, von Haus zu Haus geführt wird, hatte ein Partisanenführer in der *Slovenski poročevalec* geschrieben. Zora hatte den Partisanengruß *Auf zum Kampf!* selbstverständlich gleich 2 und 3 beigebracht (1 war im Internat in der Schweiz in Sicherheit), auf Slowenisch natürlich: *Za boj!* Dazu auch noch das: *Za svovodo! (Für die Freiheit!)* Pietro hatte sie angeherrscht, als er sie mit den Kindern die Aussprache üben hörte; mit Zinnsoldaten historische Isonzoschlachten nachzuspielen war das eine, aber einem Zwölf- und einem Vierzehnjährigen Kampfparolen der Partisanen einzutrichtern, das ging zu weit, zudem sei das gefährlich. Wenn sie in der Schule … Aber so dumm waren ihre Söhne doch nicht. Ach, ihr Mann verstand sie einfach nicht! Hockte unten in seiner dunklen Klinik und verschoss tagein, tagaus Strahlen oder zog mit seinem modernen mobilen Röntgenapparat durch Süditalien, so wie dieser Tage, wo er mit einem Kollegen (einem Internisten) Krankenstationen in der Provinz besuchte. Gorans Brief hatte ihr den letzten Anstoß gegeben, dass sie etwas unternehmen musste. Diese Dinge, die da oben geschahen, die konnte man doch nicht einfach hinnehmen! Immer nur analysieren, kommentieren und lamentieren, das war ihr nicht mehr genug. Sie wollte kämpfen! Noch war sie dafür nicht zu alt, sie war fünfundvierzig und stark und kerngesund, eine Alpennatur. Kämpfen wie all die anständigen Istrier und Dalmatiner, die sich gegen die Faschisten zur Wehr setzten, die sie beherrschten. Kämpfen wie Gorans Cousine, eine Frau ihres Alters, die im Keller der Dorfschule versteckt ein Massaker der Ustascha überlebt hatte. Goran hatte Zora in einem langen Brief schockierende Details geschildert, vor allem eine Szene hatte sich ihr eingebrannt, offenbar genauso wie Goran, dessen sonst eher unbeholfene Ausdrucksweise glasklar war: *Als sie Stunden nach dem Überfall aus dem Kellerverlies kroch, sah sie auf dem Marktplatz ein Mädchen auf dem Rücken liegen, zehn, zwölf Jahre alt, mit ausgebreiteten Beinen, das Kleidchen bis zum Kinn hochgeschoben. Über ihr lag ein Mann mit aufgeknöpftem Hosenladen. Auf ihm drauf ein zweites Mädchen, noch jünger und nackt. Die Cousine ging zu ihnen. Alle drei waren tot. Zora, die haben die mit Absicht so hingelegt! Als Drohung. Die Cousine ist kurz darauf in den Wald gegangen.*

Auf slowenischem Gebiet geschahen diese Dinge auch, nicht die Ustascha waren die Schlächter, sondern die Deutschen und die Italiener, auch über die Ungarn hörte man nichts Gutes. Alle drei wollten die Slowenen *ausrotten*, das ganze Volk, so wie die Juden und die Zigeuner, es sei beschlossene Sache, vernahm man immer wieder, die Rassengesetze galten ja schon. AUSROTTEN! Als sie dieses Wort zum ersten Mal in anderem Zusammenhang im Radio gehört hatte, auf Deutsch, war ihr ganz elend geworden, *ausrotten* klang endgültiger als *estirpare* oder *iztrebiti.* Seit die Deutschen Rašica bis auf den Grund niedergebrannt und die Bewohner deportiert hatten, aus Rache für einen Partisanenüberfall, bei dem eine Handvoll Offiziere umgekommen war, traute man ihnen alles zu. Sie erinnerte sich gut an Rašica, ein Haufendorf in hügeliger Landschaft, kleiner noch als Bovec; im Herbst 1916 war sie zusammen mit dem Vater von Ljubljana aus hingefahren, um einem Bauern eine Ladung Brennholz abzukaufen. Rašica war nur das erste von vielen zerstörten Dörfern. Aber nicht nur die Deutschen brandschatzten, auch die Italiener *säuberten* ganze Orte, erst erschossen sie die Einwohner, dann setzten sie Flammenwerfer ein, um alles zu vernichten, *sie lassen nichts Lebendes zurück,* schrieb Goran, *sie sind komplett verroht, sie hassen uns.* Manchmal spürte Zora diese italienische Überheblichkeit am eigenen Leib, es lebten kaum Slawen in Bari, sie wurde dann wegen ihres Akzents argwöhnisch beäugt, auf dem Markt zum Beispiel, Mussolinis Propagandamaschine funktionierte, die Slawen wurden nun als *minderwertige Rasse* von den Italienern angesehen, als *barbarische Untermenschen.*

Zora legte die Kette auf den Schminktisch und öffnete die meterbreite Schublade. In diese Schublade schaute außer ihr niemand, die Kinder betraten ihr Zimmer nicht unaufgefordert, das Personal würde es nicht wagen und Pietro interessierte sich nicht für ihren Krimskrams. Sowieso interessierte er sich vorwiegend für seine Medizin, mehr denn je. Er stürzte sich in die Forschung und publizierte sogar (er hatte im Gegensatz zu Kollegen anderer Fakultäten Glück: Mediziner konnten unbehelligt forschen – einmal den Treueeid geleistet und sich ordentlich dafür geschämt, danach war Ruhe), als ob kein Krieg herrschte. Die Schublade war eine wahre Fundgrube, so wie die alte Schuhschachtel eines Kindes, das darin seine ganzen Schätze versteckte. Ihre Schätze waren Zeitungsausschnitte, Briefe und Fotografien. Natürlich auch ein bisschen Kosmetik, Parfum und der eine oder andere Seidenstrumpf, aber das lag mehr zur Tarnung darin. Seit Pietro ihr gesagt hatte, dass die Fotografie der Partisanin, die sie so bewunderte – eine junge Frau mit aparter Filzkappe auf langem Haar, strahlendem Lachen und Gewehr auf dem Rücken –, *pure Propaganda* sei, zeigte sie ihm die Bilder und Illustrationen, die sie aus Parteizeitungen ausschnitt, nur noch selten. Er hatte eine eigene Theorie zu den Langhaarfrisuren entwickelt, die im Wald doch unpraktisch seien: Damit Kämpferinnen rekrutiert würden, müssten sie so feminin wie möglich aussehen, um nicht als Mannweiber und Schreckschrauben zu gelten (er hatte tatsächlich *Schreckschrauben* gesagt, was für Wörter dieser Mann nur kannte …, wahrscheinlich aus seinem wilden Berliner Winter). Zora hatte widersprochen. *Die wollen doch gar keine Frauen an der Waffe!* Aber im Grunde wusste sie, dass er recht hatte. Und sie hatte vernommen, dass sich etwas geändert hatte für die Frauen: Waren sie vorher nur für die Versorgung Verwundeter, für Schmuggel und Kontaktpflege mit der Landbevölkerung, für die Betreuung von Waisenkindern und gelegentliche kleine Sabotageakte eingesetzt worden (Automobilreifen aufstechen etwa), galt seit Februar eine neue Losung: Tito höchstpersönlich hatte erklärt, es sei eine Schande, wenn Frauen nicht mit der Waffe in der Hand für die Volksbefreiung kämpfen dürften. Tito hatte das gesagt! Zora war elektrisiert.

»Eine Schande, eine Schande«, murmelte sie. Je mehr sie über Tito und die Heldinnen in den Wäldern und im Karst nachdachte, desto mehr vermisste sie ihre Heimat und desto intensiver sah sie die Landschaft vor sich. In ihrer Fantasie war die Soča nicht durchsichtig smaragdgrün, sondern von dichter Leuchtkraft wie ein Satinstoff, das Licht im Wald hinter Bovec funkelte, Sonnenstrahlen streiften über prallgrünes Moos, es duftete nach feuchten Nadeln, es waren Wälder voller wohlgenährter Hasen, Rehe und Hirsche, die bergauf und bergab flitzten, die sie schießen und für die Kameraden der Kompanie braten würde, auf einer offenen Feuerstelle, natürlich ohne verdächtigen Rauch zu verursachen. Schießen konnte sie, das hatte ihr der Vater beigebracht, sie hatte schon als Jugendliche Wild erlegt. Nicht zu vergessen die Übungsnachmittage mit Zappacosta auf dem verborgenen Schießplatz, wo die Kommunisten trainierten, zwischen dornigen Büschen und Olivenbäumen im Landesinneren. Zappacosta war in schöner Regelmäßigkeit unvermittelt in der Via Dieta aufgetaucht und ebenso unvermittelt wieder verschwunden. Bei einem dieser Besuche hatte sie sich über Davide beklagt, er schien ihr arg verweichlicht, der schwächste ihrer Söhne. Zappacosta hatte die Idee mit den Schießübungen gehabt, damit der Junge etwas abhärte, und sie hatten ihn dreimal auf den Platz mitgenommen. Das hatten sie Pietro verheimlicht, und erstaunlicherweise hatten alle dichtgehalten, Davide, Zappacosta (der kürzlich mit einem gefälschten Pass erwischt worden war und jetzt im Gefängnis saß), die beiden KPI-Kameraden (die wahrscheinlich im Gefängnis saßen) und sogar Dragica, der diese Ausflüge ins Hinterland von Bari nicht entgangen waren, obwohl Zora alles unternommen hatte, um sie klandestin zu veranstalten. Davide hatte diese Stunden der Exklusivität geschätzt, da war sie ganz sicher. Sie plagte mitunter ein schlechtes Gewissen, weil sie mit ihm nicht warm wurde und ihm 2 und 3 vorzog. Diese Nachmittage im Staub hatten die Bindung zwischen ihnen mehr gestärkt als all ihre Bemühungen zuvor. Und auch als all seine Bemühungen, wie sie traurig dachte, er strengte sich seit frühester Kindheit so sehr an, ihr zu gefallen. Auf dem Schießplatz hatte er seine Mutter dafür bewundert, eine Waffe zu benutzen (und ihr das auch verschämt gesagt), und sie ihren Sohn für seine Disziplin, seine Präzision und nicht zuletzt seine Diskretion (und es ihm, wenn sie sich richtig erinnerte, nicht gesagt). Sie teilten nun ein Geheimnis und waren verschworene Kumpane, was sie rührte. Davide hatte den Eltern erst neulich begeistert aus der Schweiz geschrieben, dass er im Schützenverein von Mettmenstetten (unaussprechbar für alle, aber für Scherze geeignet) aktives Mitglied sei und sich als Schütze bereits bewiesen habe. *Er zeigt eine Begabung fürs Schießen?*, hatte Pietro konsterniert gefragt und Zora hatte innerlich gegluckst und sich 1 wohlig verbunden gefühlt – womöglich sollte sie ihr Verhältnis zu ihm überdenken.

Alle waren aus dem Haus: Pietro in Ostuni, 2 und 3 in der Schule, Dragica mit Giacomina auf dem Markt. Neue Dienstmädchen brauchten eine gewisse Einarbeitungszeit, Giacomina sollte alle Händler und Lieferanten kennenlernen, Dragica nahm sie überall mit hin, von einem Fischer zum nächsten, von Marktstand zu Marktstand, von Geschäft zu Geschäft, zum Zeitungshändler, zum Scherenschleifer und auch zum Parfümeur, quer durch Bari wurde die Sechzehnjährige geschleppt, damit es besser liefe mit ihr als mit der Letzten, die Zora nach zwei Monaten hatte entlassen müssen, trotz des wehklagenden Vaters und der schluchzenden Mutter, und denen sie aus Mitleid den Lohn für ein Jahr ausgezahlt hatte. Giacomina war wie ihre Vorgängerin ein Kind vom Land, aber aufgeweckter, das Stadtleben würde sie nicht überfordern. Zudem konnte sie lesen und schreiben und hoffentlich auch nähen. Sie war ein drahtiges kleines Ding, nicht besonders hübsch, was gut war, Greco kam in ein kritisches Alter. Vor allem aber war Giacomina flink; Zora konnte Langsamkeit nicht ertragen, weder im Denken noch im Handeln.

Sie stand auf, ging durch den Ankleideraum hindurch aus dem Zimmer, überlegte, ob sie einen Rundgang durch die Etage machen (zwei Gästezimmer, drei Kinderzimmer, Pietros und ihr Schlafzimmer, vier Bäder) und prüfen sollte, ob ihre Söhne und Dragica alles sauber hielten, verzichtete aber darauf und trat auf die Galerie hinaus. Sie blickte in die Halle, mittendrin der Leuchter mit seinen hohen Milchglasscheiben, ihr *Art-déco-Monster,* das so harmonisch mit dem warmen Travertin der Wände korrespondierte. Gut, dass sie sich durchgesetzt und sich nicht einen ordinären Kronleuchter mit Klimperkristall hatte aufschwatzen lassen. Gut, war sie nach Mailand gefahren für die Einrichtung. Und gut, dass sie sich für Glasbausteine und gegen Klarglas entschieden hatte, so blieb die Außenwelt dort, wo sie hingehörte: draußen. Vor allem jetzt, wo man mit der Außenwelt so sehr haderte, die Italiener: *un popolo di pecore* (um Pietro zu zitieren). Die Halle war geschlossen und groß, das Herz des Hauses. Und sie selbst war der Herzschlag, der Puls für alles. Zora liebte dieses Haus so sehr. Beim *XIII. Italienischen Kongress der Medizinischen Radiologie* hatte der Eröffnungsempfang hier stattgefunden, und sie hatte als Gastgeberin eine hervorragende Figur gemacht, gute Güte, vier Jahre war das schon her, ganz andere Zeiten. Alle waren da gewesen, neben den Italienern auch Bianchi aus Lugano, Altschul aus Prag und natürlich Professor Frik, der Präsident der deutschen Radiologie. Pietro hatte den Kongress ausgerichtet, sie hatte mit den Gattinnen das Kulturprogramm absolviert, auch für das Konzert im Palazzo della Provincia und den Abschlussausflug zum Castel del Monte war sie verantwortlich gewesen, eigentlich hatte sie alles organisiert, was nicht mit der Medizin zu tun hatte. Aber der Empfang war das Glanzlicht gewesen, wochenlang hatte sie Gerichte probegekocht und mit den Mädchen den perfekten Ablauf eingeübt. Nie war sie so stolz auf ihr Haus gewesen wie an jenem Abend, als all die Professoren samt Ehefrauen seine Eleganz und Großzügigkeit bestaunen konnten, auch der Rektor und der Senat der Universität, die peinlicherweise *Università Benito Mussolini* hieß, waren gekommen, eine feine Sache. Sie stand da oben und ließ den Raum auf sich wirken, die Hände auf das kühle Messinggeländer gelegt, dessen Geruch ein wenig an der Haut hängen blieb. Beim Händewaschen stieg er ihr manchmal in die Nase und erinnerte sie an die Zeit, als sie noch an Kinderfingerchen geschnuppert hatte, wenn die Knaben ihr auf dem Schoß saßen, *tempi passati*. Wenn sie allein zu Hause war, was kaum je vorkam, war sie versucht, alberne Dinge zu unternehmen, wie die Kinder das Geländer hinabzurutschen oder am Piano verruchte Barlieder zu singen, obwohl sie weder singen konnte noch das Klavierspiel beherrschte (nur Manfredi hämmerte manchmal auf dem Instrument herum, das sonst verwaist neben der Kaminecke stand, eine Fehlinvestition), nachts alle Lichter in der Halle anzudrehen und auf der Fensterbank vor der Glasbausteinwand expressive Tanzschritte aufzuführen, um sich vorzustellen, wie das von außen wirkte, von den Nachbarhäusern und der Piazza di Luigi di Savoia aus; sogar aus der vorbeifahrenden Eisenbahn wäre ein Blick auf die tanzende Silhouette zu erhaschen, vielleicht würden auch die Nonnen im Kloster sie beobachten (wenn sie Nonnen begegnete, entwickelte sie reflexartig unpassende Fantasien), sie überlegte, wie sie die Lampen ausrichten müsste, damit der Schattenriss übergroß würde, so wie in einem dieser deutschen Stummfilme der Zwanzigerjahre, eine biegsame Figur, monströse fünf Meter hoch, zum Fürchten verzerrt, vielleicht sogar nackt. Dass ihr das ausgerechnet jetzt einfiel: Was hauste da in ihr, das über sie selbst hinauswachsen wollte? Die Schattenspielidee hatte sich für einen Moment über alles gelegt und ihre Kampfeslust übertüncht, aber jetzt war sie wieder voll da, und Zora wusste plötzlich haargenau, was zu tun war. Sie ging zu der Wendeltreppe, die sich am Ende des Flurs durch das Haus schraubte, und eilte die Treppenstufen hinab, zwei Stockwerke, bis in die Klinik. Sie stand vor verschlossener Tür, schon drang ihr der spezifische Klinikgeruch in die Nase, weniger Medizin als Fotolabor, sie roch das gern, genau wie Pietro, nur dass es für sie nicht die Bedeutung hatte wie für ihn: Dieser chemische Geruch war sein Leben. Für sie war es ein Teil ihres Mannes, sein Viertelgeruch. Die anderen drei Viertel: Tabakrauch, Eau de Toilette, Männerkörper, mal überwog das eine, mal das andere, meist war Tabak die vorherrschende Komponente, was ihr gefiel. Doch Pietro roch grundsätzlich verlockend, würzig und doch fein.

Der Schlüssel lag auf der Notleuchte, sie schloss auf und trat ein, marschierte am Labor und der Diagnostikkammer vorbei direkt in den Materialraum, ein fensterloses Zimmer, damit Passanten nicht auf Ideen kämen. Die Fenster der Klinik waren rundum mit Metallstäben gesichert, mit Kriegsbeginn war das nötig geworden, so viele Methamphetaminabhängige heutzutage, aber wenigstens hatte sie die Gitter mithilfe des Schmieds selbst entworfen, ein System aus ineinander verschachtelten Rechtecken und Quadraten, als ob ein Piet-Mondrian-Gemälde Pate gestanden hätte (was es auch hatte, das hatte sie nur niemandem verraten, auch nicht dem Schmied, wer kannte hier unten schon Mondrian); das sah nicht wie eine Notlösung aus, sondern wie ein gelungener Entwurf, ein rund ums Haus sich wiederholendes Ornament.

Sie schaute sich um. Metallschränke, Glasschränke, Tablare, Kassetten, alles war gefüllt mit Laken, Verbandsmaterialien, Spritzen, Kanülen, Klemmen, Scheren, Zwirnen, dunklen Flaschen mit desinfizierendem Merbromin, Blutverdünner, Aspirin, Prontosil. Zora griff nach den Flaschen im Seitenregal, darin Lipiodol, Uroselectam; sie wusste nicht, was es war, Kontrastmittel wahrscheinlich. Sie stellte sie zurück, schwer war das. Eine radiologische Klinik war für das Entwenden von Erste-Hilfe-Materialien nicht ideal, eine Chirurgie wäre geeigneter. Aber dennoch, besser als nichts. Und es ging ja auch um ihre Kräfte, nicht nur um Verbandstoffe und Aspirinschachteln. Die könnte man in einer zweiten Etappe organisieren, erst mal würde sie rekognoszieren. Wäre nur Zappacosta nicht in Haft, er wäre der ideale Gefährte für diese Unternehmung: jung, idealistisch, couragiert, unverfroren und auch rücksichtslos, wenn nötig. Und überaus maskulin. Sie brauchte einen Mann an ihrer Seite. Eine Frau allein im Automobil, das würde Aufsehen erregen, und dann noch dieses Kennzeichen: BA-11 (in Bari drehte man sich nach der niedrigen Nummer um). Oder sollte sie besser den Zug nehmen? Aber wenn sie sich schon auf den Weg machte, dann mit Hilfsgütern im Gepäck. Also doch das Auto. Was einpacken? Vor allem: Wie viel mitnehmen, ohne aufzufallen? Sie würde einfach Koffer füllen, ganz normale Reisekoffer, das mittlere Format. Und sie würde Ljubko kontaktieren; er musste ihr helfen, er stand in ihrer Schuld, zutiefst sogar. Einerseits hatte sie über seine sodomitische Veranlagung geschwiegen und ihm anderseits telegrafisch Geld überwiesen, in aller Heimlichkeit, damit er dem abgemagerten Michele, dieser vorlauten Cinzia und den anderen armen Tröpfen in ihrer Verbannung auf San Domino etwas unter die Arme greifen konnte. Wie das Geld auf die Insel käme und wozu sie es verwenden würden, hatte sie nicht gefragt. Je weniger sie wusste, desto besser. Pietro durfte das sowieso nie erfahren. Gott sei Dank war Ljubko Slowene und musste nicht in die Armee. Er war sowieso zu alt, schon vierzig. Partisan würde er bestimmt auch keiner mehr werden, er taugte nicht zum Kampf. Auch ein Intellektueller war er nicht, deswegen blieb er verschont. Im Dezember 1941 hatte das Regime Massenverhaftungen in Triest durchgeführt, die Hälfte der slowenischen Intelligenz hatten sie abgeholt. Ihn nicht. Er war kein Oppositioneller, er musste zusehen, dass er mit seiner abnormen Neigung möglichst nicht auffiel.

Rimini!, schoss es ihr durch den Kopf. Ja, Rimini war gut, ein harmloses Städtchen, an Fremde gewöhnt, viele Hotels. Ljubko sollte ihr mit dem Zug nach Rimini entgegenkommen, dachte sie. Bis dorthin würde sie es allein schaffen, sie fuhr den Wagen zwar selten, aber gern. Luftangriffe fürchtete sie nicht, an der Ostküste gab es wenig zu bombardieren, bislang hatten die Alliierten sich auf die Militärhafenstädte des Südens konzentriert, Neapel, Tarent, Palermo, ihre Flugzeuge waren von Malta aus gestartet. Die Industriestädte des Nordens würden sicherlich folgen, Genua, Mailand, Turin. Aber doch nicht Seebäder wie Rimini und auch nicht Venedig; niemand würde es wagen, Venedig zu zerstören, den *Baedeker* hatten die Alliierten auch in ihren Regalen stehen, sie vertraute auf das Kulturbewusstsein der Engländer und Franzosen, nicht auf das der Amerikaner allerdings. Natürlich wusste man nie, was geschehen würde. Aber das Risiko musste sie in Kauf nehmen. Sie blickte auf die Uhr über Röntgenraum 11. Es war halb elf. Die Mädchen kehrten frühestens in einer Stunde zurück, die Jungen um eins.

Sie raffte den Rock und rannte nach oben, in die Kammer hinter der *stanza fredda,* Koffer holen. Sie hatte Pietros Stimme noch im Ohr, wie er erst gespottet, *es ist lächerlich, du benimmst dich, als seist du Titos Braut!,* und sie dann gewarnt, ja ihr schlicht untersagt hatte, sich den Partisanen anzuschließen und in den Wäldern ihrer Heimat unterzutauchen, die sie jetzt so dringend brauchte, wie er sein letztes, durchschlagendes Argument angebracht hatte, das bei ihr wochenlang verfangen hatte, jetzt aber nicht mehr verfing: *Willst du deinen Söhnen antun, was deine Mutter dir angetan hat? Willst du sie allen Ernstes verlassen? Sie werden Neurosen entwickeln, hörst du?, schlimme Neurosen!*

Sie versuchte diese Stimme zu übertönen, indem sie laut vor sich hin monologisierte: »Das ist doch etwas anderes! Greco und Manfredi sind keine Kleinkinder mehr. Und ich verlasse sie nicht wegen eines dahergelaufenen Lumps. Ich will mein Land befreien! Das werden sie verstehen! Meine Söhne werden stolz auf ihre Mutter sein, alle drei!«

Ihr Entschluss stand fest. In der faschistischen italienischen Provinz einen Hausstand zu führen war ihr nicht genug, ganz gleich, wie illuster die Gäste waren. Sie war zu Größerem berufen. Sie würde Tito nicht enttäuschen, *stari,* wie auch sie ihn insgeheim nannte, *Alter* (obwohl er nur fünf Jahre älter war als sie). Gegen die Stimme im Ohr begann sie erst anzusummen, dann anzusingen.

»Kameradin, gehen wir auf den Berg,
wo die jungen Proletarier fallen,
Kameradin, komm mit uns in den Wald,
denn die Freiheit kommt nicht von allein.«

Dann trug sie zwei große, leere Koffer in die Klinik hinunter.

Bovec, Oktober 1943

Eine Ära von einundzwanzig Jahren, beendet in einem Sanitätsauto. Sie schüttelte verblüfft den Kopf, wie immer, wenn sie daran dachte, und schnitt weiter klebriges Nussbrot in möglichst gleich dicke Scheiben, schließlich ging es ums Teilen, *ums gerechte Teilen,* wie Pepca betont hatte. Einundzwanzig Jahre Mussolini. Einundzwanzig Jahre Slowenenzerstörung – und jetzt war er weg. Das war vor elf Wochen gewesen, ein Montag, so wie heute, wahrscheinlich dachte sie deswegen an ihn, sie merkte sich Zahlen und sie merkte sich Montage, eigentlich war ihr Leben montagsgestückelt, sie hangelte sich von einem Montag zum nächsten, *Montagskind* hatte man sie früher genannt und später *Montagsfräulein,* obwohl sie an einem Samstag geboren war. Wegen des Montags dachte sie an Mussolini. Und wegen des Krankenwagens. Normalerweise kam ihr Zora in den Sinn, wenn sie ein Sanitätsauto sah. Und Pietro natürlich. Aber Zora mehr als Pietro. Und neuerdings eben Mussolini. Der war nämlich in einem Sanitätsauto abgeführt worden, erst von König Vittorio Emanuele in die Residenz bestellt und eine Viertelstunde später ohne Titel und Aufgaben hinauskomplimentiert worden, nur mehr ein Privatmann in Schutzhaft (sie vermutete, dass Mussolini selber perplex gewesen war, als man ihn in den Krankenwagen schob, damit nichts auffiele, und er auf einmal nicht mehr der Duce war).

Aber wie schnell danach alles gegangen war! Mussolini war weg, Hitler da – wieder neue Herren im Sočatal und was für welche: schreckliche Menschen, diese Deutschen, wie manisch schossen sie aus ihren Panzerwagen, auch wenn niemand auf der Straße war, einfach so, wie zum Spaß. Ja, man kam gar nicht hinterher mit all den Veränderungen. Da hatte sie sich gerade an den Gedanken gewöhnt, dass Mussolini weg war – und schon war er wieder zurück, zwar nicht hier, aber dort. Zwischen der Schweiz und Rom lag ein neuer Staat oder so etwas Ähnliches wie ein Staat, die *Italienische Sozialrepublik,* wieder mit Mussolini als Staatschef, er residierte am Gardasee, die wurden den Kerl einfach nicht los, auch wenn er, wie die *Slovenski poročevalec* schrieb, stark abgemagert sei, wahrscheinlich todkrank, dachte Otilija Ostan. Er und seine Faschisten waren also raus aus Slowenien, was die Sache nicht besser, sondern schlechter machte, Bovec gehörte neuerdings zur deutschen *Operationszone Adriatisches Küstenland,* von der kein Mensch wusste, was das eigentlich bedeutete, sicher nichts Gutes (abgesehen davon, dass man wieder Slowenisch sprechen durfte), Deutsch war nie gut, selbst die italienischen Soldaten stoben panisch vor den Deutschen davon. In Bari, bei Zora und Pietro, waren die Faschisten wirklich weg und die Amerikaner und Engländer da, und halb Italien tat so, als ob es nie einen Faschismus gegeben habe. Seltsame Leute, diese Italiener, irgendwie charakterschwach, dachte Otilija, die ihr Haus in Srpenica zum dritten Mal verloren hatte: zerschossen von den Italienern im Herbst 1917, wieder aufgebaut; eingestürzt im Erdbeben 1935, wieder aufgebaut; vor zwei Wochen von einem Haufen verrohter Domobranzen verwüstet (diesen Verrätern; pah!, *Slowenische Heimwehr* nannten die sich – Faschisten aus Ljubljana waren das, die mit den Nazis kooperierten), die Partisanen darin vermutet und es aus Wut angezündet hatten, an Wiederaufbau war nicht mehr zu denken (sie war es leid). Dieses Mal hatte sie in Bovec unterschlüpfen dürfen, bei Pepca und Boris, in deren kleiner Wohnung mitten im Dorf, schließlich war sie eine Ostan, so wie Boris, eine Cousine dritten Grades (oder auch vierten). Sie schlief in der Nähkammer, und wenn sie nachts im Bett lag, wirkten die Silhouetten der Fadenspulen wie Miniaturtürme, und sie stellte sich all die Türme vor, die sie noch nicht gesehen hatte, den Schiefen Turm von Pisa, das Berner Münster (Davides Postkarte war in Srpenica verbrannt), den dicken Wachturm in Dubrovnik und natürlich den Eiffelturm. Lieber wäre sie wieder in Bari bei Zora untergekommen, das wäre sicherer und komfortabler, obwohl in Apulien Hungersnot herrschte, Kinder mit aufgeblähten Bäuchen überall, die aus klammen Kellerwohnungen krochen, so hatte man es ihr erzählt. Aber sie wollte nicht klagen, als alleinstehendes Fräulein musste sie dankbar sein, wenn sie überhaupt jemand aufnahm. Sie wusste, wie man sie sah: die wunderliche Otilija, die in fremden Häusern saß.

Also, dieser Sanitätswagen, der vorhin durchs Dorf geknattert war, dachte sie, schichtete die Nussbrotscheiben sorgfältig aufeinander und wischte die letzten Krümel zusammen, um sie später den Spatzen zu geben, die schon auf der Fensterbank warteten, der war ja übervoll gewesen.

Drei gelackte deutsche Offiziere vorne und ein Dutzend schmutzige Männer auf der Ladefläche; Verletzte versorgten die nicht, es sah eher nach Truppentransport aus. Die Deutschen holten alle Männer, die sie kriegen konnten: Slowenen, die sich durch die Italianisierung längst in Italiener hätten verwandeln haben sollen, was sie aber nicht hatten, so einfach ging das auch wieder nicht, aber das schien die Deutschen nicht anzufechten, Hauptsache Männer, von denen es allerdings kaum mehr welche im kampffähigen Alter in den Dörfern gab, weder in Bovec oben noch bei ihr in Srpenica unten, die Dörfer waren sowieso verwaist. Spätestens seit die Hitleristen angefangen hatten, die Slowenen zu erpressen *(Wehrmacht oder Arbeitslager?!)*, waren die Männer wie von Zauberhand verschwunden, allesamt irgendwo im Wald, bei Titos *Volksbefreiungsarmee.* Außer Boris, der war Gemeindeschreiber, der konnte nicht weg. Und natürlich Isidor, der machte mit den Deutschen Geschäfte. Isidor war auch ein Cousin. Er hatte das Transportunternehmen der Ostans übernommen, nachdem der alte Cesaro in Gottes Hände heimgekehrt war und weder Zora noch ihre vier Brüder in den Betrieb des Vaters hatten einsteigen wollen. Als Lastwagenbesitzer ließen sich hervorragend Geschäfte mit dem Feind machen, Isidor war ein Gewitzter.

»Pepca!«, rief Boris.

»Pepca, Pepca, Pepca!«, riefen Kinder vor dem Fenster.

»Pepca, Pepca«, äffte Otilija sie nach.

Immerzu schrien alle nach Pepca. Pepca Ostan war bestimmt die beliebteste Frau im Dorf. Pepca war aber nicht hier, nur sie war hier, Otilija. Sie blickte aus dem Fenster und sah Boris mit einem Haufen Kinder im Garten stehen, sie trugen Körbe voller Birnen. Der Kleine von Jelica saß auf seinen Schultern und strahlte, bedauernswertes Würmchen, gerade mal drei Jahre alt, der Knirps. Seine Mutter hatte sich dem *Bachern Bataillon* angeschlossen; wie hatte Jelica das nur tun können, das Kind bei der Großmutter lassen und als Partisanin in den Kampf ziehen, bis nach Maribor hinüber, und das, nachdem 1941 schon der Vater hingerichtet worden war, ein TIGR-Kämpfer – vielleicht gerade deshalb, vielleicht war das ihre Rache. Jelica kam nie mehr nach Hause, im Winter war sie von der Wehrmacht erschossen worden, wie das gesamte *Pohorski bataljon,* eine Heldin, aber tot. Oh du lieber Herrjesus, sie durfte nicht an den Tod denken. Gedanken an den Tod machten Otilija ganz bang, da war nur Schwärze und das große Nichts und Gottes schützende Hand (vielleicht). Schnell öffnete sie das Fenster und winkte den Kindern zu, sie sollten die Körbe hineinreichen: »Pepca kocht Kompott für euch.« Fünf Wörter, genug für heute Nachmittag.

Pepca hatte Otilija angewiesen, nicht zu sprechen, wenn die Deutschen kämen. Sie machten regelmäßig Razzien, auch nachts, erst hörte man die Wagen, nicht nur einen oder zwei, ganze Trosse, dann Stimmen, auf dem Kies knirschende Schritte, die Soldaten hämmerten an die Tür, blafften zwei, drei Sätze, durchsuchten mit ihren Taschenlampen die Zimmer nach versteckten Partisanen, auch unter das Bett leuchteten diese Grobiane, was Otilija mehr verstörte als der Kommandoton, sie blieb zitternd in ihrem schmalen Bett hocken, zog Betttuch und Decke bis unter die Nase und sagte nichts. Otilija sprach sowieso kaum, aber dass Pepca ihr den Mund verbot, war allerhand, immerhin war sie zehn Jahre älter als Pepca, schon dreiundfünfzig. Andrerseits war Pepca äußerst liebenswürdig, also nahm Otilija ihr das Verbot nicht ernstlich übel, es würde schon seinen Grund haben, dass sie nicht mit den Hitleristen reden sollte. Sie wusste ja, dass manchmal unpassende Wörter aus ihrem Mund purzelten, meist slowenische, manchmal italienische, sie konnte die einfach nicht stoppen, einzelne Buchstaben flogen ihr zu und ordneten sich in ihrem Kopf zu Wörtern, die dann eben rauspurzelten, sie sah, wie die bunten Buchstabenreihen durch die Luft wirbelten, wie von einem Jahrmarktjongleur hochgeworfen, das war schon als Kind so gewesen. Otilija wusste, dass das nicht normal war, aber bis auf diese kleine Eigenheit fand sie sich höchst normal, mal abgesehen davon, dass sie ein Fräulein geblieben war, was sie allerdings als einzig richtige Möglichkeit empfand, sie war als Fräulein geboren und sie würde als Fräulein sterben (oder beinahe: das eine Erlebnis versuchte sie zu vergessen, was nicht immer gelang), auch wenn sie schreckliche Angst vor dem Sterben hatte. In Srpenica hatte ihr letzten Herbst eine bösartige Nachbarin an den Kopf geworfen, sie sei zu beneiden, weil sie keine Todesangst kennen könne: Da sie alleinstehend sei, gebe es niemanden, der sie vermissen würde, also könne sie seelenruhig im Kugelhagel sterben. Vielleicht hatte sie es nicht genau so gesagt, aber so ähnlich. Eine Frechheit war das gewesen, als ob nur Mütter und Ehefrauen das Recht auf Todesangst hätten, weil sie Kinder und Männer und weiß Gott wen hinterließen. Die Nachbarin war bald darauf von den Italienern geholt und abtransportiert worden, ins Konzentrationslager Gonars, samt ihren drei Töchtern, weil der Mann Partisan war; wahrscheinlich waren die jetzt alle tot (oder untergetaucht, nach der Kapitulation waren sämtliche Gefangene aus dem Lager geflohen und die Wächter noch dazu; Tausende Flüchtlinge unterwegs). Das tat Otilija dann doch leid, die Kinder konnten ja nichts für die Gehässigkeit ihrer Mutter. Neulich hatte sie geträumt, die vier lägen nebeneinander am Straßenrand, Mutter und Töchter, jede mit der Kugel, die man ihr in den Kopf geschossen hatte, in den Händen, Eisenkugeln, so groß wie Billardkugeln; das war ein eigentümlicher Traum gewesen. Es hieß, die Deutschen würden die Erschossenen ordentlich aufeinanderstapeln, wie Holzscheite, so akribisch seien die. Sie schienen richtig Lust am Töten zu haben, stachen ihren Feinden die Augen mit Feuerhaken aus und verhöhnten die Partisanen: *Du Schwein, kannst du die Freiheit jetzt sehen?* Sie köpften sie mit Äxten, johlten und lachten dabei, an den gefassten Freiheitskämpferinnen vergingen sie sich; man konnte kaum noch schlafen wegen all der Gerüchte.

Otilija litt nicht nur unter Todesangst. Sie litt auch unter Männerangst. Männer waren ihr nicht geheuer, nicht nur Soldaten, Männer überhaupt. Ihre lauten Stimmen waren ihr unheimlich, der scharfe Geruch, diese Haare überall, die Wut, die in ihnen schlummerte und jederzeit ausbrechen konnte, die Vehemenz, mit der sie andere zurechtwiesen und anherrschten und schlugen, all dies; vor allem aber fürchtete sie sich vor ihrem Geschlecht, das so töricht an ihnen baumelte, bis es sich in eine Waffe verwandelte, die außer Kontrolle geriet (so wie damals). Und dann diese Krankheiten! Was man sich alles einfangen konnte, Gonorrhö und Syphilis und blutsaugende Läuse und andere Molesten; sie hatte von den Bordellen gehört, die reinsten Seuchenbrutstätten, in Triest gab es unzählige Lusthäuser (allein der Begriff machte sie schaudern), die hatten die Deutschen als Erstes für ihre Offiziere übernommen, gegen die Krankheiten nützten aber auch die verbliebenen italienischen Ärzte nichts, die *Quecksilberbichloridwaschungen* und *Kalomelpuderungen* der Genitalien anordneten (ihr schauderte schon wieder). Auch davon hatte Ljubko ihr erzählt, wie von so vielem, Ljubko war ihre Quelle zur Weltkenntnis. Sie wusste mehr, als die anderen dachten, nur weil sie kaum sprach, hieß das nicht, dass sie nicht zuhörte, ganz im Gegenteil, sie las, spitzte die Ohren, merkte sich alles, Wörter wie Quecksilberbichlorid etwa, machte sich ihre eigenen Gedanken – und fror. An guten Tagen fröstelte sie, an den anderen (den meisten) fror sie. Dass ihr stets kalt war, war vielleicht ihr größtes Problem, nebst der Todesangst. In letzter Zeit allerdings wurde sie durch Hitze verwöhnt, zehn, zwanzig Mal am Tag erglühte sie für herrliche fünf Minuten. Noch nie hatte sie sich so erfüllt gefühlt wie während dieser elektrisierenden Wärmeschübe, die durch ihren Körper wogten. Sie saß dann da, bebte innerlich, schloss die Augen und fühlte, wie ihr warmes Blut durch die Adern strömte, spürte Schweißtropfen auf ihrer Haut, überall, im Nacken, zwischen den Brüsten, sie fühlte sich wohlig und vital und ach! Dass auf jede Hitze ein Frösteln folgte, das in ein anhaltendes Frieren überging, trübte die geheime Freude, es blieb ihr nichts, als zum Trost einen Drops zu lutschen, das Wolltuch enger um sich zu schlagen und auf die nächste Hitzewelle zu warten.

Sie verbrachte gern Zeit mit Ljubko und freute sich immer, wenn er zu Besuch kam, vor Ljubko hatte sie keine Angst. Dass er verschwunden war, bereitete ihr Sorgen. In Triest hatte er halbwegs unbehelligt gelebt, der Name Ostan war friulanisch und somit für die Faschisten irgendwie italienisch. Die Ostans stammten ursprünglich aus Cordenons im Friaul, vier Brüder, die sich vor hundert Jahren im westlichsten Zipfel Österreich-Ungarns niedergelassen hatten. Der Spitzname *Lupo* war an Ljubko hängen geblieben, was gut war, er machte ihn unauffälliger. Aber jetzt, wo schon die italienischen Soldaten vor den Deutschen flohen, war auch das kein Schutz mehr. Otilija hatte gehört, dass italienische Soldaten sich sogar den Partisanen anschlössen, um nicht an der Seite der Deutschen kämpfen zu müssen; waren die nun besonders feige oder besonders mutig? Wenn sie bloß wüsste, wo Ljubko war, vielleicht doch im Karst oben? Jahrelang hatte er gleich in zwei Unterwelten gelebt: unter Männern, die keine richtigen Männer waren (sie konnte sich die Gepflogenheiten dieses Herrenbundes beim besten Willen nicht vorstellen), und im Paralleluniversum der Slowenen in Triest, mit geheimen Treffen, geheimen Lesungen, geheimen Liederabenden, ein steter Widerstand gegen den Unterdrückungsfuror der Italiener, die alles Slowenische verboten hatten (Ljubko lebte ein Leben voller Geheimnisse). Die Italiener hatten Bücher auf Scheiterhaufen verbrannt, Theater mit Benzin vollgepumpt und angezündet, johlend Büsten zerschlagen; sogar Kinder wurden verraten, wenn sie Slowenisch plapperten, in den Schulen wurden sie bestraft und gezüchtigt, mit Schildern markiert wie Verbrecher, den Mädchen wurden die Zöpfe von ihren Lehrerinnen abgeschnitten, Lehrer bespuckten sie. Seit zwanzig Jahren ging das so; eine ganze Generation, genötigt, Wörter zu verschlucken, um an ihnen zu ersticken.

Otilija wusch die Birnen, rieb sie trocken und legte sie auf den Küchentisch. Pepca sollte bald nach Hause kommen, sie war bei Ana drüben, am Dorfausgang, Honig gegen Nüsse tauschen. Viele im Dorf buken, um die Partisanen der Slowenischen Befreiungsfront, der *Osvobodilna Fronta* (oder OF, wie jeder sagte), zu versorgen. Ana tat es, Pepca tat es, Otilija half. Nachts traf man sich im Wald zur Übergabe, auch Boris übernahm solche Botengänge, Pepca kam jedes Mal fast um vor Angst. Ob Ljubko auch im Wald war? Ach, ihr lieber *Lupo*, der sich nie lustig über sie machte; sie erinnerte sich gut, wie Zoras Ältester Davide den Namen *Lupo* erfunden hatte, an Davides Lispeln, das später verflog (ein Glück). Auch vor Davide würde sie sich nie ängstigen, das wusste sie, Davide war jetzt neunzehn und in den Schweizer Bergen in einem Internat versorgt, er harrte dort aus, bis der Krieg zu Ende war, also hoffentlich bald, das konnte ja nicht ewig so weitergehen (seit den Partisanen die italienischen Waffen und tonnenweise Munition zugefallen waren, bestand Hoffnung, zudem hörte man, Russland entwickle sich zum Debakel für die Deutschen). Ljubko und Davide waren anders, Sonderlinge, so wie sie. Auch Boris war ein wenig anders als andere Männer, stiller, aufrechter, zurückhaltender. Das lag sicher daran, dass er ein Kuckuckskind war, von klein auf fremd. Bei Ljubko war die Sache offensichtlich, Otilija musste immer kichern, wenn sie an den Moment in Bari dachte, als Angelo Zappacosta den Speiseraum betreten hatte, der ganze Raum war erstarrt, aber Ljubkos Gesichtsausdruck hatte alles übertroffen, sogar Zoras Erschütterung, und sie musste zugeben, auch auf sie war an jenem denkwürdigen Abend, der bis weit nach Mitternacht gedauert hatte, der Funke übergesprungen; die vulgäre Schauspielerin hatte französische Chansons gesungen (mittelprächtig) und sogar Zora hatte vergnügt mitgeklatscht, obschon nicht Königin der Nacht, aber Zappacostas raubtierhafte Arroganz hatte sie anscheinend wie Ljubko betört, nur Pietro hatte wortkarg dagesessen und war irgendwann in die Klinik verschwunden. Kichern musste Otilija, weil Zora ihren Bruder nicht durchschaut hatte (obwohl sie immer so weltgewandt tat, von wegen Wien und so), im Gegensatz zu ihr selbst, was zeigte, dass sie klüger war oder auf jeden Fall nicht dümmer, nur eben stiller und anders. Davide war auch anders, der war aus zarterem Holz geschnitzt als seine jüngeren Brüder. Niemand nahm ihn richtig wahr, er wurde einfach nicht gesehen, vor allem nicht von seiner Mutter. Dabei war er liebreizend, weder lustig und scharfzüngig wie Greco noch herzlich wie Manfredi, dafür bedacht und tief, ja, das war es, was sie miteinander verband: Sie trafen sich in der Tiefe, der Dunkelheit, zwei einsame Schattenwesen, die sich nach Sonnenlicht sehnten, es aber nicht einzufangen verstanden und sich gegenseitig ein wenig Wärme spendierten, ein Keks hier, ein verständiger Blick da. Davide und Ljubko vertrauten ihr (*teta Otilija* nannten sie sie, Tante Otilija). Ljubko hatte ihr sogar von Michele erzählt, erst umständlich und verstockt, dann offener, unter dem Siegel der Verschwiegenheit. Sie wusste nun, dass Zora wusste, aber nicht wusste, dass sie wusste; sie riss sich zusammen, keine Michelewörter herauspurzeln zu lassen. Sogar eine Fotografie seines Freundes hatte Ljubko ihr gezeigt, ein hübscher Bengel mit Augen wie eine ägyptische Prinzessin, arg mager, doch mager waren momentan viele, deswegen fiel sie selbst nicht mehr auf, kaum noch spitze Bemerkungen, die sie ertragen musste, wenigstens etwas. Michele hatte San Domino zwei Tage nach der Kapitulation verlassen, er und die anderen Verbannten waren einfach aufs Festland gerudert, sie hatten nicht einmal befreit werden müssen, die Aufseher waren vor ihnen verschwunden, aus Angst vor den Alliierten. Wo Michele sich aufhielt, wusste sie nicht, keinesfalls in Genua bei seiner Mutter, wahrscheinlich irgendwo auf dem Land bei Bauern, vielleicht war Ljubko ja bei ihm; halb Italien war unterwegs, im Umbruch, auf der Flucht, unübersichtliche Tage, die einen fürchteten Hitlers Rache, seine Raserei, seine Panzer, nachdem er sich von den Italienern verraten fühlte, die anderen die Alliierten. Was man für Geschichten über die Soldateska vernahm!, vor allem, wo es jetzt zwei Italien gab, eines im Süden und eines im Norden, die einen rannten in den Norden, die anderen rannten in den Süden, alle versuchten ihre Kleider zu tauschen, faschistische Uniformen loszuwerden, Zivilkleidung zu ergattern, dann die geflohenen afrikanischen Kriegsgefangenen, sogar in Norditalien tauchten die auf, man hörte Sachen … Auch Nino war plötzlich kein Faschist mehr, sondern arbeitete in Salerno für die Engländer; ein solches Durcheinander überall, wie sollte man sich noch auf jemanden verlassen können, wenn alle ihre Gesinnung wie Handschuhe wechselten? Nino allerdings hatte überhaupt keine Gesinnung gehabt, nicht einmal eine faschistische, dachte Otilija, die Zoras jüngsten Bruder nie hatte leiden können, in ihren Augen der Inbegriff des richtigen Mannes, einer, vor dem sie Angst haben könnte.

Wer die Gesinnung nie wechselte, war Zora. Sie blieb auf dem von ihr gewählten Pfad, der nur noch mehr an Klarheit gewann. Otilija holte die Nussschale vom Regal und dachte über Zora nach. Wahrscheinlich dachten sämtliche Ostans andauernd über Zora nach, sie überragte sie alle. Dass sie Marschall Tito persönlich kannte, war aufregend, typisch, dass ausgerechnet sie es war, die ihn kennengelernt hatte. Wo, ließ sie allerdings im Dunkeln. Manchmal vermutete Otilija, dass die Begegnung nur Zoras Fantasie entsprungen war, auch wenn das halbe Sočatal Details zu kennen schien, doch das sagte vor allem etwas über die Bewohner aus. Wann und wo hätte es denn passiert sein sollen?

Otilija zerhackte mit dem Fleischermesser die letzten Walnüsse, die Kümmerlinge, die zuunterst in der Schale gelegen hatten, sie mochte Kümmerlinge, aber trotzdem gut, wenn Pepca bald Nachschub brachte. Boris und sie hatten keinen Nussbaum, dafür jede Menge Gemüse im Garten. Auf dem Land lebte man besser als in Triest oder Görz, das neuerdings abgeriegelt war, keiner kam mehr hinein oder heraus, es hieß, dort würden nachts Gefangene aus den italienischen Lagern auf Güterzüge verladen, die dann nach Deutschland führen, in andere Lager, sie hatte sich die Namen nicht gemerkt. In letzter Zeit tauchten regelmäßig verzweifelte Städter in Bovec auf, mit ihren Goldmünzen, Silberbechern und Seidenstoffen im Gepäck, die sie gegen Lebensmittel tauschen wollten, die Teuerung war enorm, nicht so schlimm wie in Dalmatien unten, da seien es zweitausend Prozent; zweitausend Prozent! – das konnte sie sich nur schlecht vorstellen. Schlagartig hatte sich das gewohnte Verhältnis umgedreht: Die Landbevölkerung besaß Lebensnotwendiges, Städter mutierten zu Bittstellern, die an fremde Türen klopfen mussten, einige Dörfler kamen sogar zu Reichtum, wie Isidor mit seinem Transportmonopol.

Die Nüsse waren fein zerhackt, Otilija fuhr mit allen fünf Fingern über die Klinge des wuchtigen Messers, das sie so gern mochte, weil es Stärke verhieß. Ihre Hände waren längst nicht so zart, wie man angesichts ihres fragilen Körpers denken könnte, sie hatte kräftige, dennoch hübsche Finger, an denen jeden Tag ein anderer Ring steckte, montags gar zwei (und heimlich auch mal drei oder vier, vor allem nachts); selbstverständlich nicht am Ringfinger, sie wollte keinesfalls für eine Ehefrau gehalten werden. Sie hatte sich in ihrem luxuriösen Notunterkunftsjahr in Bari ein kleines Depot zugelegt, klammheimlich war sie manchmal in die Via Sparano spaziert, um die Schaufensterauslagen der Juweliere zu studieren, besonders die mit den bunten Steinen gefielen ihr, und später hatte sie Zora begleitet, wenn diese Schmuck kaufen ging; Zora war großzügig und pflegte Otilijas exzentrische Ader; so war aus ihr ein alterndes Fräulein mit einem Hang zu schweren Ringen geworden.

Zora gab ihr manches Rätsel auf, am rätselhaftesten aber blieben – nebst der ominösen Begegnung mit Tito – diese acht Tage im April letzten Jahres, als sie verschwunden war. Helle Aufregung hatte in der Familie geherrscht, es wurde hin und her gekabelt und telefoniert. Dass die beiden Rätsel zusammenhingen, war unmöglich, Titos Truppen bekämpften damals sowohl serbische Tschetniks als auch Italiener, und zwar in Bosnien, also weit weg, da konnte Zora kaum gewesen sein. Wo aber denn? Was allgemein bekannt war: Sie hatte es an jenem Tag, als sie Partisanin werden wollte, bis nach Foggia geschafft. Am Stadtrand von Foggia wurde sie von einem Gynäkologen aufgehalten, der ihr vors Automobil sprang, kein Lebensmüder, sondern ein von Pietro beauftragter Kollege, der sich mit dieser Aktion ein für alle Mal zu Zoras Todfeind gemacht hatte, abscheulicher Wicht, ihr so hinterhältig aufzulauern. *Odvraten palček* hatte sie ihn in einem Brief an Pepca genannt. Der Wicht hatte sie überredet, nach Bari zurückzukehren, der Kinder wegen und so weiter, er hatte an ihre mütterlichen Gefühle appelliert. Ein Neffe des Wichts begleitete sie, Zora fuhr nun also mit irgendeinem *Hanswurst* neben sich, *Gian Salsiccia,* wie sie ihn nannte, bevor sie ihn bestach (oder ihm drohte, das wurde nicht recht klar), das Automobil nach Bari zurückzuchauffieren, aber ohne sie. Otilija malte sich gerne aus, wie es danach weitergegangen war, wie Zora mit ihren Koffern da saß, die Handtasche auf dem Schoß, und überlegte, was sie tun sollte; die verhinderte Partisanin. Otilija hatte Bilder von Foggia gesehen, diese Art von Vorher-Nachher-Aufnahmen, die in den Zeitungen in letzter Zeit häufig gezeigt wurden, so wie im Fall von Turin, ein deprimierender Anblick. Auch Foggia war völlig zerstört worden, allein an einem einzigen Tag im August waren zehntausend Menschen bei Luftangriffen getötet worden, keine zwei Monate war das her. Im April 1942 war die Stadt aber noch intakt, der Bahnhof in Betrieb gewesen. Wartete Zora im Bahnhofsrestaurant auf den nächsten Zug nach Norden? *Aber nein,* schrieb sie, *dann hätten sie mich ja wieder abgefangen. Pietro kennt in jeder Stadt irgendeinen palček.* Wo war sie mit ihren Koffern voller Medikamente und Instrumente geblieben? Die Sachen seien in Triest in die richtigen Hände gelangt und der Kaffee schmecke in Triest übrigens besser als in Bari, der Fisch dafür schlechter, und sie habe im Teatro Verdi sowohl den *Rigoletto* als auch *Carmen* gesehen. Den *Rigoletto*! *Carmen!* In Triest! Otilija hatte alle aufgeregt ausgefragt. Ljubko, der sonst alles wusste, wusste nichts. Außer dass in jener Woche sowohl der *Rigoletto* als auch *Carmen* gezeigt worden waren. Zora habe sich bei ihm nicht gemeldet, behauptete er, er habe sie nicht getroffen, nein, auch nicht zufällig bei einem Spaziergang an der Mole. Weil keiner Otilija erzählen wollte, was wirklich geschehen war, und sie den Brief immer nur in Auszügen vorgelesen bekam, reimte sie sich die Dinge selber zusammen, aus den Fragmenten, die Pepca, Boris und Ljubko herausgepurzelt waren (auch denen passierte das, nur merkten sie es nicht, und bunt waren ihre Wörter bestimmt nicht). Es gab mehrere Möglichkeiten mit vielen Untermöglichkeiten und es wurden immer mehr, je schärfer sie das alles durchdachte, ihr Verstand arbeitete nämlich scharf. Wenn sie die Obermöglichkeiten bedachte, landete sie bei vieren.

Erstens (Otilija sagte gerne laut *erstens*): Erstens war Zora im Automobil nach Triest gelangt, mit einem Fahrer, den sie in Foggia hatte auftreiben müssen, wahrscheinlich ein Kommunist. Sie zog in ein Hotel, traf einen slowenischen Mittelsmann, der sie in ein geheimes Partisanenkrankenhaus im Wald bringen sollte, was er verweigerte, die Medikamentenkoffer nahm er allerdings dankend an. Zora scheiterte bei dem Versuch, ihm in den Wald zu folgen, ging verärgert in die Oper und kehrte später mit dem Zug nach Bari zurück. Sie traf niemanden, und niemand hatte gelogen.

Zweitens: Zora war im Automobil nach Triest gelangt, mit einem Fahrer, den sie in Foggia hatte auftreiben müssen, wahrscheinlich ein Kommunist. Sie hatte vorab heimlich Ljubko Bescheid gegeben, der den Inhalt der beiden Koffer einem slowenischen Mittelsmann übergab, seine Schwester in die Oper und in Restaurants ausführte, um sie von anderem abzuhalten, und sie Tage später in den Zug nach Bari setzte. In diesem Fall wäre Otilija von allen belogen worden.

Drittens, die verwegenste Möglichkeit: Zora war im Zug nach Bari zurückgekehrt, ließ sich direkt zum Hafen bringen und nahm das Schiff nach Dubrovnik, wo sie sich mit einem Fahrer auf den Weg in die bosnischen Berge machte, um Tito zu treffen. Spätestens bei den Worten *bosnische Berge* stieß Otilija an die Grenzen ihrer Fantasie und verwarf die Geschichte wieder.

Viertens – das war die schlauste, ja keckste Annahme, auf die außer ihr keiner gekommen war: Zora war überhaupt nicht in Triest gewesen! Sie blieb in Foggia in einem Hotel, warf die Medikamente weg oder verteilte sie, grämte sich und kehrte eine Woche später nach Bari zurück. Sie hätte alle belogen.

Ach, es gab immer so viel zu denken. Otilija blickte

aus dem Fenster, keine Kinder mehr draußen, kein Boris mehr, nur noch der Garten, blühende Astern und Chrysanthemen, leuchtend in der Dämmerung, dahinter die Wälder des Rombon, von steilen Felswänden durchbrochen. Es dunkelte schnell ein, sie fror, schob zwei Holzscheite in den Herd und drückte ihre kalten Wangen an die glatten, warmen Kacheln, erst die linke, dann die rechte, auch die Hände wärmte sie (sie trug zwei Ringe, weil Montag war). Ihr graute vor dem Winter. Pepca würde bestimmt bald kommen und kochen, sie deckte schon einmal für drei den Tisch. Boris war beim Brennholzstapel, sie hatte seinen langen Schatten gesehen, er war sicher der längste Mann im Tal.

Plötzlich Schritte auf dem Kies vor der Tür, jemand rannte weg, Schreie im Dorf unten. Otilija eilte durch den kleinen Wohnraum zu ihrem Zimmer und versuchte durchs Fenster einen Blick auf das Geschehen zu erhaschen, die Schreie kamen vom Platz unten, aber es war schon zu dunkel, sie sah nur Umrisse, Menschen, die dort hinliefen, es wurden immer mehr. Es war Pepcas Stimme, die nicht aufhörte zu schreien. Pepca, diese ruhige Person, die nie weinte, nie jammerte und ganz sicher nie schrie. Otilija öffnete das Fenster und dann hörte sie die Sätze, die Pepca in den Abendhimmel hinausbrüllte:

»Sie sind in Strmec! Sie haben die Männer in die Kirche gesperrt und die Türen zugenagelt! Dann haben sie die Kirche angezündet! Stellt euch vor, sie haben sie angezündet! Die Frauen und die Kinder haben sie mitgenommen! Die kommen alle ins Lager nach Deutschland! Und die Männer verbrennen. Sie verbrennen!«

Otilija schloss zitternd das Fenster und legte sich in ihren Kleidern aufs Bett, die Schuhe streifte sie ab, sie fielen klackend zu Boden. Sie blickte zum Fenster, davor die schwarzen Fadenspulentürme, die sie in echt nie sehen würde (weder den Eiffelturm noch das Berner Münster). Sie drehte sich zur Seite, winkelte die Beine an und starrte auf die Wand. Sie zitterte so sehr, dass das Tapetenmuster zu tanzen begann. Sie fing an zu weinen, sie weinte ganz leise.

Bari, Juni 1944

Der Marschall kommt.«
»Der Marschall kommt.«
»Der Marschall kommt!«

Das Haus selbst schien es zu flüstern und zu wispern, Zora und Josipina waren in heller Aufregung. Pietro hoffte, sie nicht zu enttäuschen, es konnte durchaus sein, dass der hohe Besuch nicht erschien, Planänderung in letzter Minute, ein Notfall, verfrühter Abflug, die Engländer, irgendetwas. Zora war so nervös, dass sie sich allen Ernstes mit Josipina beratschlagte, welches Teegeschirr man benutzen solle. Zu grob durfte es nicht sein, das wäre unhöflich, da zu bäuerisch, zu fein durfte es auch nicht sein, das wäre dekadent. *Nicht das Deutsche, wegen der Deutschen!,* hatte Josipina eingeworfen und Zora hatte geantwortet: *Nein, das Fürstenberg auf keinen Fall.* Pietro hatte die Diskussion mitbekommen, die schier endlos war: Womöglich sei Tee grundsätzlich zu dekadent, vielleicht trinke der Marschall nachmittags Kaffee, er sei ja kein Italiener, sondern Kroate und seine Mutter Slowenin, also irgendwie Österreicherin, daher könne es sein, dass er den Kaffee als Wiener Melange liebe oder gar als Einspänner? Und was, wenn es ihn nach Spirituosen gelüstete? In diesem Punkt konnte Pietro die beiden Frauen beruhigen, er hatte genügend Alkoholika im

Haus, auch stärkere, viele von Patienten, arme Bauern bezahlten gern mit Grappa oder Likören, solchen aus Mandeln oder Orangen oder Artischocken, und seit die Engländer in Apulien gelandet waren, erhielt man erstklassigen Whisky auf dem Schwarzmarkt, Josipina hatte neulich eine Flasche mitgebracht, gewitztes Geschöpf.

Anas älteste Tochter von Bovec nach Bari zu holen war eine formidable Idee gewesen, Josipina ein Glücksgriff. Das Mädchen war pfiffig und selbstbewusst, zeigte wenig Scheu vor Zora und konnte zupacken, auch in der Klinik unten. Sie war blond und hochgewachsen wie ihre Mutter, *hast du gesehen, sie hat Anas gerade Beine!* – was Pietro nicht bemerkt hätte, wenn Zora ihn nicht drauf hingewiesen hätte, als Josipina aus dem Zug gestiegen war, was er jetzt allerdings mit Wohlgefallen wahrnahm, Josipina war eine Freude auch fürs Auge. Und sie sprach gut Serbokroatisch, ihr Vater war Kroate. Nur deswegen hatten sie an die Vierundzwanzigjährige gedacht, als im Februar dieser nächste Wahnsinn losgegangen war, aber wenigstens musste man keine Angst vor Bombenangriffen mehr haben, das war vorbei, zumal die Alliierten vor ein paar Stunden Rom eingenommen hatten, im Radio berichteten sie laufend. Das Haus an der Via Dieta war zu einer Art Umschlagplatz für Flüchtlinge geworden, einem Kurzzeitlazarett für Dalmatiner. Man hatte den kleinen Salon und die *stanza blu* leer geräumt und Feldbetten aufgeklappt, der Billardtisch stand jetzt im großen Salon, ebenso der Esstisch. Überall roch es nach ungewaschenen Menschen, nach *Mercurochrom* und *Creolina,* zudem litten die meisten Patienten an Diarrhö, der Geruch zog bis in die Schlafräume hoch. Schwerverletzte Partisanen waren kaum darunter, die wurden in den geheimen Waldkrankenhäusern Dalmatiens versorgt. Hierher kamen Zivilisten, die von der rechten Ustascha oder den Deutschen ermordet worden wären, wären sie ihnen in die Finger geraten, sie waren auf die von Partisanen kontrollierte Insel Vis geflohen und von dort aus mithilfe der Briten nach Bari verschifft worden, Zehntausende Menschen unterwegs, vor allem Alte, Frauen und Kinder. Die meisten wurden nach Ägypten gebracht, in Zeltlager am Suezkanal, die man extra für sie errichtet hatte, andere ins syrische Aleppo, dort waren sie in Sicherheit, die Briten bauten die Lager auf. Pietro arbeitete mit den englischen Armeekrankenstationen zusammen, die aber nur die mobilen, kleinen Röntgenapparate besaßen, bei ihm hingegen war alles auf dem neuesten Stand, wobei man sagen musste, dass während des Krieges nicht viel an technischen Neuerungen passiert war (allerdings Ungeheuerlichkeiten wie diese: Oskar Blank, munkelte man, habe monatelang im Konzentrationslager Auschwitz die Röntgenkastration an Häftlingen getestet und die Methode verfeinert. Aber jetzt war Blank verschollen, irgendwo in Russland, wahrscheinlich tot). Eigentlich hätte Pietro nur röntgen sollen, aber es waren schlicht zu viele Flüchtlinge in der Stadt, die auf die Verschiffung warteten, also hatten Zora und er das Haus geöffnet. Die Flüchtlinge liebten Josipina, vor allem die Männer. Und alle verehrten Zora, obwohl sie sie ein wenig fürchteten. Doch Zora strahlte – wie immer in Extremsituationen – zwei Dinge aus, die einander ergänzten: Führungsqualität und Beschützertum, also Klarheit und Geborgenheit. Man musste sich ihr bloß anvertrauen, dann wurde alles gut. Nur zu viel fragen sollte man nicht, Fragen kosteten Zeit, und am Schluss wurden die Dinge sowieso so gemacht, wie sie es wollte. Fragen waren reiner Zeitverlust. Deshalb waren diese Diskussionen, die Zora und Josipina gerade führten, etwas verwunderlich. Pietro hörte, wie die beiden über den Billardtisch sprachen, den man abdecken könnte, auch hier tauchte wieder das Dekadenzthema auf, unglaublich, worüber die sich den Kopf zerbrachen! Viel entscheidender war doch: Sollten sie die zwei Krankenzimmer für die Stunden (oder Minuten), die Tito hier war, vom Rest des Hauses abtrennen? Wenn die Patienten mitbekämen, wer zu Gast war … alles könnte aus dem Ruder laufen. Man musste ihn diskret an all den Kroaten vorbeischleusen, dachte Pietro, um ihn vor deren Begeisterung zu schützen, *das* war das Thema, das jetzt besprochen werden musste, nicht der Billardtisch. Vlatko Velebit hatte gar nicht konkret gesagt, was der Marschall eigentlich wollte, vielleicht nur untersucht werden? Womöglich war er verletzt (er war den deutschen Fallschirmjägern knapp entkommen, fast wäre die Höhle von Drvar, wo er sich tagelang verschanzt hatte, sein Grab geworden), dann würde er sowieso in der Klinik unten bleiben, und die Geschirrfrage hätte sich erübrigt, wobei Pietro das Zora nicht antun wollte. Tito war ein Held, seit seiner spektakulären Flucht aus der bosnischen Höhle mehr denn je, und Zora wollte den Helden sehen (sie hatte die Gerüchte, die über ihr angebliches Treffen mit Tito kursierten, nie zerstreut).

Hinter der Säule hörte man ein Flüstern: »Josef Stalin. Joseph Goebbels. Josip Tito. Josef von Nazaret. Zu viele Josefs für eine Maria.«

»Was sagt sie?«, rief Zora.

Das Säulenstimmchen wiederholte, diesmal mit hüpfender Betonung: »JO-sef Stalin. JO-seph Goebbels. JO-sip Tito. JO-sef von Nazaret. Zu viele Josefs für eine Maria.«

»Sie zählt auf«, antwortete Pietro.

»Josipina, ein Gedeck weniger für den Tee!«, rief Zora energisch. »Wir können sie unmöglich mit am Tisch haben … Stalin, Goebbels … ungeheuerlich, was sie da redet. Josipina, hast du gehört? Ein Gedeck weniger. Aber lass es in der Nähe, falls der Marschall außer diesem Vlatko Soundso noch jemanden mitbringt. Josipina?«

»Josipina, Josipina«, kicherte das Stimmchen, »noch so ein Josef! Es wird voll heute!«

Pietro trat hinter die Säule. Otilija gluckste vergnügt wie ein Kind, das Verstecken spielt, die blassgrauen Augen strahlten. Sie sah anders aus als noch vor zwei Jahren, jünger, glatter, mit durchsichtig gespannter Haut, das volle Haar perlweiß, dafür gelockt. Eine andere Person. *Retraumatisierung* dachte er immer, wenn er sie sah. So hatte Zora gesagt, als sie ihm erklärt hatte, warum man die Cousine erneut aufnehmen müsse: *Otilija wurde retraumatisiert.*

»Begleit mich in die Klinik, Otilija, es gibt Arbeit«, sagte Pietro und schob sie sachte Richtung Hintertreppe. »Wir gehen runter!«, rief er in den Salon, wo Josipina die Servietten glatt strich, um sie dann zusammenzurollen und in elfenbeinerne Serviettenringe mit geschnitzten afrikanischen Tierfiguren zu schieben. »Und Josipina, bitte hol drei Paravents aus den Schlafzimmern, wir stellen sie im Korridor auf. Es muss nicht jeder den Marschall sehen. Giacomina soll dir helfen.« Er war froh, dass Giacomina zurück war, er hatte Zora mit Mühe überreden können, sie wieder einzustellen, nachdem sie davongelaufen war *(wie eine räudige Katze)*, um sich amerikanischen Soldaten in Neapel anzudienen und drei Monate später reumütig und krank wieder vor der Tür zu stehen *(ein gefallenes Mädchen)*.

Im Treppenhaus kam ihnen Nino entgegengestiegen, Pietro hatte ihn schon am schweren Schritt erkannt, er trug die in Grasgrün umgefärbte Uniform eines britischen Soldaten, wahrscheinlich eines Gefallenen, *ein Leichentuch!,* wie Zora empört ausgerufen hatte. Nino war stark, auf jedem Feldzug hatte er Verletzungen erlitten, nichts schien ihm etwas auszumachen, die Wunden heilten und er kämpfte weiter, jetzt halt an der Seite der Engländer, in dem Gewand eines Toten, *ich bin ein Krieger,* sagte er gern. Wobei Pietro schien, dass Nino nie wirklich gekämpft hatte, so wie er selber sich Kampf vorstellte (und wie er es in den Schlachten vom Isonzo gesehen hatte), sondern immer nur *dabei gewesen* war; die Verletzungen hatten von Unfällen hergerührt, Treppenstürzen, umgekippten Fuhrwerken, solchen Sachen, am schlimmsten der Kamelbiss, der daraus folgende Infekt hätte Nino beinahe umgebracht.

Alle drei drängten aneinander vorbei, die Wendeltreppe war eng, Nino nahm zwei Stufen aufs Mal. Er hatte auch so ein seltsam sattes Glimmen im Gesicht, wie Otilija und Zora: Was war nur mit diesen Ostans los? Blühten die in der Krise alle auf?

»Ist etwas passiert, dass du so strahlst?«, rief Pietro ihm hinterher.

»Strahlebäckchen«, kicherte Otilija und stellte sich neben Pietro ans Geländer, wie er den Kopf in den Nacken gelegt.

»Nichts weiter, es sind Neue gekommen, viele Kinder dabei, ich hole nur schnell Milch!«, rief Nino von oben zurück.

Dass Nino im Haus war, war Zoras Raffinement zu verdanken. Im April hatte sie vernommen, dass ihr Bruder nicht mehr in Neapel stationiert war, sondern dass sein Schiff im Militärhafen von Bari eingelaufen war, Zutritt für Zivilisten verboten. Nino erzählte die Geschichte immer wieder gern, wie er seine Schwester die Stelling zum Schiff habe hochschreiten sehen, in einer leuchtend weißen Rot-Kreuz-Uniform samt Häubchen, die sie irgendwo aufgetrieben hatte *(frisch gestärkt!)*, mit einer riesigen Arzttasche unter dem Arm, erhobenen Hauptes und so entschlossen, dass sich niemand ihr in den Weg zu stellen wagte, aus lauter Angst, dass das Rote Kreuz neuerdings eine Frau zur Direktorin haben könnte. Seine Kollegen, so erzählte Nino dann, hätten an der Reling gestanden und unflätige Scherze über die *italienische Florence Nightingale* gemacht, seien aber schlagartig verstummt und in Habachtstellung gegangen, als sie ihnen einen bösen Blick zugeworfen und Nino mit: *Überraschung, Brüderchen!* angesprochen habe (das *Brüderchen* nahm er ihr übel). An Bord hatte sie den Kommandanten zu sprechen gewünscht und ihm erklärt, ihr Bruder würde, bis sich die Situation beruhigt habe, im Haus gebraucht, um die jugoslawischen Flüchtlinge zu versorgen, immerhin spreche er deren Sprache. Der Kommandant hatte Nino tatsächlich gehen lassen, mit der Auflage, dass er jederzeit als Übersetzer zur Verfügung stehen müsse. Und so war Nino jetzt vorwiegend in der Via Dieta, wo er das laute, große Gästezimmer zu den Gleisen hinaus bewohnte, da das kleine, ruhige zum Garten hin von Otilija besetzt war (Zora hatte das damals absichtlich so geplant: klein und ruhig, lärmig und groß, der Gerechtigkeit wegen, wenn schon klein, dann wenigstens ruhig).

Pietro öffnete die Tür zur Klinik, plötzlich Trubel und viele Leute im Flur. Und wie Nino gesagt hatte: vor allem Kinder. Schwester Aloisia kam ihm entgegengestürmt. »Wir haben einen Mann mit einem uralten Gips über einer Beinfraktur, ekelhaft«, flüsterte sie, »es stinkt zum Himmel!«

»Ein Partisan?«, fragte Pietro leise.

»Bestimmt«, antwortete Schwester Aloisia.

»Die russische Methode!«, rief Pietro. Er war ein wenig aufgeregt, hatte die russische Methode noch nie in natura gesehen. Professor Judin hatte sie entwickelt, in der Schlacht um Moskau oder in Stalingrad, jedenfalls im Großen Vaterländischen Krieg, sie wurde auch in den Wäldern Jugoslawiens angewendet.

»Medizin vom Russendoktor?«, fragte Otilija. »Das will ich sehen!«

»Na, dann komm mit«, sagte Pietro, der sich bei Otilija über nichts mehr wunderte. Sie war konfus und lustig wie früher, aber sie schien sich vor niemandem mehr zu fürchten, sich vor nichts zu ekeln. Zora und er vermuteten, dass sie (seit der Schändung durch zwei Deutsche) unter Schock stand, als ob sich ein Molton zwischen sie und ihre Umgebung geschoben hätte, der bedrohliche Reize schluckte, manchmal schien sie wie in Trance. Beide ahnten, dass dieser Zustand blitzschnell kippen und dann die alte Otilija zum Vorschein kommen konnte, verschreckt, ängstlich und frierend. Sie fror immer noch, aber ohne diesen himmelschreienden Gestus des Vorwurfs. Im Moment konnte man sie tatsächlich für allerlei Handreichungen einsetzen, die sie pflichtbewusst ausführte, sie übernahm sogar Gänge zum Tabakladen und plauderte unterwegs mit Fremden; erstaunlich, wohin ihre Ängste sich verflüchtigt hatten.

Pietro sah den Patienten sofort, er saß auf dem Untersuchungstisch, das linke Bein baumelte wie bei einem gelangweilten Kind vor und zurück, das rechte ruhte auf einem Hocker, der Gips war nicht weiß, sondern schmutzig gescheckt. Otilija flüsterte: »Ich kann ihn riechen.« Der Mann war um die dreißig, neben ihm eine glänzend aussehende junge Frau, die auf ihn einredete, das wellige, bemerkenswert lange Haar trug sie offen. Pietro verstand sie nicht, irgendein Dialekt wohl; er sprach gut Russisch, Slowenisch ordentlich, aber Serbokroatisch fiel ihm schwer. »Komm, übersetz für mich«, forderte er Otilija auf, die wie viele Slowenen Serbokroatisch verstand. Otilija richtete sich auf, schüttelte ihre Locken und marschierte auf den Mann zu. Sie rümpfte nur kurz die Nase, schaute dann interessiert auf den Gips, der unproportional dick und voller brauner Flecken war.

»Frag ihn, was geschehen ist. Offene Fraktur? Zertrümmerter Knochen? Von einer Granate? Stand zur Diskussion, ob das Bein amputiert werden sollte? War schon eine Sepsis im Gange? Es war eine Sepsis im Gange, ja?! Und frag ihn, ob's juckt!« Pietro redete schnell, gleichzeitig begutachtete er den Gips, vor allem die Flecken inspizierte er genau.

»Sepsis?«, fragte Otilija.

»Blutvergiftung«, erklärte Pietro.

»Aha. Sepsis«, wiederholte Otilija und sprach mit dem Mann, der sich als Pavle Perić und die Frau neben sich als Polonca Perić vorstellte.

»Sie stammen aus Split, sie ist seine Schwester«, kommentierte Otilija, »arg viele Ps in der Familie nicht wahr? Aber ist sie nicht wunderschön, rein wie eine Madonna, blass wie eine Mondfrau?«

»Ja, ja«, murrte Pietro, »aber was ist jetzt mit der Verletzung?« Er ahnte, unter dem Gips waren weder Drainage noch Verband angelegt, roher Gips auf tiefer Fleischwunde, gegen alle Regeln der klassischen Lehre. Selbst wenn die Wunde eiterte und der Patient fieberte, amputierte Professor Judin nicht. An der Front galt sonst: besser Arm oder Bein verlieren als das Leben; man amputierte notfalls auch mit Holzsägen. In den Militärspitälern der Alliierten würde man die Wunde säubern, Drainage und Verband anlegen, alles regelmäßig wechseln und desinfizieren und warten, bis die Infektion abgeklungen war und die Wunde sich nach Wochen oder Monaten schloss, danach könnte die orthopädische Operation am Knochen folgen. Die russische Methode war brachial, aber erfolgreich. Und gewöhnungsbedürftig: Die offene Fraktur wurde von Gewebefetzen und Splittern gereinigt, ein dicker Gips um das breit aufgeschnittene Bein gelegt, Vereiterung hin oder her, beginnende Sepsis hin oder her. Das Bein war ruhiggestellt, die Infektion klang ab, der Gips saugte den Eiter auf, daher die hässlichen Flecken, der Gestank war höllisch, der Juckreiz auch. Nach zwei oder drei Monaten wurde der Gips abgenommen, das Gelenk war versteift, der Knochen verheilt, eine Folgeoperation unnötig.

»Er will den Gips weghaben«, sagte Otilija, »er kann den Juckreiz nicht mehr aushalten.«

Die Mondfrau sagte ein paar Worte, Pietro ahnte, was sie bedeuteten: *Und den Gestank.*

»Wie lange trägt er ihn schon?«, fragte Pietro.

»Sechs Wochen«, antwortete Otilija.

»Das ist zu kurz, er muss sich gedulden. Aber ich werde das Bein röntgen. Schwester, bereiten Sie vor?«

Giacomina tauchte im Flur auf, ein Tablett in den Händen, Nino hatte sie wahrscheinlich runtergeschickt, den Kindern Milch und Backwaren bringen. Giacomina und Nino bildeten ein verschworenes Gespann (was Zora missfiel), Pietro war klar, weshalb: Beide hatten Neapel erlebt. Das befreite Neapel, das Neapel, dessen Einwohner die durchziehenden Deutschen mit Schaufeln erschlagen, mit Messern und Scheren erstochen, ihnen kratzend und beißend den Garaus gemacht hatten (man entdeckte Bisswunden an toten Deutschen), nicht nur die Erwachsenen, auch die Kinder hatten sich wie die Teufel gewehrt (man entdeckte auch Kinderbisswunden an toten Deutschen), so etwas hatten die Deutschen noch nie erlebt; dieses heldenhafte Neapel, das dann durch die Ankunft der Alliierten zum Sumpf Italiens geworden war, zum Sputum seiner eigenen Geschichte. Das Neapel, das Zora bereits in den Zwanzigerjahren fassungslos hatte dastehen lassen, nie vorher hatte sie eine solche Lebhaftigkeit und gleichzeitig eine solch traurige Verkommenheit gesehen, die Stadt war ein einziger lauter Schrei, so hatte sie es Pietro einmal gesagt: *Diese Stadt ist ein einziger lauter Schrei.* Und das Neapel der Zwanzigerjahre war ein anderes gewesen als das heutige, das seine Seele aus Not verkaufte, für ein wenig Geld und Essen und Kleidung von den Alliierten. Nino und Giacomina sprachen oft miteinander über die Stadt, und Giacomina sah man den monatelangen Schrecken, dem sie sich ausgesetzt hatte, immer noch an. Ganz Neapel war ein Bordell, müde Mädchen wurden von ihren Müttern in klammen Wohnhöhlen wie totgeschlagene Tintenfische auf dem Markt dargeboten, damit die amerikanischen Soldaten sie betatschten. Nino hatte davon gehört, wie Männer Schlange standen, um einer nach dem anderen seinen Finger, der sich sonst an das Abzugszüngel einer Waffe schmiegte, in den engen Schlitz eines Mädchens zu stecken *(a virgin, a virgin!)* und ein bisschen darin rumzurühren, bis das Mädchen stöhnte, wie die Mutter es ihm beigebracht hatte. Die Amerikaner dachten, die Europäer seien per se verkommen und die Neapolitaner die Verkommensten unter ihnen, sie glaubten, es sei hierzulande normal, dass man Jungfrauen wie Ware ausstellte; sie wollten nicht sehen, dass alles der Armut geschuldet war, dem Elend und dem Versuch, schnelles Geld zu machen, solange diese Goldesel noch da waren. Jeder verdiente Geld mit den Soldaten, denn pfiffig waren die Neapolitaner: Die einen machten die Soldaten verliebt, die anderen verkauften sich oder etwas anderes, und diese adrett gekleideten Riesen mit ihren porzellanweißen Zähnen versanken im neapolitanischen Sumpf, schliefen mit Männern, Frauen, Kindern und ließen sich rupfen wie dumme Gänse. Pietro wusste nicht, wie viele Männer Giacomina bedient hatte, aber er sah, dass sich ihre Hoffnung auf ein Leben an der Seite eines dieser Neuweltler zerschlagen hatte und sie sich nun in ihr Schicksal als Bedienstete in einem wohlhabenden Haus in ihrer Heimat fügte; vielleicht würde sie später einen Baresen finden, der nichts von ihrer Vergangenheit als Alliiertenhure in diesem hitzigen Moloch Neapel wusste. Bari war so ganz anders: trauriger, erstarrter, kälter, aber auch unschuldiger.

Schwester Aloisia begleitete die Perićs zum Röntgen, er humpelte, sie stützte ihn, Otilija tänzelte hinterher. Pietro ging durch die Klinikräume, sah, wie Giacomina im Flur von Kindern umringt war, signalisierte ihr und zwei Dutzend Menschen im Wartezimmer, dass er gleich zurückkäme, betrat Röntgen ii, schickte Otilija und die Perić aus dem Raum und zog die Tür hinter sich zu, Pavle Perić lag bereits parat, Schwester Aloisia hatte alles vorbereitet und die Platte eingelegt. Pietro kurbelte den Arm auf die richtige Höhe, stellte Schärfe und Blende ein, zog die Bleischürze an, trat zurück und löste aus.

»Seitenlage, nach links bitte«, sagte er zu Schwester Aloisia, die Perić beim Drehen half, auch sie trug die schwere Schürze. Das Wort *Strahlenschutz* war neu in der Medizinersprache, die Amerikaner hatten den Begriff letztes Jahr eingeführt, *health physics* nannten sie es, in Italien sagte man *radioprotezione*.

Ein Klopfen an der Tür. »Moment! Wer ist da?«, rief Pietro.

»Ich bin es«, antwortete Manfredi, der gern durch die Klinikräume streifte, ein neugieriger Vierzehnjähriger mit Sommersprossen im Gesicht und auf den Händen, rothaarig wie sein sizilianischer Großvater und Vater, der Einzige seiner Generation. Pietro hatte seinen Söhnen nie verboten, nach unten zu kommen, im Gegenteil, je früher sie an die Radiologie herangeführt wurden, desto besser. Der zwanzigminütige Röntgenfilm seines Bonner Kollegen Dr. Jankens war einer der Lieblingsfilme der Jungen, Pietro hatte eine Kopie im Haus. Als Kleinkinder hatten sie sich vor den Aufnahmen eines durchleuchteten, essenden Mannes gegruselt und sich kreischend in den Sofakissen vergraben. Dass man ins Innere eines Menschen blicken konnte, war nur im ersten Moment schockierend gewesen, aber wie dieser fette schwarze Zungenmuskel kaute, wie die Nahrung den Schlund hinunterrutschte, ja flutschte, wie Flüssigkeit die Speiseröhre wie ein Wasserfall hinabschoss, wie der gefüllte Darm pulsierte und sich bewegte, als sei er ein Ungeheuer der Unterwelt, das hatte alle drei nachhaltig fasziniert – zumindest nahm Pietro das an. Er hatte die zweite Aufnahme gemacht und öffnete die Tür zum Flur.

Manfredi hielt einen Brief in der Hand. »Von Davide. Wann darf ich Ihnen daraus vorlesen?«

»Ist etwas Schlimmes passiert?«, fragte Pietro seinen Jüngsten.

»Nein, nicht mit Davide. Aber er hat in Zürich etwas gesehen, das ihm Angst macht. Und mir auch. Ich lese es Ihnen und Mama später vor.«

»Wahrscheinlich erst heute Abend. Du weißt, wer noch kommen soll?«, fragte Pietro.

»Ja natürlich. Oben sind alle sehr nervös. Darf ich den Marschall auch begrüßen?«

»Selbstverständlich.« Pietro drehte sich um und ging ins Röntgen zurück, die Tür blieb offen. Manfredi verstand, dass er störte, und wollte gehen, als Nino ihm entgegenkam, Polonca Perić an seiner Seite, er hatte ihren Arm scherzhaft untergehakt, beide lachten.

»Ach«, seufzte Pietro nur und steuerte mit den belichteten Platten aufs Labor zu. Er hörte Manfredi sagen: »Onkel Nino, ich muss dir erzählen, was Davide geschrieben hat.« Und Ninos Antwort: »Später, Manfredi, später.«

Manfredi lief seinem Vater etwas unsicher hinterher. Da kam Otilija auf ihn zu.

»Man hat Isidor erschossen«, sagte sie mit entsetzt aufgerissenen Augen.

»Ich weiß«, sagte Manfredi, »auf offenem Feld.«

»Woher weißt du das?«

»Du hast es uns erzählt, *teta Otilija*. Schon dreimal. Und Mama hat es uns auch erzählt.«

»Weißt du auch, wer ihn erschossen hat?«

»Otilija, lass Manfredi in Ruhe«, rief Pietro aus dem Labor, »der Junge ist zu jung für solche Geschichten.«

»Niemand ist zu jung für solche Geschichten«, warf Giacomina reichlich frech ein. Zwei Kinder zupften an ihrer Schürze.

»Sei nicht vorlaut, Giacomina«, sagte Pietro, »lass diesen Ton nicht meine Frau hören.«

»So darfst du mit dem Professor nicht sprechen, sonst musst du zurück nach Neapel … zu den Negern«, kicherte Otilija.

Traumatisiert, dachte Pietro, Giacomina war genauso traumatisiert, wie Otilija retraumatisiert war. Er hatte es mit lauter verrückten Frauen zu tun, die ihm auf der Nase herumtanzten. Auch einige von den Patientinnen machten einen wirren Eindruck, die eine schaukelte blödsinnig hin und her, die andere streichelte einen Fetzen Stoff wie ein Kätzchen, eine dritte wiederholte die immergleichen drei Wörter, die Pietro nicht verstand. Diese Leute waren beschädigt, und kein Mensch wusste, wie es ihnen in Ägypten ergehen würde. Die alabasterhäutige und pausbäckige Polonca Perić, die Nino so gut gefiel (und die einen durchweg unbeschädigten Eindruck machte), würde auch in die Wüste verfrachtet werden. Zehntausend dalmatinische Flüchtlinge durften in Apulien verbleiben, das hatten die Engländer mit Titos NKOJ ausgemacht, aber der Rest: ab nach Syrien, ab nach Ägypten, wo sie verharren würden, bis die Situation zu Hause sich entspannt hatte. Pietro und Zora hatten Bilder des Lagers in El Shatt gesehen, endloser Sand, endloser Himmel, endlose Zeltreihen, Kinder in kurzen Hosen und luftigen Röckchen, greise Bäuerinnen in kroatischen Trachten, das Haar unter dem schwarzen Kopftuch versteckt.

»Also, wer hat Isidor erschossen?«, fragte Otilija erneut.

»Ein Partisan natürlich!«, rief Schwester Aloisia. Pietro schaute sie verblüfft an: dass die sich jetzt auch noch einmischte! Heute waren sie wirklich alle verrückt. Sie litten unter einer Partisanenfixierung; das musste am Marschall liegen.

»Genau!« Otilija schien empört.

»Weil er für die Deutschen gearbeitet hat«, konstatierte Manfredi altklug.

»Die Dinge liegen komplizierter«, sagte Pietro.

»Er war zu reich.« Nino gesellte sich zu dem Grüppchen, ohne die Perić, die saß bei den anderen Flüchtlingen im Warteraum.

»Ach was, zu reich«, grummelte Pietro missmutig.

»Doch, doch«, sagte Nino, »ihn hat die Rache des Proletariats ereilt.«

Das stimmte wohl, der Mann hatte Isidor Geld geschuldet, so wie viele im Sočatal, die ihm ihr Land verpfänden mussten, aber die meisten waren bemüht, zumindest ein wenig zurückzubezahlen, nicht so dieser Mann, worauf Isidor ihm sein Grundstück endgültig weggenommen hatte. *Arme bestehlen!,* wie Zora angewidert bemerkt hatte. Später ging der Mann in den Widerstand, bewaffnet wie alle Partisanen. Eines Tages entdeckte er Isidor zufällig bei der Feldarbeit, erschoss ihn und verschwand im Wald, eine persönliche Revanche, kein politischer Akt.

»Isidor hat die Partisanen durchaus unterstützt«, hielt Pietro dem Cousin der Ostans zugute. »Aber ich kann jetzt nicht weiterdiskutieren, wir haben die Klinik voller Leute, die untersucht und in die Spitalzelte verteilt werden müssen. Die Engländer warten.« Er zündete eine Zigarette an und ging zum Warteraum, dachte an Isidor. Und an Zora. Die hatte jetzt die Lastkraftwagen unter Kontrolle, die nach Isidors plötzlichem Tod ohne Besitzer waren. Aus der Ferne hatte sie im Handumdrehen organisiert, dass die Wagen in die Hände der Partisanen und nicht in die der Deutschen gelangten. *Es sind UNSERE Lastwagen,* hatte sie nach Bovec gekabelt, was zumindest halbwegs stimmte, weil Isidor sie vor Jahren von den Ostans übernommen hatte. Boris solle die Wagen sofort in den Wald fahren, ordnete sie telefonisch an, was Boris auch tat, sogar Pepca schwieg ob der Gefahr. Die Deutschen kannten die Kraftwagen, Isidor hatte für sie Waffen von Görz nach Bovec transportiert und unterwegs den Partisanen einen Teil abgegeben, man war bekannt miteinander, so kam er unbehelligt an allen Posten vorbei, an denen der Deutschen und denen der Partisanen. Die ss entdeckte Isidors doppeltes Spiel, er wurde verhaftet, der ss-Oberfeldwebel habe gesagt: *Sie kollaborieren mit den Partisanen. Wir werden Sie erschießen.* Isidor habe geantwortet: *Hätten Sie die Straßen besser kontrolliert, hätte ich nicht Partisanen bestechen müssen. Ohne mich hätten Sie überhaupt keine Waffen, so bekamen Sie immerhin achtzig Prozent.* Das Argument zog, die ss entließ ihn aus der Haft, aber genützt, dachte Pietro, genützt hat es Isidor nichts. Wenige Wochen später war er tot.

Isidor war der Einzige aus ihrem näheren Umfeld, der im Krieg umgekommen war, was erstaunlich war, so viele Tote, auch unter den Partisanen. Auch Franc lebte, er kämpfte in Maribor gegen die Deutschen, Goran war ebenfalls im Widerstand. Ihn hatte Zora treffen wollen, als sie vor zwei Jahren mit gepackten Koffern nach Triest verschwunden war. Pietro dachte mit einer gewissen Sympathie an ihren Ausbruch zurück, wegen solcher Exzesse liebte er sie, auch wenn er verärgert gewesen war und Ljubko beschworen hatte, seine Frau nicht in grünen Hosen in irgendwelche Schluchten im Karst verschwinden zu lassen, sondern sie gefälligst zu ihren Söhnen zurückzuschicken. Ljubko hatte diese Aufgabe mit Souveränität bewältigt und über Mittelsmänner Gorans Brigade eruiert, damit die Medikamentenkoffer dahin gelangten, was, wie man später erfuhr, gelungen war (angeblich). Ljubko, der Fuchs, hatte seine Schwester zur Feier der geglückten Übergabe in die Triestiner Oper ausgeführt, sie also mit den schönen Künsten eingelullt und ihren Furor so virtuos entschärft, dass sie bereit gewesen war, nach Süditalien zurückzukehren, statt in den Kampf zu ziehen.

Im Warteraum herrschte kein Durcheinander mehr, sondern matte Ruhe. Kinder waren eingeschlafen, in den Schoß von Frauen gekippt, die ihnen gedankenverloren übers Haar strichen, selbst kurz vor dem Einnicken. Sie würden zwei oder drei Tage in der Via Dieta bleiben und dann nach Ägypten gebracht werden. Lebensbedrohliche Verletzungen gab es keine. Die Menschen litten unter Erschöpfung und Sorgen, aber nicht mehr unter Todesangst. Die meisten waren in Ruderbooten auf die Insel Vis geflüchtet, sie hatten die Verwundeten und Toten hinter sich gelassen. Wer es nach Vis geschafft hatte, überlebte. Doch alle hatten den Überblick über ihre Leben verloren, wie immer im Krieg. Es gab Frauen, die in zerlöcherten Schuhen quer durch die Stadt, hinaus in die Olivenhaine und von Militärzelt zu Militärzelt marschierten, um nach ihren verwundeten Männern und Söhnen zu suchen, in der Hoffnung, sie seien ebenfalls hier. Die britischen Soldaten waren von ausgesuchter Höflichkeit, mit dieser Gewissheit, die nur Sieger ausstrahlten, anders als die Italiener, denen die Scham und die Verwirrung, ob sie eigentlich Verlierer oder Sieger waren, ins Gesicht geschrieben stand. Die Engländer halfen den kroatischen Bäuerinnen und Fischersfrauen durchaus, auch wenn ihr Bestreben darin lag, die Flüchtlinge so schnell wie möglich an den Suezkanal zu verfrachten. Sie schürten ihre Hoffnung, in den Wüstenzelten von El Shatt auf Bekannte und Verwandte zu stoßen, auch wenn keiner der Kroaten sich die Wüste vorstellen konnte. *Die Wüste muss man gesehen haben, um sie zu verstehen, vor allem nachts,* erklärte Nino; *die Wüste ist größer als Gott,* fügte er noch an, aber nur, wenn keine strengen Katholiken anwesend waren, was in der Via Dieta sowieso selten der Fall war, außer Neldo war hier kaum einer gläubig, auch wenn alle dauernd die Mutter Gottes um irgendetwas anflehten.

Pietro untersuchte den verkrüppelten Fuß eines Jungen. Neben ihm eine Frau in fleckiger Bluse, sie kratzte sich genant am Oberkörper und rückte etwas weg, sie roch stark, ein Geruch, den Pietro kannte, eine aufgebrochene Geschwulst der Brust womöglich, er würde sie als Nächste untersuchen, er mammografierte regelmäßig. Pietro hörte, wie Manfredi im Flur auf Giacomina einredete. Die Sache mit Davides Brief nahm ihn offensichtlich so gefangen, dass er sogar dem Dienstmädchen davon erzählen musste, weil sonst niemand Zeit für ihn hatte. Pietro hörte mit halbem Ohr hin, nun selber neugierig geworden. Manfredi verschluckte sich immer wieder, seine Stimme klang gepresst. Es ging um Kohlewaggons aus Italien, die nach Deutschland fuhren, um den Gotthardtunnel, um den Aufruf des Roten Kreuzes an die Bevölkerung, Suppe und Tee und Decken an den Bahnhof Zürich zu bringen, für die frierenden und hungernden Menschen, die in den Waggons transportiert wurden, die deutsche Kohle nach Italien gebracht hatten und nicht leer nach Norden fahren sollten, deswegen die Menschentransporte, Lagertransporte. Es ging darum, dass Davide, der in Zürich studierte, dem Aufruf gefolgt und mit einem Kommilitonen nachts zum Bahnhof marschiert war, die Züge kamen nachts an, mit dünner Minestrone in Flaschen, die Lebensmittel waren rationiert,

Minestrone, weil die Menschen in den Güterzügen ja Italiener waren, Juden und Zigeuner und Kommunisten und auch Partisanen. Man solle Gasmasken tragen, hieß es, kein Mensch wusste, warum, aber alle hatten eine um den Hals hängen, jeder Schweizer besaß eine Gasmaske, wenn nicht zwei. Es ging in dem Brief um nächtliche Rangieraktionen an den Bahnhöfen, um den Lärm, der die Anwohner störte, um das Flehen, Rufen und Hämmern der Menschen in den Zügen, die darum baten, sie freizulassen, um Streit zwischen Hilfeleistenden und Protestierern, die von schreienden Menschen in verplombten Kohlewaggons nicht behelligt werden wollten und die sich vor fremden Bazillen fürchteten, um die Stadtverwaltung, die die Züge dann dort abstellen ließ, wo niemand wohnte, um Namen wie Dachau und Bergen-Belsen. »Das ist doch schrecklich«, schluchzte Manfredi plötzlich.

Pietro betrachtete seinen verstörten, nun hemmungslos weinenden Sohn, den die kleine, dünne Giacomina in den Arm genommen hatte, die ihm jetzt beruhigende Worte zuflüsterte. Pietro betrachtete die verlorenen Kroatinnen im Warteraum und wünschte sich ein Ende von dem allem, damit alle ihren Frieden fänden und er endlich in seine Dunkelkammer zurückkehren könnte, um in Ruhe an seinem neuesten Gegenstand zu forschen: der Meniskusläsion.

Es klingelte. Schwester Aloisia öffnete die Kliniktür, Otilija stand hinter ihr wie ihr Schatten. Dr. Lovrič, Chirurg und Oberst der jugoslawischen Militärmission, rauschte an beiden vorbei Pietro entgegen, die beiden Männer begrüßten einander mit Handschlag.

»Der Marschall ist auf dem Weg, Vlatko Velebit begleitet ihn«, sagte Dr. Lovrič, der keine Uniform trug, aber ein poliertes Abzeichen am Revers, roter Stern auf rot-weiß-blauem Grund. »Viel Zeit bleibt nicht, sein Flug nach Vis ist für heute Abend oder spätestens für morgen Früh geplant.«

»Nach Vis, tatsächlich?«, fragte Pietro erstaunt.

»Nicht ideal, gewiss, aber sicher. Die Engländer bauen Vis zu einer Art Festung aus, sie legen Landebahnen an. Die Deutschen werden die Insel nicht angreifen, dafür sind sie zu geschwächt.«

»Hat er Beschwerden?«, fragte Pietro.

»Diffuse. Wir haben ihn vollumfänglich untersucht. Er verlangt eine Aufnahme des unteren Rückens, am besten, Sie machen *lumbalis* und *sacrum*. Und einen Thorax zur Sicherheit. Aber erst wünscht er Ihre Frau zu sprechen. Er will ihr etwas überreichen.«

Einen Orden, dachte Pietro. Er nickte Otilija auffordernd zu. Sie verstand und flitzte Richtung Treppe, tänzelnde Schritte, wippende Locken. »Ich werde zwei Montagsringe anziehen«, jauchzte sie, »obwohl Dienstag ist.«

»Kommen Sie mit nach oben?«, fragte Pietro.

»Danke, ich warte hier«, antwortete Lovrič.

»Schauen Sie sich die Frau im roten Rock an. Könnte ein Mamma-Ca sein, ich habe sie noch nicht untersucht«, sagte Pietro, zog seinen Kittel aus und reichte ihn Schwester Aloisia. Er hörte die Türklingel der Wohnetage schellen, lang und fordernd, *madre mia,* jetzt schon; er rannte die Treppe hoch, drückte an ihrem Ende den Öffner des Tores und trat schwer atmend in die Halle, seine Kurzatmigkeit war bedenklich, zu viele *Muratti* in letzter Zeit, eher drei

Päckchen am Tag als zwei, wahrscheinlich war Rauchen doch schädlich, Pietro kannte Müllers Fall-Kontroll-Studie zum Lungenkarzinom; er sollte paffen, statt zu inhalieren, was allerdings beschämend war, paffen bedeutete: rauchen in Frauenmanier.

Pietro eilte durch die Halle zur Hauseingangstür, ornamentale, verschlungene Messingringe innen und außen, Milchglasscheiben dazwischen. Er zog die schwere Tür auf, zwei Männer kamen die lange Loggia entlanggeschritten, beide trugen Uniform, dunkelgrüne Hosen in schwarz glänzenden, kniehohen Stiefeln. Tito wirkte breiter als Velebit, ein mächtiger Mensch, obwohl Pietro ihn größer in Erinnerung hatte.

»Professor Del Buono«, sagte Josip Broz Tito, »wie lange ist es her?«

»Seien Sie willkommen, Marschall«, antwortete Pietro, »gut sechs Jahre sind es seit Paris. Ich freue mich, Sie wohlauf zu sehen.« Wie schon damals sprachen sie russisch miteinander. Dieses scharfkantige Gesicht, dieser glasklare, kritische Blick, die majestätische Haltung, der entschiedene Händedruck – er hatte das alles vergessen, aber wahrscheinlich hatte es sich auch verstärkt; vor ihm stand ein stattlicher Mann von sechsundfünfzig Jahren. Pietro, acht Jahre jünger, schmal und agil und elegant gekleidet, fühlte sich neben dieser kraftstrotzenden Gestalt in Uniform wie ein sizilianischer Dandy. Eindeutig: Tito war kein Revolutionär mehr, er war Politiker geworden.

»Bitte, nach Ihnen.« Pietro trat als Letzter ins Haus.

Stiefelschritte auf Stein, dann Stille. Kein Mucks war zu hören, nicht einmal ein Geräusch aus den Krankenzimmern. Es war die gespannte Atempause, bevor sich der Vorhang hob und das Stück begann: Giacomina lugte hinter dem Samtparavent hervor. Otilija lehnte an der Säule beim Kamin, hinter ihr die Inschrift: *Hic murus aeneus esto: nil conscire sibi, nulla pallescere culpa* (Latein verstand Tito bestimmt nicht). In der Doppeltür zum Salon Josipina, ganz die slowenische Schönheit in Blond, daneben Greco und Manfredi, frisch gekämmt, die Haare glänzend. Großvater Giuseppe soigniert vor der Bücherwand, ein Cognacglas in der Hand.

Auf der Galerie ein Hüsteln. Nino und Zora traten aus dem Dunkel nach vorne, Bruder und Schwester in seltener Eintracht, beide in Grün, er in Uniform, sie im Kleid. Zora legte die Hände auf das frisch polierte Messinggeländer. Sie lächelte.

Tito ging zwei Schritte Richtung Treppenaufgang, öffnete die Arme weit, als sei er ein Tenor, der zur Arie ansetzt. »Es ist mir eine Ehre, Gast im Haus einer Genossin der Volksbefreiungsarmee zu sein, einer *grande signora* mit humanitärer Gesinnung, mit Liebe für die Freiheit und das Vaterland.«

Alle atmeten wieder.

Was für ein Theater, dachte Pietro.

El Shatt, Februar 1946

Kleine Stana, Stanka, Stančica«, sang die Greisin, »ein Jahr alt bist du heute geworden, kleine Stana, Stanka, Stančica.«

»Eine Wüstenmaus«, rief der berühmte Torwart und rannte weiter.

»Bist du eine Wüsten-Wüsten-Wüstenmaus?«, sing-sangte die Greisin. Stana prustete vergnügt und warf ihr den Kamm in den Schoß, einen Kamm, den die Greisin sicherlich kaum brauchte, sie fuhr sich damit morgens einmal durch das dünne Haar und gelegentlich auch abends, tagsüber trug sie ein schwarzes Kopftuch, in Altfrauenmanier unter dem Kinn geknotet, die Jüngeren trugen bunte Tücher, locker im Nacken gebunden, das sah flotter aus.

Polonca trug nie Kopftuch, schon in Split hatte sie das nie getragen, sie war doch keine Bäuerin. Sie mochte auch keine Trachten, dafür Hüte und Schuhe mit Absatz. Dass sie seit sechshundert Tagen in einem Zelt leben musste, in dem es schlecht roch, war eine Zumutung. Sie vermisste Pavle sehr und manchmal weinte sie darüber, dass niemand sie mehr *Poli* nannte, aber sein Tod hatte ihr das Leben hier auch erleichtert. Ihr Bruder war kein Partisan gewesen, sondern Royalist, seine Verletzung hatte nicht vom Kampf, sondern von einer Detonation auf offener Straße hergerührt, was er verheimlicht hatte, als die Partisanen ihn mit zerfetztem Bein fanden und dachten, er sei einer der Ihren. Er hatte einen roten Stern in den Hosenbund eingenäht gehabt, *Poli, man weiß ja nie, wann der einem nützen kann,* hatte er ihr oft gesagt und sie zu überreden versucht, einen Stern in den Schlüpfer zu nähen, was sie nie getan hatte, aber tatsächlich hatte das rote Stückchen Stoff ihm das Leben gerettet. Im Lager hatten sich die Gerüchte um Pavle im Laufe der Monate wie Brandbeschleuniger verdichtet, er sei vielleicht kein Faschist, aber doch zumindest Royalist und darüber hinaus ein Betrüger, ein ehrloser Mann, ohne Rückgrat (was fast schlimmer war, als Royalist zu sein). Als dieser starke Mensch an Fleckfieber starb, gab es allerlei hämische Kommentare, doch danach kehrte für Polonca Ruhe ein, die gerade Mutter geworden war, das Baby besänftigte alle, und der Ausbruch der Masernepidemie brachte ohnehin alles durcheinander, Dutzende Kinder starben, es wurde viel geweint, all diese kleinen Gräber. Stana starb nicht, Stana war ein Glückskind. Und ein glückliches Kind. Sowieso waren die Kinder hier freudvoller als die Erwachsenen, sorglos und frei, das Toben durch den Sand war ihr Leben, sie rannten mit bloßen Füßen herum und vergnügten sich mit Hüpfspielen über die Zeltseile (und wurden weggescheucht); wenn sie Lust auf ein Bad hatten, sprangen sie in den Suezkanal, während Kriegsschiffe an ihnen vorbeizogen, darauf winkende Soldaten.

Polonca war keine Royalistin, aber auch keine Kommunistin. Sie war einfach nur eine Städterin mit einem Faible für modische Kleidung, die es nach Afrika verschlagen hatte, weil die Weltpolitik es so wollte. Die Kommunisten waren gut organisiert, das musste man ihnen lassen, sie verstanden sich als Vorreiter des neuen Jugoslawiens; das Lager funktionierte tadellos, sogar zwei Tageszeitungen gab es, eine wöchentlich erscheinende literarische Beilage und eine Zeitschrift speziell für Frauen (für die Polonca über den idealen Badeanzug geschrieben hatte, samt Schnittanleitung), Theatergruppen und Tanzabende und Volksschulvorträge und Kleiderausgaben mit gebrauchten Kleidungsstücken, nach Farben und Größen geordnet. Die Engländer staunten über die straffe Organisation, wenn sie sich denn blicken ließen; ihre Soldaten hatten die raumgroßen Zelte aufgebaut, in militärischer Ordnung, Hunderte Zelte, Wohnzelte, Küchenzelte, Kirchenzelte, Hospitalzelte, ansonsten kümmerten sie sich kaum um die zwanzigtausend Menschen. Also nahmen die Kommunisten das Lagerleben selber in die Hand, die Partisanen gründeten das Zentralkomitee coz und fingen an, die sozialistische Gesellschaft zu organisieren.

Die Kommunisten, immer die Kommunisten … Polonca hörte Zora Del Buonos Worte: *Frauen, die nicht für die Kommunisten sind, sind dumm. Keiner sonst wirbt für die Sache der Frau. Die Kommunisten haben den Frauen das Wahlrecht gegeben! Schon '42!* Das mochte für Slowenien stimmen, aber in Australien durften Frauen bestimmt auch wählen, oder in Argentinien. Polonca war hin und her gerissen. Australien oder Argentinien? Sie studierte den Atlas im Bibliothekszelt nahezu täglich (was sollte man hier sonst tun?), sie liebte Atlanten fast so sehr wie Modezeichnungen, die Farben, die fremden Namen, die unbekannten Flüsse, die sich frech über Ländergrenzen hinwegschlängelten. Die Karte von Australien gefiel ihr sehr, dieser liegende Kopf, in fünf Farben aufgeteilt, mit schnurgeraden Grenzen, etwa die zwischen *Queensland* und *New South Wales,* allein diese Namen. Ja, Australien war gut. Argentinien wäre allerdings auch gut, Buenos Aires klang noch verlockender als Queensland, verwegener, lebenslustiger. Es gab eine Menge Dalmatiner, die in eines der beiden Länder auswandern wollten, vor allem Ustaschaanhänger und Royalisten, für die war El Shatt nur Durchgangslager gewesen, sie waren längst hinter die Hügel des Sinai gezogen und harrten dort der Dinge, Al-Arisch hieß der Ort, er lag am Mittelmeer, wahrscheinlich war es dort weniger sandig und malerischer als hier, aber wer wusste das schon; diese Leute konnten unmöglich zurück nach Jugoslawien, sie würden schon im Hafen von Split oder Dubrovnik verhaftet oder gleich liquidiert werden, Polonca hatte von Massenexekutionen gehört, auch wenn die alten Partisanen das bestritten, aber es gab jetzt die OZNA in Jugoslawien, die *Abteilung für Volksschutz,* eine Geheimpolizei, gefährliche Leute. Der Krieg war vorbei, das Töten ging weiter. Die Kommunisten brannten selbstverständlich darauf, nach Jugoslawien zurückzukehren: den sozialistischen Staat aufbauen. Die Aufbruchstimmung, die im Sommer geherrscht hatte, war jedoch abgeflaut, die Hälfte der Lagerbewohner war weg, aber aus irgendwelchen Gründen war die Rückführung ins Stocken geraten, es fehle an Schiffen, hieß es, was Polonca recht war: noch ein wenig Zeit gewinnen.

Wo sollte sie hin? Zurück nach Split? Undenkbar. Split war wunderschön, die Bucht, die kargen Berge dahinter, der Marjanwald, und wo gab es das sonst, eine Stadt, die nicht *um*, sondern *in* einen römischen Palast hineingebaut worden war? Ihre Eltern und sie hatten an der Innenseite der Palastmauer gewohnt, im Herzen der Stadt, das abendliche Flanieren an der Promenade fehlte ihr, sie kannte dort jeden, es war beschaulich und vertraut und die Sonnenuntergänge würde sie vermissen, aber Sonnenuntergänge am Meer fand man in Australien auch (in Buenos Aires nicht – was für Australien und gegen Buenos Aires sprach; Sonnenaufgänge waren langweiliger als Sonnenuntergänge, das hatte sie in Bari festgestellt, ein kurzes Schimmern, dann war's hell, wie unspektakulär). Eine Zukunft in Split gab es für sie nicht, Pavles Vergangenheit würde ihr Leben gefährden und das von Stana auch. Nicht zu vergessen Zora Del Buono. Polonca wollte keinesfalls zu nah an dieser schrecklichen Frau leben. Und quer über die Adria war noch zu nah. Quer über den Atlantik war besser.

»Stana, Spätzchen«, sagte Polonca, nahm der Alten die Kleine ab und hob sie hoch, »wir gehen zum Sportfeld, wo die Kinder sind.« Kinder gab es zwar nicht nur beim Sportfeld, sondern überall, *so viele wie Sandkörner,* hatten die Erwachsenen oft geseufzt, als das Lager noch voll gewesen war, *und noch eins dazu,* hatte Polonca ihrer Tochter dann ins Ohr geflüstert. Die Hälfte der Lagerbewohner waren Kinder, zu Höchstzeiten zehntausend, es wimmelte nur so von diesen nacktbeinigen, braun gebrannten kleinen Geschöpfen, viele mit Partisanenmützen auf dem Kopf *(wegen der Sonne …),* aber ohne Schuhe, barfuß saßen sie auch bei Polonca im Unterricht, wo sie ihnen Lesen und Geografie beibrachte, wobei die Schulzelte sich sehr geleert hatten, viele Familien waren nach Dalmatien zurückgekehrt.

Polonca nicht. Polonca wartete. Nur: worauf eigentlich?

Hatte sie die falsche Entscheidung getroffen? Hätte sie Nino besser nicht schreiben sollen? Warum antwortete er nicht? Oder war der Brief der Zensur zum Opfer gefallen? Im Lager wurde nämlich zensiert, auch wenn das Zentralkomitee das bestreiten würde. Sie hatte darauf geachtet, nichts Kommunistenfeindliches zu schreiben, Politik interessierte sie sowieso nicht, sie wollte nur eines: ein richtiges Leben. Sie wollte nicht mehr mit zehn anderen Frauen und einem Haufen Kinder ein stickiges Zelt teilen müssen (es gab Zelte für Familien und Zelte für Frauen wie sie), sie wollte ihre Wäsche in einem Schrank und nicht an Seilen an klebrigen Zeltwänden aufhängen, sie wollte eine Kommode besitzen und nicht eine alte Kiste, auf der EXPLOSIVE! DANGEROUS! stand, sie wollte nicht mehr auf den Gong warten, der zum Essen rief, um dann aus einem Blechnapf zu löffeln, was im Küchenzelt vorbereitet worden war, sie wollte hübsche Schuhe und Kleider ohne Flecken tragen, sie wollte frisch geschnittenes Gras riechen und bunte Blumen in Vasen betrachten und nicht vertrocknete Wüstenpflanzen (die ihre Mitbewohnerin zugegebenermaßen hübsch arrangierte), sie wollte keine Elefanten auf Kissen sticken und keinen weiteren Malkurs besuchen, um die Zeit totzuschlagen, nein, nie wieder Malkurs. Sie konnte die kilometerlangen Zeltreihen nicht mehr sehen, dann dieser ewige Sand in den Haaren, zwischen den Zehen, sie ertrug den Südostwind nicht mehr, der ohne Vorwarnung aufkam und tagelang blies und einen schier erstickte, der Saharastaub klebte nicht nur in den Haaren und zwischen den Zehen, sondern im Mund, in den Augen, man rieb und hustete und spuckte, überall rieben und husteten und spuckten die Menschen, manche sogar Blut. *Ghibli* nannten die Einheimischen den Wind (der in Dalmatien *Jugo* hieß und in Italien *Scirocco*), aber Einheimische sah sie sowieso kaum, einmal bei ihrer Ankunft im Hafen von Port Said auf der vor Menschen überquellenden *Tripolitania,* als sie in einen Güterzug verfrachtet worden waren, und am Tag nach Pavles Tod, als sie völlig kopflos hatte abreisen wollen, da doch der Krieg zu Ende war und sie irrwitzigerweise glaubte, im Hafen von Suez das nächste Schiff nach Italien nehmen zu können, um mit diesem Ostan-Kind im Arm in Bari direkt in die Via Dieta zu marschieren. Warum sie es nicht getan hatte, fragte sie sich jede Nacht, wenn sie nicht schlafen konnte (meist wegen der weinenden Frau neben ihr, die ihre Kinder im Waisenhaus in Hvar gelassen hatte). Und jede Nacht lautete die klamme Antwort: weil sie fürchtete, dass Nino ein Hallodri war. Und der Nachsatz: weil sie dieser herrischen Zora Del Buono nicht begegnen wollte, obwohl die ihre Rettung hätte sein können, eine Frau von Welt, eine Frau mit Geld.

An jenem Morgen auf dem Weg zum Hafen war sie Josip Hatze begegnet, diesem schönen Menschen, alt zwar, über sechzig, aber sehr agil. Polonca hatte sein scharf geschnittenes Gesicht immer bewundert, sein aristokratisches Gebaren, trotz offenem Hemd und sichtbarem Brusthaar, im Lager wurde viel Haut gezeigt, daran hatte man sich gewöhnt, es galten andere Regeln als zu Hause. An jenem Tag hatte er fremd ausgesehen, förmlich, da im Anzug, mit einer Aktentasche unter dem Arm. Sie hatte nicht gewagt, ihn anzusprechen. Sie kannte ihn aus Split – doch wer tat das nicht? Hatze war der berühmteste El-Shatt-Bewohner (berühmter noch als der berühmte Torwart), ein Komponist, dessen Lieder man in ganz Dalmatien sang und der den Lagerchor leitete, in den sie nicht eingetreten war, zu untalentiert, ihre Stimme zu rau. Der Chor hatte Dutzende Konzerte gegeben, in El Shatt und auf Militärbasen, Konzerte, die übers Radio bis nach Amerika ausgestrahlt wurden. Polonca hatte Hatze nicht ansprechen müssen, er hatte sie angesprochen oder vielmehr: Stana. *Eine waschechte Pharaonin,* hatte er gesagt und das Kind am Zeh gekitzelt. *Ja,* hatte Polonca gelacht, *so steht es im Dokument: Stana Nina Perić, Place of Birth: Egypt.* Ob sie Englisch spreche, hatte er sie gefragt. *Nur ein bisschen,* hatte sie kokett geantwortet, *was man wohl oder übel lernt hier: Administration. Camp commandant. Red cross. Do not touch. Do not smoke. Emigrant. Tent.* Und hinzugefügt: *Too many tents in El Shatt.* Hatze hatte gelacht und auf die vertraute Ödnis gezeigt, die durch die akkurat aufgebauten Zeltreihen noch öder wurde, Monotonie durch Repetition. *Alles so geordnet. Wir haben uns daran gewöhnt, obwohl wir es hassen. Was wird uns zu Hause erwarten? Das Chaos?* Er hatte Stana in den Bauch gezwickt und war weiter durch den Sand gestapft. Abends hatte sie erfahren, dass er nach Kairo gebracht worden war, um mit den Amerikanern eine Konzerttournee zu besprechen. Wenige Tage später war er nach Split zurückgekehrt, samt seinem Wüstenchor, man wollte als Erstes durch Jugoslawien touren.

Was erwartete sie zu Hause? Wo war ihr Zuhause? Das fragte sie sich immer wieder. Bruder tot, Vater tot, Mutter tot, die Wohnung in Split von den Besatzern verwüstet. Ein

Kind von einem Mann, der erst seit einem Monat wusste, dass er Vater geworden war. Falls er den Brief erhalten hatte. Und der sich nicht meldete, obwohl seine Tochter heute ihren ersten Geburtstag feierte. Der überhaupt verschwunden war, auch auf ihre ersten Briefe hatte er nicht geantwortet, Liebesbriefe, die sie geschrieben hatte, nachdem sie in El Shatt angekommen war. Es war so demütigend.

Polonca könnte in Argentinien Lehrerin werden, ihr Vater war Lehrer gewesen. In Argentinien gab es bestimmt Schulbücher, nicht wie hier, wo man Buchstaben in den Sand malte und der Unterricht ganz ohne Material stattfand. Oder (besser noch) sie würde bei einem Couturier arbeiten. Sie war schön, sie hatte Geschmack, sie liebte Stoffe. Sie war ein störrisches Kind gewesen, das sich um sich selber kümmern wollte. Heute war sie eine störrische Frau, die sich um sich selber kümmern würde. Wozu brauchte sie Nino oder seine abscheuliche Schwester, die sich wie seine Mutter benahm? Einen Mann, der damit prahlte, ein Krieger zu sein, sich aber vor seiner älteren Schwester fürchtete? Stana und sie würden mit dem nächstbesten Schiff nach Buenos Aires auswandern: Das war heute der Plan. Morgen würde sie einen anderen haben. Herrje, ihr Wankelmut machte sie selber verrückt.

Zora hatte Polonca an dem schrecklichen Nachmittag nach dem schrecklichen Vormittag zu verstehen gegeben, dass sie ihr nicht viel zutraute. *Sie ist ja durchaus intelligent. Aber ob sie etwas draus macht?*, hatte Zora zu ihrem Mann gesagt, nicht etwa flüsternd, sondern so laut, dass Polonca es hören musste. Es war allerdings dieser Satz gewesen, der

Polonca angetrieben hatte, sich zu melden, als das Zentralkomitee nach Frauen fragte, die des Lesens und Schreibens mächtig waren und sich für befähigt hielten, Flüchtlingskinder zu unterrichten. Ich hab etwas draus gemacht, dachte sie triumphierend.

Nichts trieb ihr so sehr die Schamesröte (oder die Wutröte) ins Gesicht wie die Erinnerung an den Morgen, als Zora Del Buono ungefragt in Ninos Schlafzimmer trat (nicht durch die Haupttür, sondern hintenrum durchs Bad), sie kühl ansah, sich wortlos umdrehte und den Raum verließ, um zwei Minuten später wieder ungefragt das Zimmer zu betreten (diesmal durch die Zimmertür) und sich auf die Bettkante zu setzen, mit hochgezogener Augenbraue (der linken, teuflisch sah das aus) und einer Zeitung in der Hand. Polonca fürchtete im ersten Moment, Zora wolle Nino damit schlagen, aber die sagte nur spitz: *In diesem Haus liest man beim Frühstück die Zeitung. Kaffee, die Herrschaften?* Nino stotterte dumm und Polonca schwieg. *Also Kaffee,* sagte Zora und ging. Giacomina brachte verlegen den Kaffee, Nino machte einen (für Polonca unverständlichen) Scherz über Neapel, Giacomina lachte nicht, nur ihre Mundwinkel zuckten nervös.

Es war die vierte Nacht, die Polonca im oberen Stock der Via Dieta verbracht hatte statt im Krankenlager unten, Gott sei Dank nicht die erste. Während der ersten war sie so aufgewühlt gewesen, dass sie gestorben wäre, hätte Zora Del Buono sie im Bett des Bruders erwischt. Nach der vierten war sie souveräner geworden, natürlich hatte sie gemerkt, dass Nino Erfahrung mit Frauen hatte, aber das störte sie kaum, im Gegenteil, ein linkischer Geliebter hätte sie nervös gemacht, so aber konnte sie sich diesem aufregend neuen Spiel der zwei forschenden Körper hingeben und nach den Monaten der Angst verspürte sie eine Leichtigkeit, die all ihre Sorgen herrlich beiseiteschieben half. Sie hörte auf zu denken und fing an zu lieben. Das aber nur kurz. Denn mit Zoras Auftritt war es mit der Liebe vorbei. Danach fing die Zeit der Sehnsucht an. Und später kam das Kind.

Man hätte sie selbstverständlich dabehalten können. Aber das wollte offenbar niemand, wie sie bitter dachte. Man prüfte sie einen Nachmittag lang, unterhielt sich mit ihr, betrachtete und beobachtete sie, verhohlen und unverhohlen, auch Pavle wurde in den Salon gebeten (*zur Inquisition,* wie er später sagte). Am nächsten Morgen wurden Polonca und Pavle in aller Früh aufs Schiff verfrachtet, wenige Stunden später stachen sie in See, mit eintausend anderen Kroaten. Pavle war bester Dinge, ein neues Abenteuer begann und er tröstete seine Schwester damit, Nino sei sowieso zu alt für sie, schon sechsunddreißig. *Leide viele Schmerzen, weil es so schön doch war,* sang er übermütig an der Reling und klopfte dabei rhythmisch auf den frisch umwickelten Gips, der immer noch stank, auch die anderen Flüchtlinge sangen erleichtert kroatische Volkslieder, während die Häuserfront des Lungomare kleiner wurde, herrschaftlich und abweisend, dachte Polonca, kalte Stadt. Pavle sang Schmonzetten, um die Partisanenlieder zu übertönen und ihr zu zeigen, dass Liebesleid zu einem freien Leben dazugehörte und Nino nicht das Ziel aller Träume war (einen Moralisten konnte man Pavle wahrlich nicht nennen). Aber Polonca wusste, dass ihr Bruder nur froh war, weg zu sein, dass ihm dieser schwerreiche Kommunistenhaushalt auf die Nerven gegangen war, zu dekadent, der Beweis für das, was er immer schon gedacht hatte: verlogenes Pack allesamt.

Polonca sah den Wasserturm am Horizont, ein metallenes Ungetüm in der Wüste, das die Kinder zum Hochklettern reizte. Sie ging an zwei Zelten vorbei, vor denen Ziergärten angelegt waren, *diese sinnlosen Gärten,* wie Polonca dachte, wenn sie schlecht gelaunt war, und *diese rührenden Gärten,* wenn sie guter Dinge war. Heute fand sie sie eher sinnlos. Sie betrachtete die Gießkanne, die früher eine Blechkonserve gewesen war, und trat näher: Die Gravur war noch lesbar, eine Blutwurstdose. Alles hier war zusammengebastelt und alles sah gut aus, sogar diese sorgfältig gelötete Kanne. Der berühmte Fußballer überholte sie trabend, auch so einer, der hängen geblieben war. Beim Volleyballfeld trainierten zwei Mädchengruppen, weiter hinten passten Frauen auf die Kleinsten auf, vier vergnügte Jungen juchzten in einer Schiffchenschaukel mit Piratenflagge am Mast, Lieblingsgerät der Kinder, aus angeschwemmten Fässern aus dem Suezkanal gezimmert, die Werkstätten funktionierten gut. Eine junge Frau schob schwungvoll die Schaukel an, kraftvoll und trotzdem elegant, Polonca kannte sie nicht, sie konnte ja nicht jede kennen hier. Das Camp hatte von Anfang an wie ein Transithotel funktioniert, plötzlich waren neue Menschen da, genauso plötzlich waren sie wieder weg; man wusste nie so recht, ob sie tatsächlich die waren, die sie zu sein vorgaben. Die Schaukelschubserin sah wie eine Partisanin aus den Zeitungen aus, schlank und strahlend, eine edle Person, eine Idealistin, die ganz im Dienste der Sache stand, überdurchschnittlich klug, so stand es in den Artikeln, man stopfte nicht nur die Kinder mit Propaganda voll. Pavle hatte Poloncas Blick dafür geschärft. Jetzt lachte die Schubserin laut. Polonca war sie schlagartig unsympathisch. »Stana, Mäuschen, wir müssen weg von hier«, flüsterte Polonca ihrer Tochter zu, die mit den Beinchen strampelte, weil sie auch in die Schiff-chenschaukel wollte.

»Polonca Perić!«, rief der Kommandant quer über den Spielplatz; er hieß Novak, ein herrischer Typ.

»Ja?«, rief sie zurück.

»Telegramm im Postzelt!«

Nino!, dachte Polonca als Erstes. Und dann: endlich.

»Ein Telegramm?«

»Für Stana. Geburtstagswünsche.«

Geburtstagswünsche für eine Einjährige. Polonca war fassungslos.

Sie bemühte sich, nicht zu rennen. Die Schubserin beobachtete sie genau. Dann rannte sie doch. Das Kind wippte in ihren Armen auf und ab.

Sie schlüpfte durch den Schlitz des Postzelts, gleich am Eingang die Wandzeitung, dahinter Tische für die Funker und Schreibkräfte, Frauen tippten Berichte für die Bezirks-verwaltung, in den Holzregalen Fächer mit Zeltnummern, darin die Post.

»Ah, Polonca!«, sagte eine der Frauen an den Schreib-maschinen, die Stenotypistin des COZ.

»Es ist ein Telegramm für mich gekommen?«, fragte Po-lonca.

»Eins? Grad kam ein zweites. Und ein drittes an den Kommandanten: Das geht auch um dich.« Die Stenotypistin händigte ihr das eine Telegramm aus und fächelte sich mit dem anderen Luft zu. »Der Reihe nach«, sagte sie lehrerinnenhaft. Polonca hörte einen gehässigen Unterton heraus. Im Postzelt war es still, kein Tippen mehr. Vier Frauen blickten Polonca an.

Sie las: GLÜCKWUNSCH ZU DEINEM ERSTEN GEBURTSTAG STANA PROF Z UND P DEL BUONO.

Enttäuscht legte sie das Stück Papier auf den Tisch.

Die Stenotypistin fragte: »Hast du etwas anderes erwartet? Wer sind diese Leute?«

Polonca war ihr keine Antwort schuldig. »Gib mir das zweite«, sagte sie. Die Stenotypistin zögerte noch, da trat Kommandant Novak ins Zelt und sie streckte ihm ein weiteres Telegramm hin: »Für Sie. Es betrifft Polonca.« Polonca spähte darauf, ein längerer Text. Novak las ihn sorgfältig.

»Anweisung aus der Zentrale in Vis. Frau Perić, Sie packen noch heute. Ich werde Sie morgen an den Hafen begleiten«, sagte Novak.

»Gib mir jetzt mein Telegramm«, forderte Polonca die Stenotypistin auf. Sie wollte endlich lesen, was Nino geschrieben hatte. Diese unverschämte Frau hielt es in die Höhe und lächelte süffisant: »Glaub mir: Auch Italien wird bald kommunistisch sein. Die wollen da keine Schwestern von Royalisten.«

»Was redest du denn da?«, rief Polonca.

»Nun geben Sie es ihr schon«, befahl Novak, »und hören Sie auf zu orakeln.«

Auf dem Blatt Papier standen nur zwei Zeilen: ERWARTEN SIE IN BARI SCHIFFSPASSAGE BEZAHLT GUTE REISE PROF Z UND P DEL BUONO.

Castel del Monte, Mai 1947

Straßen bauen! In Montenegro?! Du?!«

»Wer will in Montenegro Straßen bauen?«, fragte Greco und stellte sich lässig vor die Picknickdecke. Er war ums Kastell marschiert, oder eher: geschlendert (er neigte zu salopper Attitüde).

»Der da«, sagte Davide und zeigte auf den jüngsten der drei Brüder.

»Lächerlich«, sagte Greco und ließ sich seufzend auf die Decke fallen.

»Warum denn nicht?«, rief Manfredi. »Ich will Aufbauarbeit leisten!«

»Dafür bist du viel zu schwach.« Greco streckte die Beine aus.

»Schwach? Ich? Wer gewinnt beim Tennis immer? Wer hat den Juniormeisterschaftspokal im Regal stehen? Du etwa?!«

»Aufschneider. Glaubst wohl, du spielst bald in Wimbledon? Wem willst du imponieren? Dem Marschall? Der wird überhaupt nicht vernehmen, dass ein Italienerbengel irgendwo bei den Bergziegen Steine schleppt. Zudem erleidest du eine Lumbalgie.« Greco studierte im zweiten Semester Medizin.

»Lumbalgie, das ist für alte Leute!«, warf Manfredi ein.

»Unfug, das kann jeder bekommen, wart's nur ab.« Greco langte in den Korb, öffnete die Isolierkanne und füllte eine Tasse mit gesüßtem Kaffee. Die gesamte Familie trank den Kaffee stark gesüßt.

»Du bist nur neidisch, weil ich Ideen habe und du nicht!« Manfredi wollte nicht aufhören zu streiten, er war sechzehn und voller Energie.

»Beruhigt euch doch.« Davide warf einen besorgten Blick auf ihre Mutter.

Greco schlürfte laut, wie immer der Provokateur. Manfredi verdrehte die Augen. Zora sagte nichts. Die Händel zwischen 2 und 3 war sie gewohnt, und auch, dass 1 sich zurückhielt. Alles so vorhersehbar, dachte sie. Das war das Lästige und gleichzeitig Befreiende an ihrem Alter (sie war letzte Woche fünfzig geworden): Sie verstand zu viel. Jetzt hing sie allerdings nicht Manfredis Plan nach, in Montenegro Straßen zu bauen, obwohl ihr dieser Plan ausgesprochen gut gefiel, ihr Jüngster besaß politisches Feuer, im Gegensatz zu seinen Brüdern, er kam ganz nach ihr (und abgesehen von seinen roten Haaren, die an die Vaterlinie erinnerten, glich er ihr). Jetzt dachte sie an Fräulein Bloch. Pietro hatte ihr vorhin angekündigt – sie waren gerade den steilen Schotterweg zum Kastell hinaufgegangen und Zora hatte einen räudigen Hund verscheucht, der ihnen folgte –, dass er Fräulein Bloch in Jerusalem zu besuchen gedenke: *Und zwar allein.* Zora hatte dann einen Stein nach dem Hund geworfen. Diese Emmi wieder, dachte Zora, obwohl sie sie insgeheim bewunderte. Mit zweihundert Milligramm gestohlenem Radium in der Handtasche aus Berlin nach Palästina zu flüchten war schon eine Leistung gewesen.

Wir planen eine Zusammenarbeit, wir sind überzeugt, dass das wichtig ist. Und wir bereiten einen Kongress im Hadassah-Krankenhaus in Jerusalem vor, hatte Pietro gesagt. Das dreifache *wir* hatte Zora enorm gestört, und es störte sie noch immer, die Worte hämmerten in ihrem Kopf: *wir wir wir.* Sie glaubte nicht, dass Pietro und die Bloch'sche eine geheime Liaison verband, die beiden teilten etwas, das größer war, sie hatten eine Aufgabe, geradezu einen Auftrag: die Forschung voranzutreiben, der Menschheit Gutes zu tun. Und Fräulein Bloch hatte sowieso Großes vor: Sie half, *Eretz Israel* aufzubauen. Nicht einmal für eine späte Ehe schien sie Zeit zu haben, das hätte sie doch angehen können, wo schon der Zug für Kinder längst abgefahren war. Aber ach, das mit den Kindern … so wichtig waren Kinder auch wieder nicht. Neulich war es bei einem Abendessen zu einem Streit über Kinder gekommen, die Grandolfos waren zu Besuch gewesen, Dr. Russo, die Codas samt tantenhafter Schwägerin und Neldo natürlich, Neldo war Pietros Schatten (Zora hatte keinen Schatten) und Pietro so nah, dass er darum gebeten hatte, sich dereinst ins Del Buono'sche Familiengrab legen zu dürfen, weil er aus Ustica stamme und somit mit Pietro verwandt sei, Insulaner unter sich, auch im Tod. Für wen man sich entscheiden würde, wenn man nur *eine Person* vor dem Ertrinken retten könnte, war die impertinente Frage der Coda-Schwägerin gewesen, einer gehässigen, ältlichen Jungfer mit einer offensichtlichen Neigung zur Provokation: das Kind oder den Gatten? Neldo, der Hagestolz, hatte sich wortkarg gezeigt und irgendetwas von *jungem Leben* gemurmelt. Sowohl die Grandolfos, Dr. Russo als auch die Codas samt Jungfer waren vehement und lautstark der Meinung gewesen: das Kind selbstverständlich. Zora hingegen hatte nach kurzer Überlegung gesagt: den Gatten. Und es hatte sie beruhigt, dass Pietro ihr den Rücken gestärkt und sogleich das Argument für ihre Antwort geliefert hatte: Die Ehefrau habe er bewusst gewählt, um mit ihr das Leben zu teilen. Die Kinder könne man sich nicht aussuchen, man wisse nie, ob sie gut gerieten, zudem habe man meist mehr als eins, ein Verlust wäre also einfacher zu verschmerzen. Das darauffolgende Geschrei war ungeheuerlich gewesen, ein richtiggehender Tumult, sogar Josipina und Clara hatten plötzlich in der Tür gestanden und sich die Szene verwundert angeschaut. Zora befremdeten diese süditalienischen Schreiexplosionen immer, ihre eigenen Wutausbrüche gestalteten sich anders, durch schneidende Worte, schnelle, giftige Argumente, nicht durch hyperventilierende Hysterie (dachte sie). Die Coda fühlte sich in ihrer Mutterschaft entehrt und hatte Zora mit flattrigem Sopran, der in ein brüchiges Krächzen übergegangen war, an den Kopf geworfen, diese Aussage sei eine Schande und sie bereue, Zoras Söhne wochenlang mit an den Strand genommen zu haben *(den ganzen Tag aufgepasst, dass keiner ertrinkt!)*. Danach waren alle überstürzt aufgebrochen und der Abend zu Ende gewesen, die Coda-Schwägerin, die als alte Jungfer nun wirklich nicht von der Thematik betroffen war, hatte sogar ihr Zigarettenetui liegenlassen, das zu Zoras Überraschung mit Riechstäbchen gefüllt war, von denen man heutzutage doch wusste, dass sie nichts nützten, ebenfalls eine Hysterikerin. Natürlich hatte sich alles wieder beruhigt, das gehörte zum Drama hierzulande dazu. Zora allerdings verzieh nicht so schnell.

Die Codas würden auf eine neuerliche Einladung warten müssen; drei Monate mindestens, eher sechs. Obwohl Zora sich geschmeichelt fühlte, dass Pietro sich so klar geäußert hatte, war eine Spur Bitterkeit geblieben; sie erinnerte sich an Neapel, als Davide frisch geboren war und Pietro sie mit dem Kind nach Bovec verbannt hatte, weil ihn das Weinen des Kleinen störte. Pietro hätte auf Kinder verzichten können, was Zora auch nicht gefiel. Am Abend des Festes war sie missmutig zu Bett gegangen. Latent missmutig war sie auch jetzt.

Sie stand auf und ging ein paar Schritte Richtung Kastell, dem für sie schönsten Bau Apuliens, schöner als jede Kathedrale, da nicht mit Religion verbunden und so majestätisch, als ob die Kalksteinblöcke direkt aus der Erde erwachsen seien, so klar in seiner Achteckigkeit, mit den acht Türmen, die ebenfalls achteckig waren, ein klares Konzept, dann diese Mauerwerksmassen, meterdickes Gemäuer, solch eine trotzige Geschlossenheit, dieser Stolz, der da zum Ausdruck kam; nicht zu vergessen sein Erbauer Friedrich II., aus dem Geschlecht der Staufer, ein Schwabe. Zora hatte ein Herz für Schwaben, auch deshalb hatte sie auf Svevo als Zweitnamen für Manfredi bestanden.

Sie hörte die Stimme ihres Jüngsten, er rief: »Clara, Clara, komm zu uns!« Dass Pietro sie mit den Söhnen und Clara hier abgesetzt hatte und zu einem Patientenbesuch nach Andria weitergefahren war, passte ihr nicht, immerhin war Sonntag. Dass er zu diesem Fräulein Bloch nach Jerusalem reisen würde, passte ihr noch weniger. Und dass er allein zum Marschall nach Jugoslawien geflogen war, passte ihr am allerwenigsten. Zum zweiten Mal ohne sie!

Die Angelegenheit hatte sich weniger dramatisch und geheimniskrämerisch angehört als die von letztem Jahr, diesmal hätte er sie doch mitnehmen können, eine läppische Nachkontrolle einer verpfuschten Leistenbruchoperation. Letztes Jahr hingegen … Seit Titos Besuch in Moskau im Juni 1946, als ihm schwante, dass Stalin sich seiner entledigen wollte, seit Pietro diese Mordversuchthese, die nur in der Luft gehangen hatte, stützen (oder zumindest nicht entkräften) hatte können, seit dieser Zeit war es nun Pietro, der Tito nahegerückt war – und sie stand außen vor (und polierte gelegentlich ihren Orden). Die Krönung aber: Pietro schien sich aus dieser Nähe gar nicht besonders viel zu machen. Natürlich hatte er ausführlich darüber berichtet, was Tito in der Moskauer Kremlin Klinik widerfahren war, und natürlich hatte Zora nach Details gehungert, die Pietro ihr nicht geben konnte, er war schließlich nicht dabei gewesen, hatte alles nur vom Marschall erfahren. Stalin habe Tito voller Stolz die nach Kriegsende erweiterte Abteilung für Radiologie gezeigt, auch das brandmoderne Röntgengerät, mit dem man zu Vorführzwecken Titos Unterleib durchleuchtet und dabei eine Cholezystitis festgestellt habe (*was durch Röntgen gar nicht feststellbar ist!, der reinste Betrug!,* hatte Pietro gesagt), wonach Chefarzt und sämtliche Assistenten einhellig der Meinung gewesen seien, die Gallenblase müsse unverzüglich entfernt werden, am besten am nächsten Morgen, das drohende Gallenblasenempyem sei unberechenbar, Titos Leben in Gefahr und die Cholezystektomie ein leicht zu bewerkstelligender Eingriff, ohne Gallenblase lebe es sich zudem hervorragend. Tito war am nächsten Morgen außerplanmäßig abgereist: Er hatte unvorhergesehene Verpflichtungen in Belgrad vorgeschoben. Beide Optionen waren beunruhigend für ihn: Krankheit oder Stalin als Todfeind. Kurz darauf hatte er Pietro nach Jugoslawien einfliegen lassen, samt mobiler Apparaturen. Pietro hatte bei der Untersuchung festgestellt, dass die Gallenblase in bestem Zustand war, glatt und frei von Karzinomen oder Entzündungen; gut möglich, dass Tito bei einer Operation in Moskau an einem angeblichen Narkosezwischenfall gestorben wäre, ein schwaches Herz, hätte es dann wohl geheißen, wahrscheinlich familiär bedingt. Zora fand das aufregender als Pietro selbst. *Stalin wollte ihn um die Ecke bringen! Du hast dem Marschall das Leben gerettet!*, wiederholte sie immer wieder. *Aber nein, ich habe dem Marschall nur bestätigt, dass die Moskauer Kollegen eine Fehldiagnose gestellt haben, die man so oder so interpretieren kann. Übertreib nicht immer so maßlos.*

Auch dieses Mal hatte er dem Marschall bestätigen müssen, dass die Kollegen nicht ideal gearbeitet hatten; eine Leistenbruchoperation, vorgenommen in Titos Sommerresidenz Schloss Brdo, unweit von Ljubljana, wohin der Sicherheitsdienst die besten russischen Chirurgen beordert hatte, Dr. Bakaljew und Dr. Smortrow, was Tito zwar zugelassen hatte, um die wachsenden Spannungen mit Stalin zu befrieden, was ihn in Anbetracht des Vorfalls in Moskau aber hatte nervös werden lassen und weswegen er zwei jugoslawische Ärzte dazu bestellt hatte, Dr. Lauric und Dr. Brezel. Die Operation war beinahe missglückt. Zu viele Ärzte, zu viele Meinungen, russische Koryphäen gegen jugoslawische Koryphäen; Kriegsschauplatz Operationssaal. Pietro konnte mit Dr. Lauric darüber sprechen und auch mit dessen Instrumentenschwester Livia Merlak, die vor dem Krieg Nonne gewesen war und Pietro offenbar tief beeindruckt hatte, *eine bemerkenswerte Person,* wie er immer wieder betonte. Seltsame Frauen, diese ehemaligen Nonnen, dachte Zora: lauter Enttäuschte.

Sie beobachtete ihre Söhne, wie sie mit Clara scherzten, die sich schüchtern zu ihnen gesetzt hatte – ebenfalls eine Enttäuschte. Alle drei mochten die junge Frau, die so anders war als die sonstigen Dienstmädchen, ernster, stiller, auch reifer. Sie ging auffallend aufrecht, ohne dabei steif zu wirken; sie war kleiner als Davide, aber größer als Greco und Manfredi und würde das wohl auch bleiben, wenn alle ausgewachsen wären, sie war nur wenige Wochen jünger als Greco, er war schon neunzehn, sie noch nicht.

»Mama, kommen Sie, spielen Sie mit uns!«, rief Manfredi Zora entgegen; er hatte das Würfelspiel ausgepackt. Die vier jungen Menschen saßen auf der Picknickdecke wie vergnügte Kinder um das Spiel herum, Greco und Manfredi in ihren amerikanischen langen Hosen (der letzte Schrei), Davide in feinerem Tuch, Clara trug ein moosgrünes Kittelkleid, ein wenig tailliert, aber knöchellang, der Weg zur modernen Frau war noch weit.

Dass *Santa Clara* ihre temporäre Hausangestellte war, hatte mit den Skeletten zu tun. Und dass die Skelette überhaupt entdeckt worden waren, hing mit den Grundstücksstreitigkeiten zusammen. Beides hatte in der Familie für Aufruhr gesorgt, 1, 2 und 3 hatten den Skandal mitbekommen – wenn auch nicht vollumfänglich: Claras Rolle darin hatten Zora und Pietro den Söhnen verschwiegen. *Man muss das Mädchen schützen,* lautete Pietros Devise. Und:

Je weniger Leute davon erfahren, desto besser für sie. Nur Neldo wusste Bescheid. Und Avvocato Basso natürlich, der Familienanwalt, der die Verhandlungen mit dem Prior geführt hatte. Der unlängst gewählte Vorsteher des Dominikanerklosters, das an den Garten des Del Buono'schen Hauses anschloss, hatte eines Tages im Warteraum der Klinik gestanden und Pietro zu sprechen gewünscht; man habe anhand alter Pläne festgestellt, dass die Grundstücksgrenze nicht korrekt sei, sondern um sechs Meter verschoben, der Klostergarten sei also zu klein, was angesichts der Enge in der Stadt durchaus eine Rolle spiele, sie als Familie besäßen mehr Garten als nötig *(Vergnügungsgarten!)*, seine Mönche hingegen zu wenig *(Nutzgarten!)*; vierzig mal sechs Meter, zweihundertvierzig Quadratmeter Fläche, das sei keine Marginalie, man müsse daher bedauerlicherweise darauf bestehen, dass die Mauer versetzt werde, leider auf Kosten des hochgeschätzten Professors. Basso hatte nichts ausrichten können, und nachdem mit dem Abriss der drei Meter hohen Bruchsteinmauer begonnen worden war, die im Laufe der Jahrzehnte zu einer Heimstatt von Echsen, Vögeln und Käfern geworden war, waren 2 und 3 heimlich nachts durch den Klostergarten gestromert, ein dschungelartiges Dickicht – von wegen *Nutzgarten*. Bald hatten sie die niedrige Holztür in der Mauer zu dem Konvent der Ordensschwestern entdeckt, das sich an der Ostseite ans Dominikanerkloster anschloss, Greco hatte sie geöffnet und war gebückt durchgegangen, während Manfredi sich nicht traute, den Innenhof der schwesterlichen Anlage zu betreten. Die Tür fiel ins Schloss und ließ sich von Grecos Seite aus nicht mehr öffnen, obwohl der zerrte und hämmerte, während Manfredi erst nicht verstand, dass die Tür sich nur von seiner Seite aus öffnen ließ, dann aber Grecos Panik genüsslich ausnutzte und sich erst mal eine Zigarette ansteckte, bevor er seinem Bruder großherzig die Tür wieder aufschloss. Das alles wusste Zora nur, weil die beiden es später erzählt hatten, Greco empört, Manfredi frech grinsend. Niemand konnte sich erklären, warum diese Tür nur von der Männerseite aus zu öffnen war, man hatte beim Abendessen allerlei Möglichkeiten diskutiert. Erst Tage später, als Pietro bei der Inspektion der Bauarbeiten, die sich dahinschleppten, einen unscheinbaren kleinen Knochen in der Erde entdeckte, den er begeistert aufhob und in der Brusttasche des Jacketts verstaute, um ihn zu begutachten *(womöglich der einer Katze!)*, lichtete sich das Dunkel. Mitten in der Nacht schreckte Pietro auf, rannte in die Klinik hinunter und kam mit dem Knöchelchen in der Hand zurück, er schwenkte es triumphierend: *Katze!, so ein Unsinn, das ist das Sternum eines Säuglings, womöglich eines Neugeborenen!* Zora erfasste blitzschnell die Tragweite und zog sich einen Morgenmantel über. Beide eilten in Hausschuhen durch die *stanza fredda* über die Außentreppe in den Garten und zur Mauerbaustelle, mit Taschenleuchten in der Hand, die sie genauso griffbereit in ihren Nachttischchen liegen hatten wie die letzten Partisanenpistolen. Pietro nahm den Spaten und ging zu der Stelle, wo das Knöchelchen gelegen hatte, er stach in die Erde, Zora stand daneben und leuchtete in die sich vertiefende Grube, bis zum Vorschein kam, was sie erwartet hatten: Rippenbögen, Fingerknöchelchen, Zehen und mehr. Zora murmelte: *Bleiche Erzeugnisse christlicher Liebe,* und dann:

Grab hier. Und tatsächlich: das nächste Säuglingsskelett, nahezu vollständig. *Wie lange liegen die schon hier?* Pietros Antwort: *Jahre, Jahrzehnte, schwer zu sagen.* Pietro ließ ein paar Knochen in die Morgenrocktasche gleiten und schaufelte die kleinen Gruben wieder zu. *Vielleicht,* sagte Zora, *wären diese Menschlein heute so alt wie wir.*

Beide konnten in jener Nacht nicht schlafen. Der Morgen danach war fast so aufwühlend. Um neun klingelte der Prior an der Vordertür und wollte Baudetails besprechen, Zora wimmelte ihn ab und sagte keinen Ton zu den Skeletten, erst musste Avvocato Basso informiert werden. Dann stand plötzlich Clara im Garten, unter dem Kakibaum, Davide hatte sie entdeckt *(Mama, kommen Sie, da steht eine Nonne im Garten!)*, ein verschrecktes, blasses Ding mit verquollenen Augen und fleckigem Ordenskleid. Es dauerte Stunden, bis Zora die verstörte Kleine zum Sprechen brachte, sie musste sie mit aller Geduld umsorgen – und Geduld war nicht ihre Stärke, aber sie gab sich Mühe, ließ Josipina warme Milch mit Honig bringen, machte ihr den Platz auf der *poltrona blu* frei und hüllte sie in eine Decke. Das Mädchen, so stellte sich heraus, war in jener Nacht, als Pietro die Gräber ausgeschaufelt hatte, im Garten gewesen, nicht allein, sondern mit einem Mönch. Sie hatte – und Zora glaubte ihr das – erst in dem Moment, als sie Pietro und Zora beim Ausgraben der Säuglingsskelette beobachtet hatte, erfasst, was das alles bedeutete. Bis zu diesem Zeitpunkt hatte sie sich dem Drängen von Pater Antonio nicht zu widersetzen getraut und war mehr als einmal nachts mit ihm im Garten gewesen, *um ihm zu dienen,* wie sie stammelte. *Wir retten sie aus den Klauen der Volksverdummer,* entschied Zora. Sie mochte den Begriff *Volksverdummer*, in Jugoslawien war er gerade in Mode, das wusste sie von Goran. Pietro rief Basso an, um ihm die Sache zu schildern, und sie beratschlagten spätabends zu dritt im Salon, ob man das Kloster verklagen solle oder nicht. Da aber nicht herauszufinden war, wann all diese Neugeborenen getötet worden waren, war ein Prozess sinnlos. Der Prior würde versuchen, die Taten auf frühere Jahrzehnte, gar Jahrhunderte zu verlegen, und dass Clara behauptete, Mönche würden sich an den Ordensschwestern vergehen, war schlicht nicht beweisbar, man würde sie der Lüge oder einer perversen Fantasie bezichtigen, es gäbe öffentliche Unruhe, ihr Vater würde davon erfahren (ihre Mutter war tot), die Klosterleitung sie als Flittchen hinstellen, als Abtrünnige, die den hehren Aufgaben des Klosterlebens nicht gewachsen und dem Wahn anheimgefallen war. Das große Glück: Clara war nicht geschwängert worden, sie war zwar keine Jungfrau mehr, aber hatte wenigstens nicht durch die Hölle des erzwungenen Aborts gehen müssen, mit unhygienischen Stricknadeln ausgeführt. Und schon gar nicht durch die Hölle einer Mutter, deren Neugeborenes erstickt und an einer Mauer beerdigt worden war. *Lasst es gut sein,* sagte Basso, *ich regle das mit dem Prior.* Und er regelte es: Die Mauer wurde an alter Stelle wieder aufgebaut. Im Zuge dieser Bauarbeiten wurde auch die Tür zum Frauenkloster zugemauert. Hoffentlich, dachte Zora, hatten die Schwestern jetzt Ruhe.

Santa Clara hatten sie einfach behalten. Nur Zora nannte das Mädchen so, und das auch nur für sich; ein einziges Mal hatte sie ihr den Namen an den Kopf geworfen, es war um eine banale Lüge gegangen, Clara hatte behauptet, der Uhrmacher habe Pietros Westenuhr noch nicht fertig repariert, was nachweislich nicht der Fall gewesen war, Clara hatte nur vergessen, sie abzuholen. *Du weißt, wie sehr ich Lügen verachte,* SANTA *Clara!,* hatte Zora sie angeherrscht. Das Wort *Lügen* hatte Clara mindestens so zusammenzucken lassen wie das *Santa*. Sie war für die Hausarbeit nicht besonders geeignet (zu unentschlossen) und für die Küche schon gar nicht (zu asketisch), ihr aufopfernder Charakter passte besser zu einer Pflegerin, und wenn sie sich schon nicht mehr Jesus hingeben konnte, dann wenigstens den Patienten. Pietro hatte dafür gesorgt, dass sie in die Krankenschwesternschule aufgenommen wurde, im Oktober fing sie an.

Jetzt aber schüttelte sie den Würfelbecher so unbeschwert, als sei sie die Schwester der drei jungen Männer; ein wenig familiäre Normalität, nach all den Jahren im Kloster ungewohnt für sie. Sie saß so aufrecht da, wie sie sonst ging, als wollte sie sich und der Welt bestätigen, dass sie in erster Linie das war: eine durch und durch integre Frau. Zora erkannte (durchaus wohlwollend), wie sehr sich dieses Mädchen zusammenreißen musste. Zusammenreißen, um nicht loszuweinen, weil sie ihre Mitschwestern vermisste, die zu sehen ihr verboten worden war, um nicht dem Vater zu gestehen, was vorgefallen war, um Josipina nicht ins Vertrauen zu ziehen, weil sie sich nach einer Freundin sehnte. Und vor allem: um gegen Gott nicht zu sündigen (was in diesem gottlosen Haushalt schwierig war).

Zora würfelte nicht mit, sie stand daneben. Sie war eine Spielernatur, aber am liebsten spielte sie um Geld, eigentlich spielte sie nur um Geld, deswegen hatte sie auch selten mit den Kindern gespielt, als die noch klein gewesen waren, zu langweilig, zu sehr Kindergedankenwelt, zu wenig ihre, einzig zu *Mensch ärgere Dich nicht* hatte sie sich manchmal überreden lassen und natürlich zu den Schlachten mit Zinnsoldaten und manchmal zu Murmelspielen mit ihren Brüdern, die heimliche Wetten abgeschlossen hatten, wie lange es dauerte, bis der kleine Nino einen Wutanfall bekäme, weil er die Murmeln mit seinen Patschhänden nicht richtig rollen konnte, Ninos Wutanfälle waren in der Familie legendär, ganz Bovec kannte sie, und jetzt musste Polonca sie wohl ertragen, denn cholerisch war Nino immer noch, was der Grund gewesen war, dass Zora ihm und Polonca schleunigst eine Wohnung gesucht hatte, unerträglich, mit den beiden zusammenzuleben (und der kleinen Stana noch dazu).

Sie blickte auf die Uhr, Pietro hätte längst auftauchen sollen, wie konnte er sie so lange in dieser Ödnis warten lassen, man fühlte sich richtiggehend ausgesetzt. Sie wurde des Kastells langsam überdrüssig, auch wenn der Kalkstein golden schimmerte und die Landschaft durch das flacher werdende Abendlicht von epischer, wenn auch monotoner Größe war, man ahnte das Meer in der Ferne. Sie würde sich ein wenig die Beine vertreten, ein letzter Rundgang um das Kastell. Solange ihre Söhne nicht maulten, dass sie hier ausharren mussten, war alles gut, besser, sie lenkten sich mit dem Spiel ab und vergaßen die Zeit; nicht mehr lange und es würde eindunkeln, wenigstens war genug zu essen da, das Körbchen war halb voll, einzig auf die *panzerotti*, die Lieblingsspeise der Kinder, hatten sich alle gleich nach der Ankunft gestürzt (sogar Pepca beherrschte das Rezept, so war diese süditalienische Spezialität nach Bovec gelangt, das ja jetzt zu Jugoslawien gehörte).

Davide schien diese Runde zu gewinnen, was der Gesamtstimmung förderlich war, alle gönnten ihm einen Sieg, er war der Älteste, also respektiert, aber wichtiger war: 2 und 3 trugen ihre Kämpfe untereinander aus und nicht mit ihm, der der Weichste war, der Unsicherste, aber auch Vornehmste. Zudem wäre er in ein paar Monaten nicht mehr Student, sondern Arzt und somit ein Kollege ihres Vaters, was seine Position in der Familie spürbar veränderte. Er wuchs an manchen Tagen regelrecht über sich hinaus, auch wenn er nie ein Kämpfertyp sein würde. Zora sah, dass Clara ihn verstohlen anhimmelte; eigentlich nicht unpassend, dachte sie, schob den Gedanken aber sofort beiseite, lachhaft, er war viel zu jung, das war gegen jede Abmachung, zudem diese vermaledeite Religiosität, wobei die sich ja noch legen konnte, man würde weitersehen, wenn das Mädchen seine Ausbildung zur Krankenschwester abgeschlossen und sich mit der Wissenschaft vertraut gemacht hatte; im Hinterkopf sollte Zora diese Option allerdings behalten, zumal Clara sich gut einfügen würde, da ohne Mutter mit eigenen Vorstellungen.

Endlich kam Pietro. Zora sah den Wagen aus der Ferne auf einer Art Piste durch den lichten Wald zwischen Steineichen und Pinien fahren, Staub wirbelte hinter ihm auf, man konnte seine Fahrt von hier oben aus gut verfolgen, die totale Übersicht, so stellte sie sich Afrika vor. »Papà ist im Anmarsch«, rief sie, »packt schnell alles zusammen, los, helft Clara beim Einräumen!«

Fünf Minuten später dann: »Zorissima!« Eine Männerstimme, laut und sonor.

Zora zuckte zusammen und drehte sich um; das durfte doch nicht wahr sein. Am Ende des Hügels stand ein Automobil, staubig, alt, ein kleiner Lieferwagen mit geöffneten Fenstern. Erst stieg Giuseppe aus. *»Nonno!«*, rief Manfredi erstaunt. Dann ging die Fahrertür auf. Zora spürte diesen Anflug von Erregung, den sie immer spürte, wenn sie Zappacosta sah. Seine rohe, fast ordinäre Art widerte und zog sie gleichermaßen an. Die beiden Männer kamen auf sie zu, massig und selbstbewusst der alte, drahtig und selbstbewusst der junge.

»Ihr zwei zusammen?« Ihr Schwiegervater konnte Zappacosta nicht ausstehen *(dieser unerzogene Bauernrüpel)*, verwunderlich, dass er sich überhaupt mit ihm in einen Wagen gesetzt hatte. »Wo ist Pietro?«

»In der Klinik. Ein Notfall.«

»Was sonst … Kinder, kommt, wir fahren im Lieferwagen nach Hause, ihr steigt hinten ein, ich setze mich zwischen die beiden Herren. Es wird eng.«

Zappacosta lachte bellend auf.

»Es ist etwas passiert«, sagte er dann.

»Was ist passiert?«, fragte Zora.

»Die Regierung tritt zurück.«

»Schon wieder?! *Kabinett De Gasperi III* ist Geschichte? Das ging ja schnell, vier Monate diesmal. Was war der Auslöser?«

»Die Amerikaner«, brummte Giuseppe vieldeutig, einen Zigarillo im Mundwinkel.

»Sie werfen uns aus dem Kabinett. Die nächste Regierung wird von Kommunisten und Sozialisten gesäubert sein.«

»Ungeheuerlich«, schimpfte Zora, »was erlauben sich diese Amerikaner? Italien ist seit dem Friedensabkommen ein souveräner Staat!«

»Nein, Teuerste, ist es nicht«, sagte Zappacosta und blickte Zora so tief in die Augen, dass sie sich umdrehte und unkontrolliert Greco anherrschte, er solle sich beeilen, obwohl er schon mit gepacktem Picknickkorb neben ihr stand.

»Wir besprechen unterwegs, was zu tun ist«, sagte Zappacosta.

»Gramscis Erbe darf nicht zerstört werden«, sagte Zora.

»Los, Kinderchen, rein mit euch!«, rief Giuseppe.

»Ja, *nonno*«, antworteten 1, 2 und 3 so artig, als ob sie wirklich Kinderchen seien. Auch Clara nickte, die gefaltete Decke in den Händen.

Zora stieg in den Wagen. Und wartete, dass Zappacosta sich neben sie setzen würde.

Bari, April 1948

Ihre Stimme! Ihre Stimme schallte durch die ganze Stadt. Nun gut, nicht durch die ganze Stadt, aber über die Piazza Roma hinweg bis in die Nebenstraßen hinein und sogar zur Piazza Umberto hinüber. Er hatte sie sofort gehört, als er aus dem Universitätsgebäude getreten war, Agata an seiner Seite, die er erst fünf Minuten zuvor kennengelernt hatte, in der Immatrikulationsstube, wo er sich hatte informieren wollen, welche Fächer er belegen sollte, um Journalist zu werden. Er war mit Absicht heute hingegangen, weil ihm sein Vater sicher nicht über den Weg laufen würde, der ja glaubte, er wolle Arzt werden, Radiologe natürlich. Agata hatte sich für Griechisch, Latein und Philosophie eingeschrieben, *aus Trotz,* weil Mussolini den Frauen diese Fächer zu unterrichten verboten hatte und jetzt eine *Frauenlücke* bestand, die es zu füllen galt. *Journalist will er werden!,* hatte sie gerufen, *dann ist Philosophie nicht verkehrt!* Und das strenge Bürofräulein hinter dem Tresen hatte gebrummt: *Italienische Literatur müssen Sie belegen, die Jugend spricht ja heutzutage kein ordentliches Italienisch mehr, vom Schreiben ganz zu schweigen.* Agata hatte erst ihm zugezwinkert und dann dem griesgrämigen alten Fräulein. *Ein paar Semester Jurisprudenz stünden Ihnen auch gut zu Gesicht,* hatte Agata kokett ergänzt und sich ihm als *Signorina Agata Giordanelli* vorgestellt. Sie war offenbar eine energische Person. Und sah zudem reizend aus, mit ihren winzigen, kurz geschnittenen schwarzen Locken, der griechisch anmutenden Nase, dem frech gereckten Kinn.

… ANTIKOMMUNISMUS …

Sie schlenderten an den Parkbänken der Piazza Umberto vorbei, ausnahmsweise kaum besetzt, nur unter den afrikanischen Palmen hockten erschöpft blickende Männer, jeder mit einem bedruckten Blatt Papier in der Hand, das sie aber nicht lasen.

»Warum willst du Journalist werden?«, fragte Agata.

»Ich will die Wirklichkeit beschreiben, um sie zu verändern! Ich muss nur noch eine *Olivetti* kaufen und dann geht's los«, antwortete Manfredi stolz. »Und du? Warum willst du Latein studieren? Nur um zu unterrichten?«

»Nein, ich möchte die alten Sprachen verstehen, um besser zu poetisieren.«

»Eine Dichterin!«, rief Manfredi begeistert, dachte aber gleich an seine Mutter, die gern schimpfte, wie sehr ihr diese *Nachkriegsdichtungseuphorie* auf die Nerven gehe, ob *diese Dilettanten* denn nichts Besseres zu tun hätten, entweder sie schrieben *Schwulst* oder *sterbenslangweiliges Zeug;* ganz Bari, ja ganz Italien glaube sich literarisch äußern zu müssen, nachdem sie während des Faschismus geschwiegen hätten, bis auf ein paar mutige Schriftsteller im Norden. Manfredi hatte sich nie genau erklären können, wie seine Eltern so unbehelligt durch die Mussolini-Jahre gekommen waren, warum sein Vater an der Fakultät hatte bleiben können; *man hat ihn als Arzt gebraucht,* behauptete seine Mutter, aber wahrscheinlich hatten sie einfach Beamte geschmiert.

… ZWEI MILLIONEN …

Wortfetzen. Krächzen. Die Stimme megafonverzerrt.

… DANK UNSERER ARBEIT, DANK EURER ARBEIT …

»Hörst du das?«, fragte Agata, die ihn jetzt duzte.

… NOCH NICHT AM ENDE …

»Was redet die? Wer ist das überhaupt?«

»Das ist meine Mutter«, seufzte er.

Sie schaute ihn groß an. »Deine Mutter?! Was tut sie denn da?«

Manfredi lachte: »Agitieren.«

… ANALPHABETISMUS …

»Oha«, sagte Agata, »meine Mutter schimpft über politisierende Frauen, sie nennt sie *verkappte Schlumpfweiber*.«

»Schlumpfweiber! Was ist denn das für ein Wort?«

»Mama mag komische Ausdrücke. Sie spricht auch von *Midinetten*. Midinetten und Schlumpfweiber sind das Allerletzte. Midinetten sagt man in Turin, da kommt sie her. Aber Schlumpfweiber hat sie erfunden, glaube ich wenigstens.«

»Aha. Meine sagt *Flitscherl*, wenn sie besonders böse sein will; das ist österreichisch. Was eigentlich seltsam ist, weil das Dorf, aus dem sie stammt, auf Deutsch Flitsch heißt«, sinnierte Manfredi. »Da muss ich sie mal drauf ansprechen. Oder … besser nicht …«

… AMERIKANISCHES GELD …

»Du bist gar kein Italiener?«, fragte Agata und musterte ihn ungeniert. »Daher deine Adlernase? Die sieht so nordisch adelig aus.«

Manfredi fand nicht, dass er eine Adlernase hatte, vielleicht war da ein diskreter Höcker, aber der war längst nicht so groß wie der von Davide (der zudem unter dreieckigen Ohren litt, auch wenn es hieß, er sei der bestaussehende der Brüder, da der eleganteste). Das *adelig* schmeichelte Manfredi hingegen, obwohl er wie alle Familienmitglieder das D in Del Buono großschrieb und nicht klein, wie es vor Generationen der Fall gewesen war; del Buono mit kleinem d würde auf Landadel hinweisen, aber man war ja kommunistisch, sprich adelsfeindlich, daher: großes D.

»Selbstverständlich bin ich Italiener! Ich bin in Bari geboren. Mein Vater ist Sizilianer. Meine Mutter Slowenin, aus dem Flecken, der einst Österreich-Ungarn war, genauer gesagt das *Eigenständige Kronland Görz und Gradisca,* das zum Österreichischen Küstenland gehörte und nach dem Krieg zu Italien kam. Im letzten Krieg wurde es von den Deutschen besetzt und danach von den Engländern verwaltet. Und von den Amerikanern natürlich.« Er unterbrach seinen Redefluss, um die Pointe zu setzen: »Meine Mutter hat in ihrem Leben fünf verschiedene Pässe besessen, stell dir vor! Seit letztem Jahr hat sie den jugoslawischen, der gefällt ihr besonders gut. Sie sagt: *Der gilt jetzt für immer.*«

»Pffff …«, sagte Agata, »das ist aber kompliziert. Komm, wir gehen hin und hören ihr zu. Oder willst du lieber wegschleichen?«

Natürlich wollte er seine Mutter hören – oder vielmehr: Er wollte sie sehen. WAS sie zu sagen hatte, wusste er ja, das hatte er hundert Mal beim Abendessen gehört (das erste der obligaten drei PPP-Gesprächsthemen: Politik, Patienten, Palaver). Aber WIE sie ihren Auftritt gestaltete, das interessierte ihn. Er wollte wissen, ob sie hinter einem Rednerpult stand, ob sie mit den Fäusten fuchtelte (was er vermutete), ob das Publikum ihr folgte, ob es überhaupt Publikum gab. Und er wollte Agata neben sich wissen; so ein munteres Mädchen, sie gefiel ihm sehr. Sie nahmen den direkten Weg durch die Via Sparano, wegen der vielen Geschäfte die Lieblingsstraße seiner Mutter.

»Das ist die Lieblingsstraße meiner Mutter«, sagte Agata, »wegen der vielen Geschäfte.«

»Bald fahren hier keine Trambahnen mehr, sondern elektrische Busse.«

»Ist das gut oder schlecht?«, fragte Agata.

»Wahrscheinlich gut. Busse sind flexibler als Trams, aber eigentlich mag ich Straßenbahnen gern.«

»Ich auch«, seufzte Agata, »die sind so herrlich altmodisch, es gab sie schon immer.«

»Und man kann aufspringen während der Fahrt!«

… WIDERSTANDSKÄMPFER WERDEN DIFFAMIERT …

Die Stimme, klarer nun und lauter. Und dann sie. Sie stand auf einem Podest aus Holz. Kein Rednerpult, auch kein Megafon in der Hand, sondern ein Mikrofon vor sich und ein elektrodynamischer Lautsprecher daneben. Er sah sie leuchten. Sie trug das apricotfarbene Kostüm mit den schwarz-weißen abstrahierten Blumen, die man aus der Ferne nicht als solche erkannte. Aber er hatte den Stoff gesehen, seine Mutter hatte mit Francesca besprochen, ob er *zu asiatisch* aussähe und ob sie mit dem Schnittmuster zurechtkämen oder den Stoff besser zum Schneider bringen sollten. Er wusste nicht, wofür sie sich entschieden hatten, wahrscheinlich für den Schneider, da seine Mutter den passenden Hut dazu trug. Das Kostüm war auffällig und schlicht zugleich, er war sicher, dass sie es ausdrücklich für den Anlass angefertigt hatte. Das lang gezogene Bahnhofsgebäude im Hintergrund korrespondierte perfekt mit dem Kleid, es war ebenfalls apricotfarben, aber dunkler. Er traute ihr alles zu ... Sicher dreihundert Menschen standen vor ihr, vielleicht vierhundert, womöglich sogar mehr, es war schlecht zu schätzen, mehr Männer als Frauen. Sie lauschten, keine Zwischenrufe, kaum Geschwätz. Viele rauchten, andere hielten Zappacostas Flugblatt in der Hand.

»Signora Del Buono ist deine Mutter?!«

»Kennst du sie denn?«

»Ich habe von ihr gehört.«

»Nur Gutes, nehme ich an?«

»Nicht nur«, kicherte Agata.

»Ja, sie ist ... wie soll ich sagen: ein Fels.«

... UND HEUTE? WIEDER FASCHISTEN IN DER JUSTIZ ...

»Ist sie wirklich Kommunistin?«, wisperte Agata und blickte sich vorsichtig um. Zwischen so vielen Linksradikalen hatte sie bestimmt noch nie gestanden.

»Das behauptet sie immer«, flüsterte Manfredi zurück, »aber meine Brüder und ich denken, dass sie nur Sozialistin ist.«

»Na, Gott sei Dank!«, rief Agata. »Meine Mutter hat solche Angst vor den Kommunisten!«

Ein Greis (ein Fischer wahrscheinlich) drehte sich um und hustete Agata derart unverschämt ins Gesicht, dass Manfredi sie rasch an den Schultern aus der Menge schob. Ein Wunder, dass der Kerl sie nicht mit Tabakschleim aus seinem zahnlosen Mund angespien hatte.

»Wovor hat sie denn Angst?«, fragte Manfredi.

»Dass die Kommunisten ihr die Dienstmädchen wegnehmen!« Agata kicherte.

… IN POLIZEILICHER BEUGEHAFT. MÜTTER, WOLLT IHR DAS? …

»Lustig! Meine Mutter sagt immer, sie könnte wunderbar ohne Dienstmädchen leben. Aber das stimmt überhaupt nicht. Wen würde sie sonst herumkommandieren? Sie liebt es, Leute zu kommandieren.«

»Wie oft wechseln bei euch die Mädchen? Mama sagt immer, man solle hässliche nehmen, die bleiben einem länger erhalten. Aber ich glaube, sie will keine hübschen wegen Papà«, sagte Agata.

»Unsere letzte war eine Nonne«, sagte Manfredi.

»Eine Nonne im Haushalt?!«

»Ja, wir haben sie gerettet, sagt meine Mutter immer. Sie wollte keine Nonne mehr sein. Die war sehr nett. Jetzt ist sie Krankenschwester.« Von den Säuglingsskeletten an der Klostermauer sagte er nichts, er wusste ja nicht, ob Agata strenge Katholikin war und behaupten würde, er würde lügen, diesen Teil der Geschichte hob er für ein andermal auf. »Die vorletzte hieß Giacomina und war wirklich hässlich, aber lustig. Und richtig frech! Sie war so frech, dass meine Mutter sie nicht mehr ertragen konnte, sie hat sie eines Nachts in einem Wutanfall einfach aus dem Haus geschmissen. Mit gepacktem Koffer! Mein Vater hat sie dann bei einem Kollegen untergebracht. Die vorvorletzte kam aus Slowenien, so eine lange Blonde, die hat den Schneider Fontana geheiratet, weißt du, den aus der Via Principe Amedeo, der mit dem Wildschwein im Schaufenster, der ist aber kleiner als sie. Meine Mutter nimmt ihr diese Heirat so übel, dass sie sogar den Schneider gewechselt hat. *Der Fontana war mir sowieso zu vulgär.* Und zu Josipina hat sie gesagt: *Wenn du mir eine ausgestopfte Sau vorziehst, dann geh halt zu diesem Zwerg.* Aber inkognito hat sie bei Fontana einen Wildschweinledermantel bestellt und Tante Pepca hingeschickt, um ihn abzuholen. Damit niemand merkt, wer ihn geschneidert hat, hat sie das Schildchen aus dem Mantel getrennt und ein anderes reingenäht. Hat uns Francesca erzählt, das ist die Neue.« Manfredi war arg übermütig geworden und schämte sich augenblicklich. Wie konnte er so schlecht über seine Mutter reden? Und warum redete er überhaupt so viel? Es musste an Agatas fröhlichem Kichern liegen. Er versuchte, seine Kritik etwas abzumildern. »Kennst du *Die rote Zora und ihre Bande*?«, fragte er.

»Nein, was ist das?«

… *GROSSGRUNDBESITZER* …

»Ein neuer Roman über die Anführerin einer Gruppe wilder Kinder. Meine Mutter erkennt sich darin irgendwie wieder. Weil auch sie Zora heißt und das Buch in Jugoslawien spielt. Und weil sie vier Brüder hat, die sie während ihrer Kindheit herumgescheucht hat, ihre persönliche Bande. Eigentlich tut sie das heute noch.« Jetzt wurde er schon wieder übermütig. »Wir haben es auf Deutsch gelesen.« Ein bisschen angeben wollte er auch noch, dabei war sein Deutsch miserabel, und er hätte den Roman überhaupt nicht verstanden, wenn seine oberschlauen Brüder nicht dauernd reingebrüllt und seine Aussprache korrigiert hätten, wenn er an der Reihe mit Vorlesen war, vor allem

Davide sprach gut Deutsch, kein Wunder, nach den Jahren im Schweizer Internat.

… KLEINBAUERN IN GENOSSENSCHAFTEN …

»Ihr lest gemeinsam Kinderbücher? Im Kinderzimmer?« Da machte Agata sich doch tatsächlich über ihn lustig!

Manfredi schluckte. »Es ist kein Kinderbuch. Es ist ein Jugendbuch. Und wir haben es ja nicht gestern gelesen.« Er verschwieg, dass es durchaus gestern gewesen war, keine drei Monate war das her. Dieses Mädchen verwirrte ihn so, er schien nur noch Dummheiten zu reden. Und dann noch die Stimme seiner Mutter, die ihn umwölbte.

… GULLOS BODENREFORM … AUSBEUTERISCHE PACHTVERTRÄGE …

Er hätte gern von seinen vier Onkeln erzählt und davon, was für Kniffe sie anwendeten, um sich den Fängen ihrer Schwester zu entwinden. Von den Spitznamen, die er und seine Brüder ihnen gegeben hatten: *der halbe Meter, das Vogel* (auf Deutsch), *der Legionär, der Wipfel* (manchmal auch *der Zipfel*). Alle drei mochten *den Wipfel* am liebsten, Onkel Boris, den Bergsteiger in Bovec, er war fröhlich und bescheiden, zudem kochte seine Frau Pepca den ganzen Tag für sie, wenn sie in den Bergen waren (das Kochen habe sie auf Ustica gelernt, in den Sommerfrischen, sagte sie bescheiden); wenn sie ihn *Zipfel* nannten, lachten sie, weil ihnen die unflätige Anspielung gefiel und weil Onkel Boris doch ein Kuckuckskind war, entstanden aus einem *fremden Zipfel*. Den *halben Meter,* also Onkel Franc, den Geometer, sahen sie selten. Nicht nur, weil er weit entfernt in der Vojvodina lebte, sondern auch, weil er sich mit seiner Schwester gestritten hatte, die einfach nicht glauben wollte, was er über die Schlächtereien der Partisanen erzählte, obwohl er selber einer gewesen war und es doch wissen musste. Hässliche Telefonate waren geführt worden, abgebrochen, wieder aufgenommen, bei denen seine Mutter geschrien hatte, *das ist ganz und gar unmöglich!*, wenn das Gespräch auf die Todesmärsche kam, darauf, dass Partisanen Zivilisten erschossen hätten, *zu Hunderten mit Maschinengewehren exekutiert*, hatte Onkel Franc gesagt, und Zora hatte dagegengehalten: *Das müssen Ustaschen gewesen sein, Domobranzen, Tschetniks, Kollaborateure, auf alle Fälle* FASCHISTEN! Man habe noch nach Kriegsende, so Onkel Franc, Tausende Männer bei lebendigem Leib in die Karstschluchten von Kovevski Rog gestoßen und danach Stein aus den Felswänden gesprengt, um die Leichen mit Geröll zu überdecken. *Unmöglich!*, hatte Zora gerufen, *doch nicht nach Kriegsende! Tausende, lächerlich! Hast du es mit eigenen Augen gesehen? Nicht? Eben! Glaub doch nicht alles! Du bist mit den falschen Leuten zusammen! Die sind dumm! Du bist dumm!* Beide hatten sich nicht beruhigen können, und so war es zu einem monatelangen Schweigen zwischen ihnen gekommen, später aber doch wieder zu einem Telefonat, bei dem Onkel Franc das Thema nicht angerührt und Belanglosigkeiten über die Serbin und die drei Kinder erzählt hatte. Zora triumphierte: *Er spricht nicht mehr darüber. Er hat sich geirrt! Er schämt sich zuzugeben, dass er sich geirrt hat! …* Manfredi hätte Agata auch gerne *das Vogel* geschildert, diesen liebenswürdigen, kauzigen Onkel Ljubko mit den gespreizten Manieren und der Liebe zu Krawatten mit Tiermustern und chinesischen Teeservices, ein Junggeselle, der als Offsetdrucker in Triest lebte und bei der Mutter einen stärkeren Beschützertrieb hervorrief als ihre eigenen Söhne. Auch über Onkel Nino hätte er stundenlang sprechen können, diesen Haudegen; *der Legionär* war der schwierigste Fall für seine Mutter, weil sie ihn in eine Ehe gezwungen hatte, die ihm nicht behagte, da keine Ehe ihm behagt hätte (*du wirst diese kleine Sphinx, die du geschwängert hast, AUF DER STELLE heiraten*), und seit er mitsamt Polonca und ihrer Tochter Stana nach Amerika ausgewandert war (er machte in bester Familientradition etwas mit Lastwagen, die man dort *trucks* nannte), hatte sie keinen Zugriff mehr auf ihn, und man konnte nur hoffen, dass das Arrangement halten und er sie nicht enttäuschen würde, denn sie enttäuschen hieße sie verärgern, und Zora Del Buono verärgern wollte keiner, auch der abgebrühteste Legionär nicht.

... *BEAMTE WEIGERN SICH, DIE REFORM UMZUSETZEN* ...

Manfredi sagte aber kein Wort über seine vier Onkel, weil er sowieso schon zu viel geredet hatte und weil er mehr über Agata erfahren wollte, über ihre Eltern zum Beispiel (die wohl zu den Leuten gehörten, die den Del Buonos die Türen verschlossen hielten, die hiesige Gesellschaft war hermetisch, kein Reinkommen für Fremde, die Freunde der Del Buonos waren meist selbst Zugezogene). Und weil ihm einfiel, dass er auf die Piazza Roma zurückgehen sollte, um sich seiner Mutter zu zeigen; er würde sich mitten ins Publikum stellen, eher vorn, aber nicht direkt vor das Podest, das behelfsmäßig aufgebaut worden war, damit sie nicht dachte, er wäre zu spät zu ihrem fulminanten Auftritt gekommen oder hätte gar willentlich geschwänzt, wo heute doch schon Davide und Greco nicht dabei sein konnten und sicher seinen Bericht erwarteten. Er ergriff Agatas Hand und sagte: »Ich muss da noch mal hin.«

… AN DIE URNEN AM SONNTAG! … WÄHLT PCI! … WÄHLT PSI! …

Sie drängten sich Hand in Hand durch die Menge vor dem Bahnhof, die weder kleiner noch größer geworden war.

… STEHT AUF FÜR DEN FRONTE DEMOCRATICO POPOLARE! …

Manfredi spürte, wie sein Puls schneller ging, er sah seine Mutter, die sich in Rage geredet hatte, er sah, wie sie sprühte und funkelte, er spürte, wie sie die Zuhörer in ihren Bann zog, wie das Publikum sich fragte, wer diese Frau mit dem fremdländischen Akzent war, einige mochten sie kennen, aber sicher nicht alle, dafür war Bari zu groß. Was für eine Frau, fragte er sich, als er diese selbstsichere, feurige, gescheite Person betrachtete, die da vorn das Publikum beschwor, würde er einmal heiraten, was für eine Frau würde neben ihr bestehen können? Ausgerechnet in diesem Moment entdeckte ihn seine Mutter, ein Blickwechsel, er spürte, wie er errötete, als ob sie in seinem Hirn gelesen hätte, dass er nicht nur an sie dachte in ihrem heroischsten Moment, sondern an seine zukünftige Frau, auch wenn das nur ein Phantomgedanke war, eine Sekundenfantasie; ihr Blick fiel auf Agata, so kurz, dass diese es wohl nicht spürte, nur er wusste, was das zu bedeuten hatte, vor allem seit Davide mit der unbekümmerten Fiammetta aus Lecce liiert war, einer molligen Einundzwanzigjährigen mit knallroten Lippen, die er zu heiraten gedachte; die Mutter hatte erst gezetert (*frivoles Fräulein: allein dieser Mund!*), dann gespottet (*Fiammetta, was für ein törichter Name, ein Flämmchen, auszupusten im Wind*), um dann wieder zu zetern: *Mit vierundzwanzig heiraten, das ist absurd!*, als ob Pietro und sie damals älter gewesen wären. Zu guter Letzt hatte sie ihm die Ehe schlicht verboten.

… DIE ALLEANZA FEMMINILE …

Manfredi sah, wie Agata seine Mutter mit offenem Mund anstarrte. Wie sie sich vor ihr offenbar fürchtete und sie bewunderte.

… FÜR DIE FREIHEIT, DEN FRIEDEN, DIE ARBEIT …

»Amen«, murmelte Manfredi und bekreuzigte sich, um die Spannung aus der Sache zu nehmen, und Agata lachte erleichtert auf: »Du bist ein schlechter Kommunist.«

»Ich?! Hast du eine Ahnung! Wenn du wüsstest, was ich in den langen Ferien tun werde! Weit weg werde ich sein!«

»Du bleibst während des Sommers nicht in Bari?«, fragte Agata. War sie enttäuscht?

»Ich gehe Straßen bauen!«, sagte Manfredi stolz. »In der Tschechoslowakei! Das Land braucht uns, jetzt nach dem Umsturz. Nächste Woche geht's los!«

»Ooooch …«, grummelte Agata.

»Aber ich komme zurück«, versicherte er ihr. »Und studiere Geschichte. Und ein wenig Philosophie mit dir. Und dann werde ich Journalist.«

»Ja, du und deine *Olivetti* …« Agata klang versöhnt.

»Und ich spiele dir etwas auf dem Piano vor.«

»Du spielst Klavier? Ich auch, wie schön!«

»Das wird wundervoll. Du am Piano und ich mit der Ziehharmonika, die spiele ich noch lieber als das Klavier.

Sie ist feuerrot, wie gemacht für die Leidenschaft«, hörte er sich reden, so ein Unsinn aber auch!

»Ah, ein leidenschaftlicher Harmonist!«

»Du wirst weinen vor Rührung, wenn du mein *Ave Maria* hörst.« Er konnte das Angeben einfach nicht lassen.

... DER DEMOKRATISCHE WEG MIT TOGLIATTI ...

»Signor Manfredi!« Eine Frauenstimme: »Wo ist der Herr Professor?« Schwester Aloisia, die Röntgenassistentin, steuerte auf ihn zu.

»Wahrscheinlich ganz vorne, in der Nähe meiner Mutter«, antwortete er. »Ein Notfall in der Klinik?«

»Nein, ein Anruf aus Jerusalem.«

»Jerusalem?«

... OHNE GEWALT ...

»Der Professor muss unverzüglich zurückrufen, ich habe die Nummer notiert. Ein Attentat. Frau Dr. Bloch ist unter den Opfern.«

»Um Himmels willen!«, rief Manfredi und schloss sich Schwester Aloisia an, um seinen Vater zu suchen. »Komm mit«, forderte er Agata auf, die ihnen verdattert folgte.

... VERGESST NICHT GRAMSCI ...

Monopoli, Juli 1948

Es hätte so einfach gehen können. Es war bislang immer so einfach gegangen. Und jetzt? Verfluchte Komplikation. Verfluchte, verdammte, verhurte Komplikation, *merda*, dachte er, *merda merda merda*. Er kauerte im Dunkeln wie ein heimlicher Liebhaber, der vor dem Ehemann der Geliebten in den Kleiderschrank geflüchtet war, nur dass das hier keine Filmkomödie war und der Kleiderschrank eine Rumpelkammer, mit muffigem Krimskrams vollgestopft. Draußen rumorte es, Bücher wurden zugeschlagen, eins nach dem anderen, als ob sie entstaubt würden. Jemand summte. Zappacosta versuchte durch das Schlüsselloch zu spähen, er zuckte zusammen, etwas Feuchtes streifte sein Gesicht, ein haariger Wischlappen, der übel roch. Dieser Valdemaro Tedesco könnte seine Bude etwas sauberer halten, dachte Zappacosta. Er war nicht sonderlich beunruhigt, fand die Verzögerung eher lästig. Jetzt summte der Kerl auch noch, eine fröhliche Melodie, wie kindisch: ein Direktor, der ein Kinderliedchen summte, jetzt pfiff er es sogar. Zappacosta kannte Tedesco nicht persönlich, aber er hatte selbstverständlich Erkundigungen über den Mann angestellt. Apulien war nicht der Wilde Westen, wo man auf dem Pferd von Siedlung zu Siedlung ritt, Banken überfiel und in der Wüste verschwand. Die Stimmung in Süditalien war allerdings wildwestgleich, was Zappacosta nicht schlecht gefiel, seit dem Attentat auf Togliatti vor zehn Tagen schwelten die landesweiten Proteste, richtige Tumulte gab es, auch Plünderungen, die Armen holten sich, was ihnen zustand, die Rechte fürchtete sich vor der Rache der Linken, es kam zu Lynchmorden, und hätte dieser miese kleine sizilianische Faschist den gigantesken Togliatti nicht nur verletzt, sondern getötet, es wäre zur Revolution gekommen: Man erschießt nicht folgenlos einen Kommunistenführer. So kochten die Proteste nur hoch, aber mit jedem weiteren Genossen, den der Staatsapparat ermordete, konnte die Stimmung endgültig kippen, drei erschossene Aktivisten allein diese Woche in Apulien (dazu weinende Mütter, verzweifelte Frauen, vaterlose Kinder). Sie sollten ihre Leben nicht umsonst verloren haben, dachte Zappacosta, und auch er würde diese Chance nicht ungenutzt lassen, er kauerte ja nicht irgendwo, sondern in der einzigen Bank von Monopoli, die zwar nur eine Provinzsparkasse war, aber immerhin: Er hatte es bis hinein geschafft, verdammt noch mal, mit einer Waffe im Jackett, er würde diesen Ort nicht mit leeren Händen verlassen. Die Partei brauchte Geld, die Bewegung brauchte Geld, er brauchte Geld (für die Sache und auch für sich). Er umschloss mit der rechten Hand die Tokarew, eine TT-33, die *Russenwaffe,* seine Glückspistole (er war abergläubisch), dessen Projektile im Krieg einigen Deutschen den Garaus gemacht hatten, das gute Partisanenstück, das er von seiner Mentorin geschenkt bekommen hatte (*die heilige Zora,* wie er sie nannte, um sie zu necken, wenn er nicht *Zorissima* sagte oder in besonderen Fällen *Zorissima Grandissima,* wonach sich ein Strahlen über ihr blasses Gesicht legte, die Wangen erglühten und ein sattes Lächeln ihren breiten Mund noch breiter werden ließ; er wusste, wie er ihr schmeicheln konnte, überhaupt wusste er, wie er Frauen schmeicheln konnte, jede hatte eine Schwäche, die es aufzugreifen und in Stärke umzuwandeln galt).

Männerstimmen. Herrgott, jetzt war da noch einer! So spät abends, an einem Samstag. Was taten die Männer hier? Und hatten sie nicht gemerkt, dass das Metallgitter im Durchgang demontiert und das Oberlicht geöffnet war? Er hatte keine fünf Minuten für die Arbeit gebraucht, das Gitter war ziemlich lotterig angebracht gewesen, man rechnete in diesem Fischerdorf wohl nicht mit Einbrechern. Scarpa hatte gut vorsondiert, die Zusammenarbeit klappte sowieso reibungslos. Scarpa spionierte die Orte aus, Zappacosta erledigte den Rest. Zusammen sah man sie nie, es musste vermieden werden, dass man sie für Mitglieder einer dieser Banden hielt, die zur Zeit durch Süditalien marodierten. Sie waren keine gewöhnlichen Kriminellen. Sie waren Umstürzler, Wegweiser, Rebellen. Männer mit einer Mission. Und er, er war Partisan. Einmal Partisan, immer Partisan. *Il partigiano Angelo,* wie der Professor und Zora ihn anerkennend nannten. Er streckte sich in Erinnerung an seine Zeit im venetischen Widerstand, er, Mitglied der *Divisione Nino Nannetti* und Kommandant der *Brigata Leone.*

Seine Augen hatten sich an den Dämmer gewöhnt. Neben dem Putzzeug, Eimern, Schrubbern, Feudeln und Reinigungslösungen stand da auch ein gefalteter Paravent, dahinter ein Regal mit Ordnern. Auf dem Boden stapelten sich quadratische Metallkisten mit Zahlenschlössern, die er zu gern öffnen würde. In der Ecke lehnten Angelruten und Rollen, darunter Ausschlachtmesser, Fischbehälter und ein achtlos in den größten Eimer gestopftes Netz. Kein Wunder, dass es hier stank. Er hatte Angler noch nie leiden können, angelnde Bankdirektoren schon gar nicht. Zora würde sagen: *Das Kapital stinkt wie toter Fisch.* Was natürlich angesichts ihres Reichtums absurd war, zumal sich der Wind in der Partei gedreht hatte, solcherlei Scherze konnten sich vermögende Intellektuelle nicht mehr gestatten, nur hatte Zora das noch nicht verstanden, sie schien unantastbar, war siegesgewiss, und zwar immer. Wenn er an Zora dachte, sah er sie stehend vor sich: stehend hinter dem Fauteuil, in dem Pietro saß und rauchte; stehend im Türrahmen zum Salon, niemals angelehnt; stehend im Gespräch mit ihren Söhnen im Garten; stehend neben dem Dienstmädchen, um die Speise, die das mehr oder minder verängstigte Mädchen brachte, kritisch zu begutachten; stehend im Sand unter einem Sonnenschirm, aufs Meer blickend, während sich die anderen Frauen auf Liegestühlen aalten und in Illustrierten blätterten (er war nur einmal mit am Meer gewesen, aber diese Szene hatte sich ihm eingeprägt: eine Frau, die den Schiffsverkehr im Auge behält und nicht die spielenden Kinder); stehend auf dem Schießplatz, wo sie Davide die Patronen reichte; stehend auf dem Rumpf eines Fischerboots im Hafen von Polignano, als sie eine Rede hielt. Und immer wieder sah er sie stehend in einem bodenlangen, cremefarbenen Chiffonkleid, mit bloßen Schultern, weiße Seidenhandschuhe bis zu den Ellbogen, darüber ein halbes Dutzend Armreife aus Gold; er hätte sie an jenem Abend anfassen wollen, an dem er überhaupt nicht hätte dabei sein sollen, ein Empfang für ausländische Mediziner, er war unangemeldet hereingeschneit, und dann diese Frau, in einem Abendkleid von französischer Eleganz, aber es waren ihre nackten Schultern, die ihn erst rührten (auch wenn Rührung kein Gefühl war, das er kultivierte) und dann irritierten, die majestätische *Grandissima* so sinnlich und weich und rosig zu sehen, mit zarter Haut, die nachts von ihrem Mann berührt wurde (wollüstiges Fleisch, hatte er gedacht); diese Darbietung ihres Körpers hatte ihn nachhaltig verstört, als ob er eine Seite an ihr entdeckt hätte, die nicht zu seiner Welt gehörte, als ob Körper in ihren Kreisen ein anderes Selbstverständnis und eine andere Bedeutung hätten als in seinen, eine Bedeutung, die er nicht verstand und die ihn verunsicherte (Rührung war ein besser zu bewältigendes Gefühl als Unsicherheit).

Jemand klopfte an die Eingangstür. Dann eine Frauenstimme: »Franco!«

»Gehen Sie ruhig, Lardi, Ihre Frau wird unruhig«, hörte Zappacosta den Direktor sagen.

»Nein, wir bringen das jetzt zu Ende«, entgegnete Franco Lardi, »noch zwanzig Scheine.«

Was für Scheine?, fragte sich Zappacosta.

»Zwanzig Scheine!«

»Eine gute Woche.«

»Dem Ungarn sei Dank.«

»Ob alle Osteuropäer so geschickt sind?«

»Der Ungar ist ein Genie. Genies sind immer Ausnahmen.«

Ah! Die beiden sprachen von Wettscheinen. Der Ungar

war der neue Trainer des AC Bari, dank ihm spielte der Verein in der Serie A, anders als die Leccesen, die in der Serie B festhingen, ein Trauerspiel. Was aber hatten Wettscheine in einer Bank zu suchen?

»Ich gehe schnell rüber, hole die Pferde.«

Pferdewetten also auch.

»Danach machen wir das Total.«

Tedesco begann wieder zu summen.

Der Herr Bankdirektor verdiente Geld mit illegalen Wettgeschäften, dachte Zappacosta, wahrscheinlich spielte halb Monopoli. Er hatte nichts dagegen, in diesen Zeiten musste man sehen, wie man sich über Wasser hielt, Glücksspiel war eine Möglichkeit. Ihn interessierte aber, wo das ganze Spielgeld aufbewahrt war.

Lardi schien mit seiner Frau zu sprechen, man hörte entfernt ihre Stimmen. Dann das Schloss einer Tür. Zappacosta verstand nicht, welche Tür das sein konnte.

»Alles geklärt. In zwei Stunden spätestens bin ich zu Hause.«

»Gut.«

Zwei Stunden! Verdammt! Zappacosta ließ sich lautlos auf den Boden sinken, Stein, poliert, sehr kühl. Er konnte nur abwarten. Über den Artikel nachdenken, an dem er arbeitete. *Der Geist braucht Nahrung*, sagte Zora immer, *nur wer liest, kann schreiben*. Sie verachtete Autoren, die einfach drauflos dichteten, *Schreiben im Fluss,* spottete sie, *feuchte Angelegenheit!* Dass er jetzt Artikel schrieb (wie den aktuellen über Katholiken und Leninismus), war ihr zu verdanken, er wusste das. *Lerne, dich präzise auszudrücken,* hatte sie ihm eingebläut. Und ihm Kontakte zu

Redaktionen hergestellt. Er dachte an Stalins Satz, Schriftsteller seien Ingenieure der Seele. Er war kein Schriftsteller, sondern politischer Autor. Aber an das Konstruieren neuer Seelen glaubte er durchaus, an das Konstruieren einer neuen Gesellschaft sowieso. Doch er konnte jetzt nicht denken, er war zu unruhig. Und diese Metallkisten reizten ihn, die Zahlenschlösser. Zahlenschlösser reizten ihn besonders, vor allem vierstellige. Die Leute benutzten immer dieselben Ziffern. Vorne 01 bis 31, hinten 01 bis 12. Geburtstage, Hochzeitstage, Feiertage. Die Originellsten drehten sie um, mehr fiel ihnen nicht ein. Er betastete ein Schloss und fingerte daran herum. Vielleicht hatte er ja Glück. Und es war gut als Ablenkung, er durfte nicht nervös werden, keine Fehler machen. Draußen das Schaben von Füllern, Blättern. Wahrscheinlich machten sie Listen. Grunzten zufrieden. Er fing systematisch an. 0101. 0102. 0103. 0104. … Bei 0412 klickte es, feine Sache. Er öffnete mit aller Vorsicht den Deckel. Halleluja! Lirascheine in Bündeln, dicke Päckchen 500er, 1000er, schmale Päckchen 5000er, sogar die brandneuen 10 000er waren da, aber nur ein paar, er erkannte Dantes Kopf sofort, dieses Profil. Zappacosta nahm die 5000er und die 10 000er aus der Kiste, am besten groß anfangen. Sollte er sie gleich in den Sack legen? Es war ein grob gewebter Jutesack, das würde kein Geräusch machen. Ja, umschichten war gut. Später dann noch der Tresorraum, er hatte das Seifenstückchen mit dem TNT dabei, das ging ruckzuck. Der Fischgeruch stieg ihm in die Nase, ein Kitzeln, er kräuselte die Nase, unterdrückte ein Niesen, dann noch eines, panisch presste er den Finger über die Oberlippe, drückte fester, Niesen verhindert Gott sei Dank, er atmete tief ein, legte den Kopf in den Nacken, etwas streifte sein Gesicht, dieser haarige Lappen, er schob ihn beiseite, dann: unvermitteltes Niesen.

»Was war das?«

»Da ist jemand!«

»Im Durchgang hinten?«

»Keine Ahnung!«

»Eine Katze vielleicht?«

Eilige Schritte quer durch den Raum.

»Das Fenster ist aufgebrochen!«

Zappacosta schwitzte. Seine Brillengläser liefen an. Er griff ins Jackett, holte die Tokarew raus, entsicherte sie, er machte sich auf alles gefasst. Er sah nichts, verdammte Brillengläser. Draußen ein Hin und Her. Hektische Rufe. Zappacosta ging in die Hocke, bereit zum Sprung.

Sie schienen sich zu beruhigen.

»Da ist keiner.«

»Der Tresor ist unversehrt.«

»Pech gehabt, der Kerl.«

»Ich schau' schnell in die Kammer, ob alles da ist.«

Die Tür öffnete sich. Zappacosta richtete die Pistole auf das Gesicht eines jungen Mannes, der schreckensstarr auf ihn herabblickte. Er war höchstens fünfundzwanzig, trug ein blassgraues Hemd, kein Sakko, ein Bürschchen mit überlangen Beinen. Hampelmann, dachte Zappacosta und zielte ihm zwischen die Augen, er war ganz ruhig jetzt. Der Hampelmann schwankte, womöglich kippte er gleich um.

»Lardi?«, rief Tedesco. Dann: »Franco?«

Franco Lardi antwortete nicht, er atmete hörbar, flache, hektische Atemzüge. Fleckige Gesichtshaut, flackernde, flehende, gleichzeitig ungläubige Augen, so wie Zappacosta sie aus dem Krieg kannte, die Todesangst des Soldaten vor dem ihn exekutierenden Schuss, diese Fassungslosigkeit, die jeden kindlich aussehen ließ, auch den ältesten Mann.

»Lardi, was ist?«

Schritte.

Zappacosta stand auf, wieder dieser Wischlappen, er schob ihn beiseite, der Paravent wackelte, eine Angelrute kippte aus der Kammer, Lardi wich zurück. Tedesco trat hinzu. Er starrte Zappacosta an, blickte zu Lardi, dann wieder zu Zappacosta, stutzte. »Aber dich … dich kenne ich doch!!«, rief er mit greller Stimme und trat einen Schritt auf ihn zu. Du Dummkopf, dachte Zappacosta, legte den Finger auf den Auslöser, zögerte eine Sekunde, dann: ein präziser Kopfschuss. Tedesco sackte in sich zusammen und fiel zu Boden, ein paar Zuckungen noch. Blut rann ihm aus der Stirn. Lardi wimmerte, ein hohes, fast tonloses Greinen, wie eine leise knarzende Tür. »Halt die Klappe«, zischte Zappacosta und griff nach dem Angelzeug und dem Fischernetz hinter sich. »Los, da rüber, zur Heizung, auf den Boden.« Lardi gehorchte widerstandslos, Tränen im Gesicht, wie ein Kind. Zappacosta hielt die Waffe in der einen Hand, das Angelzeug in der anderen, Schnüre, Fäden, alles dabei. Er verschränkte Lardis Hände hinter dem Heizungsrohr, was für feingliedrige Finger, dachte er, die waren sogar manikürt, das fiel ihm auf, er riss Lardi die perlmutternen Manschettenknöpfe aus dem Hemd, ließ sie über den Boden zu dem toten Tedesco kullern, eine sinnlose Handlung, er wusste nicht, warum er das getan hatte, ein Impuls, aber egal, er umwickelte Handgelenke und Rohr erst mit den Schnüren, dann mit dem Netz, verknotete alles zu einem dicken Wulst. Lardi hatte aufgehört zu weinen, schaute nur erschrocken, schicksalsergeben, immer noch dieser Kinderblick.

Zappacosta eilte zur Kammer, stieg über Tedesco hinweg, der in seinem Blut lag, eine große Lache mittlerweile, Durchschuss, dachte Zappacosta, der Hinterkopf. Er wollte zumindest das Spielgeld mitnehmen, auf die Tresorsprengung verzichtete er, es war alles aus dem Ruder gelaufen. Während er hastig Scheine in den Sack stopfte, hörte er eine Frauenstimme rufen: »Franco! Franco!« Schon wieder diese Person, ungeduldiges Wesen, die zwei Stunden waren doch noch gar nicht um. Vielleicht hatte sie den Schuss gehört? Er schulterte den Sack, stieg über Tedesco hinweg, sagte: »Ciao Franco«, schwang sich über den Schaltertisch, auf dem ausgebreitet Papiere lagen, und eilte zu dem aufgebrochenen Oberlicht im hinteren Teil des Bankraums, kehrte zurück, schleuderte einen Stapel Ordner von einem Stuhl, schob ihn unter das Fenster und stellte sich darauf, um sich durch den Rahmen zu quetschen, dabei blieb der Sack hängen, der ihm von der Schulter rutschte, während er sich lautlos wie eine Katze auf der anderen Seite auf den Boden des Durchgangs fallen ließ. *Merda merda merda.* Er hörte Lardis Frau an die Eingangstür trommeln, gut, dass die Bank in der Altstadt lag, gewundene Gassen, er konnte unerkannt entkommen, er ging jetzt langsam, ein normaler Mann an einem normalen Samstagabend in Monopoli, wo die Fischer mit ihren Frauen am Hafen flanierten, die weiß getünchten Häuser an der Promenade ließen die Stadt hell erscheinen, obwohl es schon dunkel war, er schritt zügig durch die Altstadt in die Neustadt hinüber, wo das Auto des Professors stand, das er nach Bari zurückfahren musste, bevor er sich nach Norden absetzen würde. In Apulien konnte er nicht bleiben, so viel war klar.

Bari, September 1948

Diese Geheimniskrämerei machte Fiammetta noch ganz närrisch. Wovon redeten diese Leute überhaupt? *Er ist abgetaucht.* So viele Geheimnisse in dem Haus. Heimlichkeiten hier, Heimlichkeiten da, *pscht, pscht, pscht,* die ganze Zeit. Darüber hinaus verstand sie die Bedeutung vieler Sätze nicht. Was meinte ihre Schwiegermutter, wenn sie sagte: *Deinen kleinbürgerlichen Wunsch nach körperlicher Anwesenheit solltest du dir abgewöhnen?* Warum war dieser Wunsch kleinbürgerlich? War es nicht normal (und romantisch), dass man sich nach seinem Gatten sehnte? Davide und sie waren gerade einmal sechs Wochen verheiratet! Was war so verwerflich daran, zu sagen, sie wünschte, er komme auch zum Essen? Einfach nur zum Essen!, mit der Familie und den Freunden, anstatt immer zu studieren und zu arbeiten. Jetzt saß sie ohne ihn zwischen diesen älteren Herrschaften und beobachtete verstohlen ihre Schwiegermutter, die beleidigt schien. Fiammetta konnte nicht nachvollziehen, warum Zora alles als Affront wertete, sogar wenn eine Speise nicht genau so schmeckte, wie sie es sich vorgestellt hatte, war sie nicht nur wütend auf die Köchin, sondern schien geradezu gekränkt, auf eine körperliche Art und Weise, sie glühte dann und ließ sich kaum besänftigen.

Sie saßen im Salon, es war kurz vor acht, Dämmerung

draußen, innen dezentes Licht, hier ein Lämpchen und da eines, das war angenehm, so wurde nicht jede Regung registriert. Man wartete auf die Hauptnachrichten im Radio und darauf, dass Greco zu ihnen stoßen würde (vor dem Fiammetta sich fürchtete, Davides jüngerer Bruder war ein schrecklicher Zyniker), dann ginge es durch die Halle hinüber ins Speisezimmer, das Fiammetta von allen Räumen des Hauses am wenigsten mochte, sie fühlte sich erdrückt darin, vor allem, wenn sie ahnte, dass die Mahlzeiten Stunden dauerten, in den letzten Wochen hatte sie zwei Banketten und einem Spieleabend beigewohnt (es hatte Streitereien gegeben, ob man kurzfristig absagen solle – *wegen des Ereignisses!* Aber der Professor hatte bestimmt: *Gar nichts wird hier abgesagt!* Es waren Gäste aus dem Umkreis der Universität gewesen, also seine Gäste). Die *stanza blu* war lang gezogen und schmal, wirkte daher hoch, fast gotisch. Die dunkelblaue Seide und die schwarze Ebenholzvertäfelung an den Wänden erinnerten Fiammetta an einen Rittersaal. Sie kannte Rittersäle nur aus Büchern, aber in Rittersälen ereigneten sich gelegentlich abscheuliche Morde, manchmal hausten dort auch Gespenster. Fiammetta las gern Romane, die im Mittelalter spielten, düstere Räume gehörten in Bücher, nicht ins echte Leben, fand sie. Das echte Leben sollte hell und sonnig sein, aus Musik und Tanz und Ausflügen ans Meer bestehen. Fiammetta wusste natürlich, warum ihre Schwiegermutter beleidigt war, sie hatte ihr den Sohn weggeschnappt. Und das auch noch heimlich! Sie nippte an ihrem Sherry. Ja, das musste sie zugeben: Auch sie war eine Spezialistin für Heimlichkeiten. Wie sie ihre Hochzeit in Rom geplant hatte, war eine Meisterleistung gewesen, Davide hatte einfach alles mitgemacht, hatte zum verabredeten Zeitpunkt mit einem Köfferchen am Bahnhof gestanden (das allerdings, wie sie bereits im Zug feststellen musste, mit Büchern anstatt mit Kleidung vollgepackt war *(du willst doch nicht etwa arbeiten während unserer Hochzeit?!))*, hatte mit ihren beiden älteren Schwestern, die in Rom lebten und bei denen sie unterschlüpfen durften, am Vorabend der Trauung gefeiert und es geschafft, sie für sich einzunehmen, indem er ihnen die Mitbringsel, zwei Foulards, die Fiammetta ausgesucht hatte, mit einer diskreten, aber charmanten Bemerkung um die Schultern gelegt hatte (immerhin hatte er selber entscheiden dürfen, welches Stoffmuster zu welcher Schwester passte), war mit ihr durch Juweliergeschäfte gezogen auf der Suche nach passenden Eheringen, die innerhalb eines Tages fertig graviert wären, hatte sie ins Kino eingeladen, um *Unter der Sonne von Rom* anzuschauen, und war danach mit ihr durchs Kolosseum gestromert, um die Ecke zu finden, in der der kleine Filmheld sein Strohlager aufgeschlagen hatte, Fiammetta hatte erkunden wollen, ob wirklich Kinder im Kolosseum hausten; am Ende hatten Davide und sie statt Stroh eine romantische Nische im Gemäuer entdeckt, in der sie sich küssten und liebkosten und lachten, den Sternenhimmel über sich. Sie seufzte innerlich, riss sich aber zusammen, damit sie nicht auffiel; sich bedeckt zu halten war ratsam. Die anderen saßen ums Radio herum und lauschten konzentriert den Nachrichten, was kompliziert war, weil sie zwei Sender gleichzeitig hören wollten, Don Pietro drehte den Senderknopf von der einen Station zur anderen, immer hin und zurück. Fiammetta wusste, dass man auf eine spezielle Meldung wartete, das ging schon seit Tagen so. Ihr Schwiegervater, ihre Schwiegermutter, Dr. Russo und Colonello Neldo, der ewig selbe Kreis; alle brannten Abend für Abend auf die neuesten Erkenntnisse eines Kriminalfalls, sogar Don Giuseppe, dieser Greis mit dem wilden Haar, schien interessiert, auch wenn er einen arg kurzatmigen Eindruck machte, Fiammetta beäugte ihn besorgt, nicht dass er gleich tot umfiele; sie wüsste nicht, was sie dann tun sollte, aber das würde sie als Arztgattin sicher lernen. Davide konnte ihr zwar sagen, um was für ein Verbrechen es sich handelte (einen Raubmord in Monopoli), aber nicht, warum ausgerechnet dieser Fall alle so interessierte, *ach, die sind einfach nur pathologisch neugierig,* wiegelte er ab, wenn sie ihn fragte. Sie gehörte seit sechs Wochen zu der Familie, und doch ahnte sie, dass die trennende Wand, die sie von Anfang an zwischen den anderen und sich wahrgenommen hatte, nicht dünner werden würde, sondern in ihren Festen stand. Die Inschrift auf dem Kaminsims *Hic murus aeneus esto: nil conscire sibi, nulla pallescere culpa* schien ihr von dunkler Bedeutung: *Diese Mauern seien dein unbezwingbarer Schutzwall; sei dir keines Unrechts bewusst, erblasse nie in Schuld.* Sie wagte nicht zu fragen, warum man sich nicht schuldig fühlen sollte, auch wenn man schuldig war, vielleicht hatte sie es auch nur falsch übersetzt? Nur das mit der Mauer, das erklärte sich ihr ganz genau: Ihre Schwiegermutter betrachtete ihr massiges, abweisendes Haus als ihren Schutzwall, und sie, Fiammetta, hatte ihn durchbrochen. Dafür wurde sie mit Nichtachtung gestraft. Zora hatte ihr zwar nach der heimlichen Hochzeit einen Goldarmreif geschenkt, den sie bei den Abendessen trug, der ihr aber nicht gefiel. Er war zu geometrisch für ihren Geschmack, in geradezu militärischen Reihen angeordnete Edelsteine, das sprach für Zoras Kälte und ihre Obsession für Soldatenspiele (Davide hatte ihr von den Schlachten am Isonzo erzählt, die er als Kind mit Zinnsoldaten hatte nachstellen müssen), dabei hätte es einen ähnlichen Armreif mit verspieltem Blumenmuster gegeben, Fiammetta hatte die Schaufensterauslage des Goldschmieds in der Via Sparano studiert. Jedes Mal, wenn sie das Haus betrat, das fortan ihr Zuhause sein sollte (Davide und sie bewohnten ein geräumiges Zimmer mit Ankleideraum und Bad in der oberen Etage), zuckte sie beim Betrachten der Inschrift zusammen, die neben dem Klinikeingang in die Fassade gemeißelt war: *prof. del buono* stand da zu lesen. *Warum nur Kleinbuchstaben?,* war die allererste Frage gewesen, die sie ihrer Schwiegermutter gestellt hatte, nachdem Davide und sie aus Rom zurückgekehrt waren, wobei er beklommen gesagt hatte: *Jetzt geht's in die Höhle der Löwin.* Fiammetta hatte nur höflich Konversation machen wollen und die Frage mit den Kleinbuchstaben war ganz unverfänglich gewesen. *Ein Bekenntnis zur Moderne,* hatte ihre Schwiegermutter mokant zurückgegeben, *du kennst wohl Adolf Loos nicht?* Woher sollte sie den kennen? Sie machte eine Ausbildung zur pharmazeutischen Chemikerin. Und dieser Loos war sicher kein Chemiker. Immerhin erlernte sie einen Beruf! Im Gegensatz zu ihrer Schwiegermutter, die nichts studiert hatte und nur über eine Familie herrschte – und offenbar in ein Verbrechen verstrickt war.

»Sie hat sich das Leben genommen!«

»Aus dem Fenster gestürzt!«

»Das arme Mädchen!«

Fiammetta war so in Gedanken gewesen, dass sie die Nachrichten verpasst hatte. Was war da los?

»Mit zweiundzwanzig!«

»Was für eine Schande.«

»Es ist alles meine Schuld.«

»Unsinn.«

»Aber die Tokarew.«

»Pscht, pscht! Nicht so laut.«

»Das wird auf uns zurückfallen.«

»Ach was. Niemals.«

»Das Autokennzeichen! Wenn ihn einer gesehen hat!«

»Ich erwürge ihn! Diesen Bastard.«

Betretene Stille. Alle Blicke wanderten zu Zora.

»Sie haben den Falschen verhaftet.«

»Einen unschuldigen Herrenschneider.«

»Alles meine Schuld.«

»Was machen wir denn nur?«

»Pscht, pscht.«

»Lass uns von etwas anderem reden, solange sie dabei ist.«

Zora wies auf Fiammetta, die sich verunsichert in ihren Sessel drückte und weiter am Sherry nippte. Sollte sie aufstehen und sich zurückziehen? War es das, was man von ihr erwartete?

»Wie geht es denn der kleinen Zorina? Wächst und gedeiht sie?«, fragte Don Giuseppe und lenkte das Gespräch in eine andere Richtung, ganz der souveräne Wortführer.

Dr. Russo lächelte. Sein Töchterchen Zora war ein halbes

Jahr alt. »Wir bringen sie bald einmal mit. Sie ist quietschfidel und sehr ... nun ... willensstark. Vor allem in den frühen Morgenstunden.«

»Da macht sie ihrer Namensgeberin ja alle Ehre«, sagte Don Pietro. Allgemeines Gelächter, ein Moment der Erleichterung. Das heikle Thema war abgewendet. Auch Fiammetta entspannte sich wieder. Vielleicht blieb sie doch einfach sitzen. Sie beugte sich vor, ihr Gesicht spiegelte sich in dem Glastisch. Sogar in dem opalfarbenen Glas war der Fleck in ihrer rechten Iris zu erkennen, ein großer, dunkler Punkt unterhalb der Pupille, als ob da eine zweite Pupille säße. Sie fiel in Bari sowieso auf mit ihren mausgrauen Augen, aber dieser braune Fleck irritierte die Leute, man starrte ihr unverhohlen ins Gesicht, auch ihre Schwiegermutter hatte sich eine Bemerkung nicht sparen können: *Ein Argusmädchen hast du uns ins Haus gebracht.*

»Gibt's was Neues von unserem tschechischen Straßenbauer?«

»Er beklagt sich.«

»Worüber? Kein Tennisplatz in den Westkarpaten?«

Wieder Gelächter. Wenn Manfredi wüsste, wie man über ihn spottete, dachte Fiammetta. Aber wahrscheinlich würde er sogar mitlachen, er war der unkomplizierteste der drei Brüder, war frohsinnig und zuversichtlich, anders als der ewig mit sich hadernde Davide oder der querulantische Greco.

»Über den Tonfall der Genossen. Zu militaristisch.«

Eine gewisse Schärfe in Zoras Stimme. Über ihre Söhne spottete man besser nicht. »Und vor allem: prosowjetisch«, ergänzte sie.

»Wird er früher heimkommen?«

»Selbstverständlich nicht!« Zora war empört.

»Und was ist mit seinem Mädchen? Dieser …«, fragte Dr. Russo.

»Agata? Die vergisst er hoffentlich beim Straßenteeren. Nicht dass mir der Nächste auf die Idee einer verfrühten Ehe kommt. Ein weiteres Mal werde ich so etwas nicht durchgehen lassen. Das war plemplem.«

»Zora, bitte!«

»Was? Man muss der Realität ins Auge sehen. Das ist im Leben das Wichtigste. Probleme kann lösen, wer sie klar erkennt. Also immer der Realität schön ins Auge sehen. Alles andere ist Geschwätz. Bemäntelung. Augenwischerei.«

Fiammetta schluckte. Hier wurde geredet, als ob sie nicht anwesend sei. Was erlaubte diese alte Hexe sich! Die wusste bestimmt nichts von der Liebe. Sie hingegen liebte ihren Davide von ganzem Herzen. Sie war einundzwanzig und wusste: Diese Liebe würde ewig gelten. Hexe, dachte sie, Hexe, Hexe, Hexe. Dann erschrak sie über ihre eigene Wut. Zora beäugte sie, forschend, kritisch. Fiammetta atmete tief ein und versuchte ebenso kritisch zurückzublicken. Diesen Kampf würde sie aufnehmen, sie würde nicht klein beigeben. Dann schlug sie doch die Augen nieder und spielte an ihrem Armreif herum, diesem hässlichen Stück. Den würde sie nie wieder tragen. Nie wieder! Und sie würde sich auch nicht vertreiben lassen, anders als Polonca, die Kroatin, bis nach Amerika war die mit ihrem Nino und der Tochter geflüchtet, um dem *Ostan'schen Regiment* zu entkommen (so nannte Fiammetta die Kontrollwut ihrer Schwiegermutter), Zora hatte ja damals Poloncas Briefe aus der Wüste geöffnet und gelesen, und bestimmt hatte sie auch Poloncas Schränke durchwühlt, so wie sie das bei ihren machte, man musste aufpassen wie ein Luchs, plötzlich stand sie scheinheilig im Raum, sogar frühmorgens trat sie ins Zimmer mit Kaffeetassen auf dem Tablett, *das tut sie, um uns zu stören!*, erboste Fiammetta sich und wollte Davides Beschwichtigung, *nein, das tut sie, damit wir Kaffee am Bett trinken können*, nicht gelten lassen. Was ihr Mann sich von seiner Mutter alles gefallen ließ, die klopfte nicht einmal an die Tür, bevor sie eintrat, höchstens so ein halbherziges Trommeln mit den Fingerspitzen, damit man ihr nicht vorwerfen konnte, nicht geklopft zu haben. Fiammetta war jeden Morgen übel vor Sorge, dass die Schwiegermutter sie an ihren Mann angeschmiegt finden könnte, kurz vor halb sieben rückte sie von ihm ab, während er ruhig weiterschlief, und lag dann mit Herzklopfen und bis unter die Nase hochgezogener Decke auf dem Rücken am Rand des Bettes, jeden Morgen, und wenn sie sich liebten, taten sie das so lautlos wie in einem Stummfilm, das war doch furchtbar und bestimmt ungesund! Sie wollte keinesfalls zu einer dieser Frauen werden, die an krankhaftem Nervenflattern litten. Wenn sie an vorletzten Samstag dachte, wurde sie ganz nervös. Davide und sie waren mit ein paar Freunden am Meer gewesen, Davide war plötzlich in den Sinn gekommen, dass er noch einmal ins Institut müsse, er hatte gesagt, er hole sie um fünf Uhr wieder ab, und sie war gut gelaunt am Strand unter dem Sonnenschirm geblieben, bis dann ein Gewitter vom Meer über sie hinweggezogen war und die Freunde sie im Auto mit nach Bari zurückgenommen hatten, was zu einem solchen Donnerwetter geführt hatte, dass das echte

Gewitter gar nicht hatte mithalten können, ihre Schwiegermutter hatte ihr vorgeworfen, ohne ihren Mann zu fremden Leuten ins Auto zu steigen, sei beschämend, sie hätte am Meer bleiben müssen und warten, was doch lachhaft war, sie allein neben all den eingeklappten Sonnenschirmen, sie war keine unehrenhafte Frau, wie Zora ihr an den Kopf geworfen hatte. Da hatte sie gedacht, dass sie dieses Leben auf Dauer nie und nimmer aushalten würde. Wenn Zora etwas sagte, galt das. Zora war das Gesetz. Das hatte sie zu spüren bekommen. Aber natürlich hatte ihre Ehe auch Vorteile, man war bedacht, dass sie anständig aussah, und kleidete sie ein. Bald würde sie nach Rom fahren, um auserlesene Stiefel zu kaufen und den Zahnarzt aufzusuchen. Das waren die Dinge, um die sie die reichen Mädchen immer beneidet hatte: Für Wichtiges reiste man nach Rom. Aber sie war ja gerade in Rom gewesen, herrliche Stadt. Sie betrachtete ihren Ehering, dachte an den vorwitzigen Standesbeamten, der ihnen nicht nur *viel Glück,* sondern auch *starke Nerven* gewünscht hatte, und lächelte. Vielleicht sollte sie Davide zu überreden versuchen, nach Rom zu ziehen? Aber wie sie schon festgestellt hatte: Davide entschied nichts selber (außer ihrer Heirat; und ebendieser Akt des Widerstands war so empörend gewesen, dass sie jetzt dafür büßen musste; bluten muss ich, dachte sie, bluten). Neulich hatte sie ihre Schwiegereltern darüber sprechen hören, dass Davide seine Habilitation in Deutschland machen solle, in Mainz. Ob das Leben in Deutschland mit einem Baby für sie schön wäre? Denn dass sie bald ein Baby bekommen würde, stand außer Frage. Aber sie würde ihre Familie sehr vermissen, ihre Mutter, ihre vier Schwestern! Dass sie hier in ein reines Männernest gefallen war, das unter der Kontrolle einer Despotin stand, hatte sie nicht bedacht. Bei ihnen war es fröhlich und laut und farbig zugegangen (all die Lippenstifte!), hier wurde nur studiert und gelesen und vor allem: politisiert. Die Gespräche über Politik waren aber auch zu öde. Der Krieg war doch längst vorbei und kein neuer in Sicht. Immer diese Streitereien darüber, ob Togliatti mit der Amnestie der Faschisten einen Fehler gemacht hatte, und dann die stundenlangen Schwadronaden über Stalin und Tito, was der Bruch zwischen den beiden bedeutete und ob Albanien der Auslöser für den Rauswurf Jugoslawiens aus der Kominform gewesen war oder nicht doch Stalins Eitelkeit, weil Tito in den kommunistischen Bruderländern mehr gefeiert wurde als er, und ob Stalin zum Wirtschaftsboykott aufrufen würde und was das für den Kommunismus und für Tito persönlich bedeutete, das schien immer das Wichtigste: Was bedeutete das für Tito *höchstpersönlich*. Jetzt sprachen sie über Israel, das waren ihre Themen: Russland, Jugoslawien, Israel. Fiammetta dachte, dass dieses Fräulein Dr. Bloch, das Anfang des Jahres bei einem Attentat ums Leben gekommen war und über das öfter gesprochen wurde, beeindruckend gewesen sein musste, sie mochte sie allein schon deshalb, weil sie ihrer Schwiegermutter etwas voraus gehabt hatte, was diese bestimmt insgeheim wurmte: ein Leben mit Arbeit. Fiammetta wollte auch arbeiten, noch ein halbes Jahr und dann wäre ihre Ausbildung zu Ende. Sie würde in Mainz in einem chemischen Labor eine Anstellung finden. Aber wie sollte sie das mit dem Kind bewerkstelligen? Sie spielte alle Möglichkeiten durch. Sie spielte gern Möglichkeiten durch, auch wirklichkeitsferne, von all ihren Schwestern war sie immer die mit der blühendsten Fantasie gewesen, die Träumerin. Vielleicht sollten Davide und sie es doch Polonca und Nino gleichtun? Sie könnte Polonca einen Brief nach Amerika schreiben … Sie wollte nicht vertrieben werden, aber aus eigener Kraft woanders hingehen, das würde sie sofort. Amerika: Das war ein Ziel. Ein warmer Schauer durchzog sie. Amerika wäre exzellent für Davides Karriere. Wenn sie daran dachte, wie oft Don Pietro darüber sprach, dass er nächstes Jahr zum Radiologenkongress nach Washington reisen würde, dass die führenden Forscher dort aufeinander träfen und auch sein alter Freund Dr. Adelsberger teilnähme, der zwar alles andere als ein führender Forscher sei. *Ein Genussspecht,* hatte Zora gespöttelt, *der Kongresse besucht, um gut zu essen und wahrscheinlich Bordelle zu frequentieren, wie alle Männer, wenn sie reisen.* Colonello Neldo und Dr. Russo hatten gelacht und abgewinkt, und Don Pietro hatte sie zu beschwichtigen versucht, aber Zora hatte genüsslich den Klatsch ausgebreitet, den Skandal, der erst kürzlich aufgeflogen war, dass Adelsbergers verstorbener Vater ein Doppelleben geführt habe, einerseits biederer Handelsvertreter in München, andrerseits eine Zweitfamilie in Venedig. *Und das Beste daran: Die Zweitfrau war die Tochter eines Casinobesitzers! In Venedig! Ahnte nicht, dass ihr Gatte noch eine Familie in München hatte! Lauter Kinderchen überall. Und Adelsbergers Vater hat das Casino geerbt! Stellt euch das vor! Lügen rundum. Das Interessante ist: Der gute Adelsberger hatte immer eine Aversion gegen Glücksspiele, ohne zu wissen, warum. Ich sage euch, dem fließt das Schlawinertum im Blut.*

Fiammetta dachte über Polonca nach, eigentlich eine eingeheiratete Tante dritten Grades, kaum älter als sie, sie war ihr ein einziges Mal begegnet, im Sommer letzten Jahres, als ihr Verhältnis mit Davide noch ein heimliches gewesen war, bei Donelli, dem Eisverkäufer am Lungomare. Polonca hatte mit kroatischen Freundinnen da gesessen (es gab immer noch Kroaten in der Stadt, die nicht ins kommunistische Jugoslawien zurückkehren wollten), einen Turm bunter Eiskugeln mit Schlagobers vor sich, Polonca konnte sich das erlauben, hatte Fiammetta neidisch gedacht, sie selber neigte zur Fülle; *gebärfreudiges Becken,* hatte Zora mit hochgezogener Braue konstatiert, als sie gemeinsam beim Schneider gewesen waren und Fiammetta plötzlich im Unterrock vor ihr stand, weil ihre Schwiegermutter den Vorhang zur Umkleidegarderobe aufgezogen hatte, um ihre Figur zu begutachten. *Gebärfreudiges Becken …,* als ob Zora nicht selbst zur Fülle neigte, jetzt hatte sie gerade nach dem Dienstmädchen geklingelt, etwas *zum Schnabulieren* wollte sie haben, sie war sichtlich verärgert, dass Greco noch immer nicht aufgetaucht war. Fiammetta nahm Greco diese Verzögerung ebenfalls übel, wie lange sollte man denn noch hier ausharren, das Abendessen würde sich so bis in die Nacht hineinziehen, ausgerechnet heute, wo Davide spät nach Hause käme. Greco liebte Provokationen, neulich abends hatte er ihr in aller Lautstärke erklärt, seinen Eltern läge *das Wohlergehen armer Sarden mehr am Herzen* als seines, der neuerdings an Vertigo litte, er spielte auf den Sarden Gramsci an, wie Davide ihr später erklärte, der allerdings fand, Greco spiele sich zu sehr in den Vordergrund, und sogar bitter bemerkte, er dürfe sich solch freche

Aussagen nicht gestatten. Es schien, als habe Greco so viel Narrenfreiheit wie niemand sonst. Einmal hatte er, ohne die Stimme zu senken, zu Fiammetta gesagt: *Unsere Mutter ... immer alles ex cathedra.* Fiammetta tat seit Wochen nichts anderes, als diese Familie verstehen zu lernen. Wer sich wem gegenüber was erlauben durfte etwa. Und sie kam immer wieder zum Schluss: Davide durfte sich am wenigsten erlauben, abgesehen von den Hausmädchen natürlich, die mussten einfach funktionieren. Eine war so schüchtern, dass sie nach dem Auftischen verschämt knickste und mit hochrotem Kopf flüsterte: *Signori e signore, das Essen ist angerichtet,* und dann aus dem Raum floh, fast rennend, woraufhin Zora jedes Mal seufzte: *Herrgott, wann beruhigt sie sich endlich? Ich kann dieses genierliche Getue nicht ausstehen, warum ist die so zaghaft?* Auch wenn sie dachte, dass Zora von der Liebe nichts verstand, sah Fiammetta durchaus, dass ihre Schwiegereltern einander mochten und respektierten, Don Pietro war zwar reserviert, aber erfolgreich, was seiner Frau offensichtlich gefiel, er schritt schon so gewichtig, die Hände im Hosenbund, so sizilianisch.

Herrje, jetzt ging es schon wieder um diesen Raubmord. Fiammetta seufzte, sie gehörte nicht zu den Frauen, die ihre Nase in anderer Leute Dinge steckten, manchmal dachte sie, sie sei die Einzige, der Klatsch gleichgültig war. Wenn sie sich mit Dingen beschäftigen wollte, die sie nicht selbst betrafen, las sie Romane. Um in dieser Familie ihre Stellung zu stärken, würde sie allerdings genau hinhorchen müssen. Sie musste wissen, was vor sich ging, mit wem sie sich verbünden konnte, wer ihr den Rücken stärkte und wer nicht.

Don Giuseppe schien ihr am wohlgesinntesten. Und vielleicht Dr. Russos Frau, die könnte zu einer Freundin oder zumindest zu einer Beraterin werden. Frau Russo war Triestinerin mit slowenischen Ahnen, daher war Zora ihr gegenüber aufgeschlossener als anderen Frauen – und weil die Russo ihre Tochter nach ihr benannt hatte, das schmeichelte der alten Kuh, dachte Fiammetta. Sie sollte sich gut stellen mit der Russo, bedauerlich, dass sie heute nicht dabei war. Ja, sie musste Strategien entwickeln, zunächst, um in dieser *torre chiusa*, diesem geschlossenen Turm, wie sie das Haus nannte, zu überleben, und dann, um daraus auszubrechen.

Sie hörte Schritte in der Halle. Greco trat lächelnd in den Salon. Eine Art süditalienischer Westernheld, immer schnodderig nonchalant.

»Abendpost!«, rief er und wedelte mit einem Brief.

»Endlich«, sagte Zora, ohne auf die Post einzugehen, »wir haben dich längst erwartet.«

»Entschuldigen Sie, Mama«, sagte Greco und blickte in die Runde, »wer möchte den Brief öffnen? Interessanter Absender.« Bedeutungsvolles Zwinkern, süffisantes Lächeln.

»Nicht von uns, hoffe ich«, warf Colonello Neldo ein.

»Neldo! Beschwör bloß nichts herauf! Post von der Polizei, und das zum jetzigen Zeitpunkt!«, sagte Pietro und Zora warf ein: »Der liebe Neldo würde uns vor Polizeiübergriffen schützen, nicht wahr? Du möchtest doch weiterhin den Grabplatz im Familiengrab haben, nicht wahr?«

Neldo lachte peinlich berührt.

Fiammetta war verblüfft. Was sprachen diese Leute über

Grabplätze? Ihr graute. Womöglich musste sie dereinst auch zu Zora in die Gruft.

»Nein, nein, keine Polizei, keine Sorge. Aber genauso interessant«, schaltete sich Greco ein und reichte den Brief seinem Vater: »Ist an Sie adressiert, Papa.«

Pietro warf einen Blick auf den Absender: »Von der Partei?!«

»Nun öffne schon.« Zora war ungeduldig, wie immer.

Pietro ging drei Schritte zum Regal, griff nach dem Brieföffner und schlitzte das Couvert auf, entnahm das einseitige Schreiben und begann zu lesen. Fiammetta konnte sehen, wie er erblasste. Es wurde still. Alle hielten ihre Gläser in der Hand und warteten, dass Don Pietro etwas sagte.

Der schaute schließlich fassungslos Dr. Russo an: »Sie bezichtigen uns der *Zersetzung der Partei*.«

»Wen uns?«

»Dich und mich.«

»Zersetzung der Partei?!«

Dr. Russo und Zora standen auf und traten neben Pietro, Russo links, Zora rechts, drei Köpfe neben der Stehlampe über das Papier gebeugt, sie lasen erst stumm, dann kopfschüttelnd, schließlich schnaubte Zora und Pietro hustete. Fiammetta fragte sich, wer zuerst explodieren würde.

»Was steht denn nun drin?«, wollte Neldo wissen.

»Sie werfen uns raus!«, rief Zora erregt.

»Was?«, Greco schien irritiert. »Aus der Partei? Das ist unmöglich!«

Ach, dachte Fiammetta, auch der *Herr Gleichmut* war zu erschüttern, obwohl der, im Gegensatz zu Davide und Manfredi, gar nicht in der Partei war, Davide wäre schockiert, wenn er nach Hause käme. Und Manfredi erst recht. Schleppte Steine in der Tschechoslowakei und dann so etwas.

Don Pietro reichte den Brief an Dr. Russo weiter und steckte sich eine Zigarette an, wahrscheinlich zitterten seine Hände, es war zu düster, um es genau zu erkennen.

Dr. Russo las vor: »*Die Politische Exekutive des Kommunistischen Bundes von Bari hat bei ihrer letzten Zusammenkunft auf Grundlage der von der Bundeskommission beauftragten und von den Genossen Pastore und Assennato vorgenommenen Untersuchung gegen Prof. Pietro Del Buono und Dr. Sergio Russo einstimmig beschlossen, die beiden wegen ›politischer Unwürdigkeit‹ aus dem P.C.I. auszuschließen. Diese schwerwiegende Maßnahme, mit der die Föderation Prof. Del Buono und Dr. Russo bestraft, war angesichts der störenden Umtriebe, die sie seit Langem gegen die politische Einheit des P.C.I. geführt haben, notwendig. Und ich persönlich halte in der Tat fest, dass in der Kommunistischen Partei nur Platz für diejenigen ist, die in völliger Freiheit, aber diszipliniert, zur Umsetzung der politischen Linie beitragen. Prof. Del Buono und Dr. Russo wandten nicht nur die Politik der Partei nicht an, sondern arbeiteten beständig daran, diese zu neutralisieren, um die Zersetzung in den Reihen der Partei herbeizuführen.*

Il Segretario Domenico Giufolo«.

»Das wird einen Aufruhr geben in der Stadt!«

»All die Gerüchte, warum das passiert ist!«

»Sie denken, wir seien Titoisten.«

»Das seid ihr doch auch.«

»Ich nicht«, widersprach Dr. Russo.

»Ob es etwas mit dem EREIGNIS zu tun hat?«

»Auf keinen Fall!«

»Sie hassen die Intellektuellen, das ist es.«

»Und die Vermögenden.«

»Jahrelang haben wir uns für die *braccaianti* eingesetzt.«

»Sicher, aber welcher Tagelöhner hat etwas zu melden in der Partei?«

Fiammetta war sprachlos. Hier fiel gerade alles in sich zusammen. Und sie war Zeugin der größtmöglichen Demütigung dieser Familie.

»Danken sollten sie uns, anstatt uns zu erniedrigen! Auf den Knien herumrutschen sollten sie aus lauter Dankbarkeit! Was, wenn wir reden? Wie sollen sie es ohne uns schaffen? Diese dilettantischen Dummköpfe! Diese Bastarde! Diese Kleinbürger! DIESE STALINISTEN!«

Fiammetta hatte ihre Schwiegermutter noch nie so wütend gesehen.

II

Nova Gorica, Februar 1980

Wie ich zu diesem Zimmer komme, fragen Sie sich. Privilegierte Alte, denken Sie sich. Man sieht Ihnen die Gedanken an der Nasenspitze an. Entdecke ich da Sommersprossen? Dagegen hilft Löwenzahn mit Rizinusöl, ein Sud, zwei Stunden gekocht. Ich könnte Ihnen erzählen, wie ich zu diesem Zimmer gekommen bin, aber Sie wollen es ja nicht hören. Nun gut, Sie können es auch nicht hören. Aber selbst wenn Sie könnten, wollten Sie nicht. Genau wie die anderen. Wollen alle nichts wissen. Haben profitiert und hassen trotzdem. Reißen Bilder von den Wänden und trampeln drauf herum. Schlagen Büsten die Köpfe ab. Im Flur. Im Garten draußen. So war es immer, so wird es kommen, man spürt es schon, es gärt. Haben die Sie zu mir geschickt? Oder haben Sie sich meiner erbarmt? Wie dem auch sei, mir soll es recht sein, keine sticht so gut wie Sie. Eigentlich brauche ich nur Sie. Man hat ihm ein Bein abgenommen, das linke, heißt es. Aber auch wenn es das rechte wäre, würden sie behaupten, es sei das linke, das ist komischer. Saukomisch, nicht wahr? Ihre Kolleginnen haben sich bestimmt krummgelacht. Der einbeinige Marschall, linksseitig erledigt. *Alter Krüppel, wann ist der endlich tot.* So reden sie doch. Ob die Leute ihre eigene Schizophrenie bemerken? Sehnen seinen Tod herbei und haben Angst vor einer Zukunft ohne ihn. Aber noch lebt er. Und er ist zäh. So zäh wie ich. Die andere Frage ist: Wer stirbt zuerst, er oder ich? Nicht dass mein Tod für den Verlauf der Weltgeschichte von Belang wäre. Im Gegensatz zu seinem. Sie werden noch wehmütig an ihn zurückdenken. Vater Jugoslawiens. Sentimental werdet ihr sein! Ja, du auch! Also: Er oder ich? Mich kümmert's nicht, wenn ich dran bin. Ich habe zwei Söhne überlebt. Der dritte liegt bewegungslos da, wach im Kopf, aber bewegungslos, die Lähmung frisst sich immer weiter, bald kann er nicht mehr atmen. Mein Kind wird ersticken. Warum sollte ich weiterleben wollen? Drei verlorene Söhne. Keine Mutter kann das überstehen.

Gut, dass Sie mich nicht hören. Ich rede gerne mit Ihnen, es erleichtert mich. Und Sie widersprechen nicht. Widerworte kann ich nicht leiden. Streitgespräche unbedingt, aber Widerworte: nein. Nur Pietro durfte das. So ein gescheiter Mann. Und charmant! Zu charmant manchmal, sizilianisches Temperament. Wie sein Vater selig, den haben die Frauen auch umschwärmt: *Don Giuseppe* haben sie ihn genannt. Oder wenn sie gebildet tun wollten: *Monsieur*. Ein Überbleibsel aus Palermo. Sie haben Französisch gesprochen dort in der Familie, aber nur, wenn Personal im Raum war. Das *Monsieur* hat er nach Bari mitgebracht, eitel, wie er war, der mächtige Giuseppe, der ehemalige Inselkönig, diskret eingeführt hat er es. Diese Kokotten liebten das natürlich, ein ewiges *Monsieur*-Gesäusel tirilierte durch Bari und der alte Frauenfischer genoss es. Ich spreche kaum Französisch, dafür Deutsch, mit Wiener Zungenschlag. Und Italienisch natürlich. *Tempi passati*. Hier verachtet man das

Italienische, das ist verständlich, aber schade. Mein Mann, der Professor, spricht acht Sprachen. Ich zähle sie Ihnen auf: Latein, Griechisch, Italienisch, Deutsch, Russisch, Französisch, Mediziner-Englisch und ein wenig Slowenisch. Er vergisst, wer er ist. Aber die Sprachen beherrscht er immer noch. Das Gehirn ist doch wunderlich, das alte Gehirn erst recht, macht Kapriolen. Einst wuchs es, dann schrumpft's und man weiß nichts mehr. Das Leben ist sowieso ein Kreislauf, nicht wahr? Jetzt bin ich dort gelandet, wo ich angefangen habe, ach was, viel weiter unten. Eine Schande ist das. Das Zimmer mag großzügig sein, mit Blick in den Garten, den Karst im Hintergrund. Das hat man mir gleich gesagt: *den Karst im Hintergrund*. Dein Direktor hat mich dabei bedeutungsvoll angeschaut hinter seiner Brille mit Fensterglas, die er trägt, um sich wichtig zu machen, mein Jüngster hatte auch so eine, dachte, er sieht damit seriöser aus. Ein zweideutiger Wink vom Direktor war das, er wollte prüfen, auf welcher Seite ich stehe. Der Karst war Partisanenland, dort hielten sie sich versteckt, auch dein Großvater, Mädchen – falls er auf der richtigen Seite gekämpft hat. Natürlich wissen alle, dass in den Schluchten des Karsts ein paar Gebeine liegen, womöglich auch mehr als ein paar. Große Ideen erfordern eben große Opfer. Denk nur an Franc Kavs aus Čezsoča. Haben sie euch in der Schule von ihm erzählt? Bestimmt haben sie das. Ein Fünfundzwanzigjähriger, der die Welt hätte umkrempeln können. An seinem Beispiel kann man moralische Fragen diskutieren, verstehst du? 1938 besuchte Mussolini Kobarid, Kobarid kennst du ja, ein kleines Dorf, es sollte der Sterbeort des Diktators sein, hatte sich Kavs überlegt, ein geschichtsträchtiger Ort, denk an die blamable Niederlage der Italiener im Ersten Weltkrieg. Und dann ausgerechnet dort – bumm! – Mussolini zerfetzt. Kavs hat das Attentat sorgfältig vorbereitet, er will sich und Mussolini mit einem Dynamitgürtel in die Luft jagen, an der engsten Stelle des Dorfes, wo der Duce in der Falle sitzt. Und was passiert? Der Junge entscheidet sich in letzter Sekunde anders. Nicht, weil er sein eigenes Leben schonen will, nein, weil er erkennt, dass es unschuldige Opfer geben würde, Zuschauer am Wegesrand, neugierige Dorfbewohner, staunende Kinder. Also: kein toter Mussolini. Aber wäre die Weltgeschichte nicht anders verlaufen, hätte Franc Kavs seinen genialen Plan ausgeführt? Hätte er nicht besser sich und ein paar Pechvögel geopfert und dafür Millionen anderen Menschen das Leben gerettet? Denk an die Afrikaner, die verschont worden wären! Ohne Mussolini kein italienischer Imperialismus! Opfer müssen manchmal sein. Guck nicht so, Mädchen, als ob du hören könntest. Ich mein', das waren Faschisten damals im Karst! USTASCHEN! Die Partisanen haben Faschisten umgelegt, keine aufrechten Leute. Sie haben Europa gerettet! Es war kurz nach dem Krieg, Herrgott. Andere Zeiten.

Der Direktor gab vor, mich mit dem Blick auf den Karst locken zu wollen, bezauberndes Panorama, eindrücklich, einmalig; dabei hatte ich keine Wahl. Abgeschoben haben sie mich. ABGESCHOBEN! Pardon, dass ich schreie, aber dich stört es ja nicht, du bist eine ganz Patente für mich. Ich werde noch öfter schreien. Bist du, sind Sie, ach eigentlich ist es egal, was ich sage, bist du eigentlich taubstumm oder nur schwerhörig? Hörst du IRGENDETWAS? Ich muss

Mila fragen, wenn sie kommt, falls sie kommt, aber sie wird schon kommen. Die weiß alles. Schweigt immer, aber weiß alles. Ist nicht die klügste meiner Schwiegertöchter. Oder … vielleicht ist sie klüger, als man denkt. Nur wird man es nie erfahren. Sie sagt halt nichts, ist reichlich naiv, war sie immer schon. Sie hat damals nicht einmal gemerkt, dass wir sie unserem Sohn zugeführt haben. Ja, Kindchen, auch diese Ehe wurde von uns eingefädelt oder vielmehr: von mir. Greco brauchte eine willfährige Frau, eine, die ihm alles durchgehen ließ. Das hat er ihr vom ersten Tag an gezeigt, hat den Ehering nach der Trauung ausgezogen und gefragt: *Und was tue ich jetzt damit?* Hat ihn an einer Schnur an den Spiegel der Roulotte geknüpft, die er selber konstruiert hat, ein richtiger Wohnwagen stand da im Garten. Mila muss entsetzt gewesen sein. Ich habe seine Unruhe gespürt, immer auf der Suche, immer in Bewegung; er wollte leben, leben, leben. Und lieben, lieben, lieben; er traf viele schöne Frauen, er kommt ganz nach seinem Großvater, obwohl er ein Faible für Frauen aus der besseren Gesellschaft hatte, im Gegensatz zu seinem Großvater, meine Güte, was für einen gewöhnlichen Geschmack der alte Giuseppe hatte. Manchmal denke ich, Greco hat seine Krankheit schon als Jüngling heraufziehen gespürt, mit zwanzig, zweiundzwanzig, während des Studiums. Er muss etwas geahnt haben, immerhin studierte er Medizin. Es fing mit Schwindel an, er hat mir gesagt: *Beim Tanzen wird mir schwindelig.* Er hat aufgehört zu tanzen, da war er noch nicht verheiratet; einmal hat er es noch versucht, den Hochzeitstanz mit Mila, er hat geschwankt, sie musste ihn stützen, schockierend und peinlich, man dachte, er sei betrunken; es hätte uns doch auffallen müssen, aber wer denkt denn an so was?! Bei der Beerdigung meines Jüngsten saß er schon im Rollstuhl, stell dir vor, mit fünfunddreißig Jahren. Mila glaubt, wir hätten sie reingelegt, wir hätten gewusst, dass er krank ist, und ihn deswegen überredet, sie zu heiraten, eine Pflegerin auf Lebenszeit, aber das bildet sie sich nur ein, die Ärmste. Durfte nie weinen, weil er ja der Kranke war und sie die Gesunde. Sie wusste nicht, dass er andere Frauen hatte, und ich habe selbstverständlich mein Wissen für mich behalten. Eine Mutter muss ihren Sohn schützen. Jetzt ist Mila die Mächtige und er liegt da und wird von ihr gefüttert, Löffel für Löffel. Eine grausame Krankheit. Die Rache der Götter ... der Fluch der Familie ... wir wurden hart bestraft ... Weißt du was, Branka? Es ist besser, wenn ich dich sieze. Ich sieze Sie jetzt, Branka Blatnik, schließlich verdienen Sie Respekt. Keine sticht so gut wie Sie.

Apropos Rollstuhl: Wenn ich an Rollstuhl denke, sehe ich IHN vor mir. Wie es ihm wohl geht? Frisch amputiert, mit verheilendem Stumpf? Er muss weiterleben, nur ER kann uns retten. Die Russen sind in Afghanistan einmarschiert, eine solche Schweinerei ist das; das waren auch seine Worte: *eine Schweinerei!* Die Bevölkerung ist in Panik. Zu Recht, Branka Blatnik! Als Nächstes greifen sie uns an. *Heute in Afghanistan, morgen schon in deinem stan.* Ja, Branka, auch in deiner Wohnung. Du lebst bestimmt noch bei deinen Eltern, nicht wahr? Marschall Tito hat es immer gewusst: Vor den Russen muss man sich in Acht nehmen, er hatte schon früh einen vortrefflichen Instinkt. Stalin wollte ihn mehrmals ELIMINIEREN, ich weiß das, Branka

Blatnik, wer wüsste es besser als ich? Stalin hat ihn unter die Röntgenröhre legen lassen, 1946 war das, in Moskau. Hat behauptet, der Marschall sei sterbenskrank und müsse umgehend operiert werden. Und, was sehen wir heute? Der Marschall lebt, einbeinig zwar, aber er lebt, achtundachtzig Jahre alt! Mein Mann war ein exzellenter Diagnostiker, wissen Sie, er hat sofort erkannt: Da ist nichts. Abgesehen von einem läppischen Ulcus, aber sonst: nichts! DESWEGEN habe ich dieses Zimmer erhalten, um das man mich hier beneidet, Doppelzimmer mit Sitzecke in Mintgrün und eigenem Bad, oberster Stock, drei Fenster, Blick auf den Karst. Und natürlich wegen der anderen Sache, aber darüber schweigt man ja hier, obwohl es kein Geheimnis ist: Die Familie Ostan besaß ein Transportunternehmen, Holz, Baustoffe und so weiter, ich habe den Betrieb nur ein wenig … nun ja … kanalisiert. Ohne Waffen keine Revolution. Mein Einstieg war ein kopfloser Lapsus, mit einem Koffer voller Medikamente im Zug quer durch Italien, lächerlich war das. Ich mit diesem Koffer in Triest. *Darf ich den Koffer mit den Medikamenten, die ich aus der Klinik meines Mannes entwendet habe, an die Partisanen weiterreichen? Wo sind sie denn, die Damen und Herren Partisanen? Wo geht es, bitte schön, in den Wald?* Ich darf nicht dran denken, es treibt mir die Schamesröte ins Gesicht. Ljubko, mein lieber, leider warmer Bruder, hat die Übergabe arrangiert. Aber trotzdem war diese Peinlichkeit ein Aufbruch! Ja, ein Aufbruch. Danach musste ich beweisen, dass ich mehr kann. Nicht ihnen beweisen, MIR beweisen! Man muss alles nur sich selber beweisen. Wenn man sich seiner sicher ist, ist man das auch gegen außen, das ist wahre Souveränität. Nichts ist wichtiger als Souveränität. Der Dank der Partei für die Waffentransporte ist die Partisanenrente. Ich habe die Rente sofort erhalten, in voller Höhe, die bekommt nicht jeder, Mädchen. Ich ziehe gleich die Röcke hoch und löse den Strumpf, warte, dann kannst du stechen, Oberschenkel links. Immer eine neue Stelle, seit 1948 eine neue Stelle, abends nehmen wir dann rechts, aber nun zelebrieren wir links, ein Hoch auf linke Beine! Oder war das jetzt hundsgemein? Der arme Tito. Du machst das gut mit deinen schmalen Händen. Spritzt du intravenös so präzise wie subkutan? Davide hat auch gut gestochen, artiger Junge. Guter Arzt. Nicht genial, aber solide. Auch schon tot, starb an Schüttellähmung. Ich überlebe sie alle. Was für eine Schande. Sogar den Marschall werde ich überleben, obwohl der unsterblich ist. Linksseitig gelähmt, aber zweibeinig: *C'est moi.* Nun mach schon! Stich!

Du hast herrlich gerade Beine, das ist ausgezeichnet, mit geraden Beinen findest du bestimmt einen Mann. Meine Freundin Ana hatte solche Beine, aber deren kerzengerade Knochen liegen schon lange unter der Erde, hat den Falschen geheiratet, hat ihr nicht gutgetan. Männer mögen gerade Beine und Frauen, die schweigen. Du bist richtiggehend ideal. Zudem diese semmelblonden Haare. Eine bezaubernde Slowenin eben. Meine Enkelin Elena hatte krumme Beine als Säugling, ein Kleinkind mit feisten, krummen Beinen, entsetzlich. Ich habe Mila angewiesen, sie spät laufen lernen zu lassen, damit die Beine nicht noch krummer werden, hat sich dann ausgewachsen, jetzt scheinen sie normal, achte auf Elenas Beine, falls sie mich besucht. Ist eine richtige Norditalienerin geworden, das Kind, verachtet den Süden, sagt, die würden da unten keine Gespräche führen, sondern einander nur Worthülsen an den Kopf werfen, sagt auch, dass man im Süden mit berühmten Bekannten angibt und sich damit selber lobt, ist scharfsinnig, die Kleine. Du willst wissen, wie ich hier gelandet bin? Die Signora aus der prachtvollsten Villa von ganz Bari in diesem zusammengeschraubten Ungetüm? Ästhetisch ist er ja nicht, euer Sozialismus. Was für abstoßende Gebäude, was für eine abstoßende Stadt! Am Reißbrett entworfen. Das war gewiss notwendig nach dem Krieg. Aber ein bisschen mehr *grandezza* hätten sie schon walten lassen können, hätten mal rüber nach Triest gehen können, um sich inspirieren zu lassen. Du denkst, ich erzähle Märchen? Glaubst mir nicht, dass ich die eleganteste Villa von Bari bewohnt habe? Ach was, bewohnt: selber entworfen! Ein Palazzo, dreiundzwanzig Zimmer, neun Bäder, in der Halle ein Kronleuchter aus Mailand – wenigstens den haben sie nicht gestohlen, war diesen Lumpen zu schwer, hätten sie auch gar nicht verkaufen können, wer hat schon Platz für so ein Stück? Lass dich nicht von meinem Alter täuschen, meinem dünnen Haar, der lahmen linken Seite, davon, dass ich in dieser Abstellkammer mit ihren abwaschbaren grünen Wänden sitze und schimpfe. Man täuscht sich schnell. Meine jüngste Schwiegertochter könnte dir eine Geschichte erzählen. Es war in Zürich. Da arbeitet meine Schwiegertochter für Geld, obwohl wir immer gesagt haben: *Una signora non lavora*. Aber Marie-Louise wollte arbeiten, unbedingt, vielleicht sind Schweizerinnen so. Also, hör zu: In der Notaufnahme des Universitätsspitals krakeelt eine volltrunkene alte Frau, die man mit blutigem Kopf auf der Straße aufgegriffen hat, weil sie in eine Trambahn gelaufen ist. Man will sie untersuchen. Die Trunkenboldin zetert, sie sei die Mutter des Schahs von Persien und wünsche ihren Sohn zu sprechen. Ärzte und Schwestern um sie herum, die feixen, *ja ja, und mein Vater ist der Papst, und ich bin Marlon Brandos Schwester;* solche Scherze fliegen hin und her, die Alte ist nicht zu bändigen. Sie schimpft weiter, *ich bin die Mutter des Schahs von Persien!,* übergibt sich, verliert erst ihr Gebiss und dann die Besinnung, man rollt sie auf der Liege in ein Zimmer, durchsucht ihr Portemonnaie. Sie IST die Mutter des Schahs von Persien. Der Sicherheitsdienst holt sie, die Angelegenheit wird selbstverständlich nie publik. Ja, Kindchen, die Reichen dieser Welt gehen nach Zürich. Hierher kommen nur die Armen. Und die Verarmten. Die Ausgestoßenen. Solche wie ich. Zum Sterben nach Nova Gorica, in diese Reißbrettstadt. Was für eine Schande. Mein Mann residiert in einem Altersheim in Bari, große Räume, Speisehalle mit Stil, Terrazzoböden, Blick aufs Meer, flinkes Personal, gut erzogen, Herr Professor hier und Herr Professor da, sie hofieren und umschwärmen ihn, er ist makellos gekleidet wie immer, Anzug mit Weste, Einstecktuch, Manschettenknöpfe und Schlips, ein feiner Mann. Mit Pepcas Worten: *elegant, aber senil.* Und mich hat man hierher VERSCHACHERT! Aber hätte ich bei ihm bleiben sollen, in einem Bett liegen mit einem Mann, der jeden Morgen neben einer Fremden aufwacht, dich verblüfft ansieht, auch keck, als ob du ein Abenteuer seist, und liebenswürdig fragt: *Signorina, gestatten Sie, dass ich rauche?* Rührend ist das. Aber reicht Rührung aus für ein geteiltes Leben? Hier steckt das ganze Haus voller sklerotischer Greise, ich sehe ihre starren Augen, diese Hohlheit, diese Leere. All die abgestorbenen Gehirnwindungen, die Ödnis im Kopf, die Schwärze … Hätte ich bei solch einem Mann bleiben sollen? Bei ihm, der mich mit unseren Toten alleine lässt und mit allem sonst, auch mit unserer Schuld, die jetzt nur noch meine ist? Vor allem damit hat er mich allein gelassen. Ich wollte mir wenigstens die schönen Erinnerungen nicht stehlen lassen, ich wollte unsere gemeinsame Geschichte im Glanz sehen, nahezu sechzig Ehejahre! Also bin ich gegangen, in meine alte Heimat, wo auch der Marschall lebt, weg von meinem Mann, bevor das reale Bild das andere abgetötet hätte; die Einsamkeit, müssen Sie wissen, die Einsamkeit wird immens, wenn man zu zweit ist und einer sich selbst und den anderen verlassen hat im Geist. Senile sehen einen nicht mehr, sie sehen nur sich, und auch das nur partiell. Sie finden mich hartherzig, aber mein Herz musste sich schließen, mit jedem Toten hat es sich mehr verschlossen und jetzt ist es zu. Ich trage seit siebzehn Jahren Schwarz. Nach dem Tod meines Sohnes habe ich keine Farbe mehr getragen, alles habe ich verschenkt, an entfernte Verwandte und an die Dienstmädchen, die meine Kleider an ihre Mütter und Tanten weitergereicht haben, Bäuerinnen, die nun Seidenroben in ihren Schränken hängen haben, die sie nie anziehen können, weil es keine Gelegenheit dafür gibt. Vielleicht haben sie die Nähte aufgetrennt und Schals oder Kleidchen für die Kinder genäht, für ihre Prozessionen, diesen Hokuspokus, den sie da unten so lieben, wenigstens das hat man euch hier ausgetrieben. Mir war es vollkommen einerlei, was aus den Stoffen wurde, *tempi passati;* mein Sohn war tot, und ich war es auch. Den Wildschweinledermantel trägt meine Enkelin in Zürich, auch eine Zora übrigens. Eine Siebzehnjährige in einem uralten Wildschweinledermantel, den sie auch im Innenraum anbehält, weil sie sich schützen will oder aus sonst einem kruden, psychologischen Grund, das versteht kein Mensch, aber vielleicht sind Schweizerinnen so. Ein empfindsames Kind, fiel in Bari aus Mitleid mageren Eseln um den Hals, weigerte sich, auf Ustica zu angeln, und brach in Tränen aus, wenn sie sah, wie die Fischer vom Lungomare die Tintenfische an der Kaimauer totschlugen, das dauert halt, bis die tot sind, sie hielt sich die Hände über die Ohren und heulte, weinte sogar um einen angeketteten Hund, den sie gar nicht kannte, die verrostete Kette an der Hundehütte bei uns im Garten hat sie so aufgebracht, dass ich sie nur beruhigen konnte, indem ich ihr versicherte, ich hätte den Schäferhund, als er mir mit seinem Kläffen auf die Nerven ging, aus dem ersten Stock auf ein vorbeifahrendes Fuhrwerk geworfen, so sei er freigekommen; die Fantasie dieses Mädchens ist einfach zu groß. In Zürich kennen sie solche Dinge wohl nicht, dort lieben sie die Tiere mehr als die Menschen, anders als im Süden. Zürich ist schön, doch Wien ist schöner. Das Essen in Wien! Ich habe all die Wiener Rezepte in einem Buch festgehalten und die böhmische Küche durch die süditalienische ergänzt, Sie können sich gar nicht vorstellen, wie wir gekocht haben, Festmahle waren das, tagelang haben wir vor einer Einladung in der Küche gestanden. Nein, das könnt ihr euch nicht vorstellen mit eurer Mangelwirtschaft. Wie ist das eigentlich gekommen, dass dieses großartige Land so darbt und knausert?

Die leeren Geschäfte, es ist zum Weinen. Ölkrise gut und schön, aber die gibt es überall. Ist der Sozialismus gescheitert? Ist es das, was man im Jahr 1980 sagen muss: Der Sozialismus ist gescheitert? Nein, das ist nur eine vorübergehende Krise, die Welt wird bald verstehen, dass nur der Sozialismus Bestand hat, dass Gleichheit das Wichtigste ist. GLEICHHEIT. Du wunderst dich, dass ausgerechnet ich so spreche, die Frau Professor aus dem Palazzo? Es ist simpel: Kommunismus ist Aristokratie für alle. Das würde der Marschall bestimmt auch sagen, er schwelgt zwar gerne im Pomp, aber er wünscht sich Pomp für jedermann. Gut, dass ich in seiner Nähe bin, er würde mich verstehen, zutiefst verstehen. Wenn ich das hier allerdings betrachte, abwaschbare Wände aus Plastik im Flur, ABWASCHBARE WÄNDE IN PIPIGELB, pardon, dass ich schreie, aber das ist ein Kulturzerfall, ein Abgrund, ein Debakel. Und ich mittendrin. Wie kann man so tief sinken? Warum bin ich so tief gesunken? Es ist die gerechte Strafe für meine Sünden, vom Allmächtigen verordnet. Ich wollte das alles nicht. Togliatti hat immer gesagt, es muss aufhören mit dem Morden. 1948 ist er durchs Land gereist und hat gepredigt: *Hört auf zu morden!* Wissen Sie überhaupt, wer Palmiro Togliatti war? Ein wahrhaft großer Mann, der Führer der Kommunisten Italiens. Es gab in jenem verhängnisvollen Sommer 1948 ein Attentat auf ihn, ein Sizilianer hat auf ihn geschossen. Und was hat er seinen Leuten gesagt, dieser Held, während er von vier Kugeln durchlöchert am Boden lag? *Ruhe! Nur nicht den Kopf verlieren.* Ein großer Mann. Ein Segen, dass er überlebt hat, das Chaos wäre unvorstellbar gewesen. *Unser Ziel ist eine Gesellschaft der Freiheit und Gleichheit, in der es keine Ausbeutung von Menschen durch Menschen gibt!* Ist ein Zitat von ihm. Klingt gut, mit tiefer Stimme vorgetragen, nicht wahr? Tiefe Stimmen sind wichtig. Übrigens auch für Frauen. Nur Frauen mit tiefen Stimmen werden ernst genommen, das habe ich früh verstanden und deshalb geübt, aber du kannst meine Stimme ja nicht hören, Branka Blatnik. Und mit solchen Sätzen darf man euch sowieso nicht kommen, die haben sie euch zu oft eingetrichtert, ich weiß. Dabei hat der Marschall genau das für euch erreicht: Freiheit und Gleichheit. Und hohes Ansehen in der Welt. Alle hofieren Jugoslawien: Russen, Engländer, Amerikaner; was für ein stolzes Land. Natürlich nützt euch das nichts, wenn ihr keinen Kaffee kaufen könnt, aber immerhin könnt ihr über die Grenze, einfach so, offene Grenzen sind wichtig, du Dummerchen. Der Sommer 1948, du zartes Kind, war euer Glückssommer. Stalin bricht mit Tito, Jugoslawien fliegt aus der Komintern, der glorreiche Sonderweg beginnt. Sonst wärt ihr heute die Knechte Russlands und würdet euch nicht nur nach Kaffee sehnen, sondern nach Freiheit. Denn frei seid ihr immer gewesen! Ihr könnt kommen und gehen, wie ihr wollt, auch du, Branka Blatnik, du kannst nach Zürich dislozieren und im Universitätsspital arbeiten, das lässt sich arrangieren. Togliattis und euer Glückssommer war mein Unglückssommer, jener vermaledeite Juliabend war der Anfang all des Elends, das mich letzten Endes hierhergeführt hat, in diese Hölle der abwaschbaren Wände.

*

Michele Zanoni (1916–1952)

Am Abend des 24. Juli 1948, als Angelo Zappacosta den Bankdirektor Valdemaro Tedesco erschießt, tanzt Michele Zanoni mehrere Tänze mit einem ihm unbekannten Mann, den er nicht begehrt. Die Tanzfläche ist kaum größer als die Herrentoilette samt Vorraum. Michele schmiegt sich an den Mann, dessen Namen er weder kennt noch kennen will.

Ihm reicht es, dass dieser Mensch gut riecht und ihm Wärme spendet und einen Hauch von Trost. Jedes Mal, wenn der samtene Vorhang sich bewegt, hofft er, Ljubko werde durch den Schlitz schlüpfen. Jedes Mal ist er enttäuscht, wenn ein anderer Mann das Hinterzimmer betritt. Sie haben sich am Vorabend wegen immer derselben Sache gestritten, und Ljubko hat kühl bemerkt, er sei zu alt für solche Kindereien, es reiche ihm *ein für alle Mal,* und ist in die Nacht hinaus verschwunden. Michele ist nicht gewohnt, dass Ljubko verschwindet, obwohl Ljubko das schon oft gesagt hat:

Es reicht mir ein für alle Mal. Vielleicht ist Ljubko nach Jugoslawien gefahren, in die Berge nach Bovec, hoch zu seinem Bruder. Der Mann reibt sich im Takt der traurigen amerikanischen Sklavenmusik an Michele, der das Geschlecht des Fremden spürt, fordernd und stark. Michele lächelt milde, er kann dem Mann diese Freude der diskreten Lust durchaus bereiten, er mag die gierigen Blicke anderer, die sich auf ihn legen, ihr Verlangen, es ist, als ob er sich damit selbst verwöhnt. Wenn Ljubko es nur endlich verstehen würde: Mehr als das hier braucht er nicht. Er wird nicht mit dem Mann nach Hause gehen. Und auch nicht in den Park. Er wird allein in die Via della Sorgente gehen und darauf warten, dass Ljubko nach Hause kommt.

Am 8. Mai 1952 verlässt Michele Zanoni nach einem frühen Mittagessen seine Mutter in ihrer Wohnung in der Altstadt von Genua, um nach Triest zurückzukehren. Er nimmt einen Bekannten mit, den er in Verona abzusetzen gedenkt. Auf der Autobahneinfahrt prallt er aus ungeklärten Gründen auf den vor ihm fahrenden Lastwagen und wird von demselben über mehrere Hundert Meter mitgeschleppt. Der Bekannte, dessen Name in Vergessenheit geraten ist, bleibt nahezu unverletzt. Michele Zanoni stirbt in Ljubko Ostans altem Fiat 500, den der von seiner Schwester Zora geschenkt bekommen hat. Michele Zanoni wird 36 Jahre alt.

✳

Wenigstens schläft man hier gut. Allerdings zu viel, vor allem in letzter Zeit, dauernd diese bleierne Schwere. Aber was soll man sonst machen. Täglich dieselbe Routine, schlafen, schlecht essen, sich den Gang hoch und runter schleppen, das schleifende Geräusch des Stuhls über den Steinböden, tröstlich, eine Erinnerung an Bari. Kaum je in den Garten, es ist zu kalt. Morgens Insulinspritze, abends Insulinspritze, die Höhepunkte des Tages. Von Branka gesetzt: erträglich. Von den Furien allerdings … Die Furien verachten mich, weil ich ihrem Marschall die Treue halte, die stechen mit Absicht so grob. Oder mischen etwas drunter, das brennt, sie wollen mich bestimmt vergiften. Und dieser Kommandoton, aber ich lasse mich von niemandem herumkommandieren. BRANKA! WO BIST DU? Wenn ich in der Via Dieta geklingelt habe, kamen sie angerannt, all die Giusippinas, Francescas und Marias, diese mehr oder minder guten Seelchen, die sich im Laufe der Zeit immer mehr herausnahmen, was mir nicht nur missfiel, Silva zum Beispiel, die Enkelin von Ana, du weißt schon, die mit dem falschen Mann, Silva war in den Siebzigerjahren da, ich habe sie aus Bovec geholt, die hatte keinen blassen Schimmer, was es heißt, in Süditalien zu leben, du hast auch keine Ahnung, Branka Blatnik, nicht die geringste Ahnung hast du. Wenn sie frei hatte, ging sie mit einer Freundin in die Stadt, sie trug eines dieser neumodischen Hemden, am liebsten das mit dem roten Herzen und dazu kurze Hosen, so kurze Hosen!, diese Blondine mit den langen, geraden Beinen, wie die ihrer Mutter und Großmutter. Sie war siebzehn und ließ sich die *mano morta* machen, ließ sich im Bus von fremden Männern betatschen, das hat mir Mila erzählt, Männerhände überall. Sie kannte die Regeln des Südens nicht. Einmal gingen sie und das andere Hausmädchen, eine dicke Baresin, zu einer Hochzeit, es kam ein schöner, junger Mann, ein Geschiedener, der die beiden in einem großen Auto abgeholt und Silva immer im Rückspiegel angeblinzelt hat, so hat sie mir das später erzählt, *angeblinzelt,* in der Kirche saß er neben ihr und im Restaurant ihr gegenüber, und als sie ins Bad ging, schlich er ihr nach, lass nie zu, dass dir ein Mann ins Bad folgt!, Blatnik, er schlich ihr also nach, um alleine mit ihr zu reden, und als sie zurückkamen, hat keiner der Hochzeitsgäste mehr mit ihr gesprochen, niemand, auch die dicke Baresin nicht, die sagte ihr erst draußen vor der Tür, so wie sie sich benommen habe, müsse sie diesen Burschen heiraten, was Silva nicht wollte, sie hatte aber Angst, er würde sie umbringen, wenn sie ihn nicht heiratete, also musste ich bei ihm vorsprechen und die Sache erledigen, wir sind doch nicht mehr in den Vierzigerjahren. Man hatte viel Ärger mit den Dienstmädchen. Ein paar haben gestohlen wie die Elstern, vor allem die Letzte, auch wenn Pietro das nicht glauben wollte. Pietro sieht immer nur das Edle in den Menschen. Ich war sein Korrektiv, seine Brille mit Sonderschärfe, obwohl er der Brillenträger ist und ich Augen habe wie ein Luchs, Diabetes hin oder her, Schlagfluss hin oder her. Nur sticken kann ich nicht mehr, aber das liegt nicht an den Augen, sondern an der verfluchten Lähmung, diese schlaffe linke Hand, die da baumelt, als gehörte sie nicht zu mir, wie ein nasser Waschlappen am Arm, an diesen Anblick kann man sich nicht gewöhnen, und die hängt schon seit neunzehn Jahren so. Neunzehn Jahre! Nicht Herr seiner selbst zu sein ist das Schlimmste. Und mit jedem Lebensjahr verlierst du die Herrschaft über dich ein wenig mehr, ein schleichender Prozess, deswegen fällt er dir anfangs nicht auf, Branka Blatnik, Sie junges Vögelchen. Wenn du die Herrschaft über deine Blase verloren hast, ist es aus, das hat Pepca zu Boris gesagt, ich habe es genau gehört: *Jetzt ist Schluss!* Stell dir vor, deine Schwägerin sagt zu deinem Bruder: *Jetzt ist Schluss!* Was ich für die beiden alles getan habe, und dann werde ich weggescheucht, nur wegen eines Katheters, den dieser Dilettant von Dorfarzt nicht richtig gelegt hat. So ein Katheter kann dich in den Irrsinn treiben, alles entzündet, natürlich habe ich den immer rausgezogen, was hätte ich denn tun sollen? Von unten vergiften? Aus Bovec verjagt haben sie mich! Pepca, meine engste Vertraute. Schickt mich weg. Wegen eines Katheters! Ich hätte in Bovec sterben sollen, wo ich hingehöre. In Bovec, dem Blumendorf. Aber doch nicht hier in diesem Loch. In dieser künstlichen Stadt. Nicht EINMAL haben sie mich besucht, Boris, mein feiner Bruder ... oder Halbbruder oder was auch immer ... ist auch ein alter Mann, das gebe ich zu. Aber auf Berge steigen kann er noch ... Franc tot, Ljubko tot, Nino tot – oder wahrscheinlich tot, auf alle Fälle verschwunden, irgendwo in diesem Amerika. Meine Brüder: alle weg. Bis auf Boris. Und was macht der? Verfrachtet mich in ein Altersheim. *Jetzt ist Schluss.* SIE hat es gesagt und ER hat gehandelt. Ein Mann ohne Rückgrat. *Kissinger* haben sie Pepca in Bari genannt, wegen mir, mein Außenminister. Hinter meinem Rücken, aber Greco hat es Pietro erzählt, wie so vieles, Greco war eine Plaudertasche, immer wollte er seinem Vater gefallen. Er war richtiggehend verliebt in seinen Vater. Jetzt ist er keine Plaudertasche mehr, mein geschundener Sohn, meine Nr. 1. Obwohl er gleich hinter der Grenze lebt, wirst du ihn nie kennenlernen, nur seine Frau Mila, diese undurchsichtige Person, macht sich interessant durch Schweigen. Diese Schlange hat Greco und das Kind nach Norditalien entführt, wegen der besseren Luft, hat sie behauptet, die Hitze in Bari, unerträglich, hat sie behauptet, dabei ist die Meerluft viel angenehmer als dieses Klima hier. Sie wollte weg von mir, aus dem Haus in der Via Dieta weg, obwohl wir ihnen alles geboten haben im oberen Stock; geflüchtet sind sie und haben dabei gelogen, haben behauptet, sie besuchten einen Arzt in Rom und weg waren sie. Das muss man sich mal vorstellen! Einfach verschwunden. Den Umzug klammheimlich organisiert. Es habe Mila ERSCHÜTTERT, dass ich ihr aus dem gleichen gelben Stoff, den ich für die Dienstmädchenuniformen benutzt habe, ein Kleid habe nähen lassen, das sei aus reiner Bosheit geschehen, um sie *auf den Dienstmädchentopf zu setzen,* wie sie das nannte, hinter meinem Rücken natürlich. Ich kann nur sagen: lächerlich. Nachtragend ist die! Hat mir zwanzig Jahre später vorgeworfen, wir hätten sie, als sie noch bei ihrer Mutter lebte und Greco verreist war, jeden Abend mit dem Auto abgeholt, um Spazierfahrten zu unternehmen, hätten aber nur mit Friseuren und Gemüsehändlern und Fischern gesprochen, seien an den Häusern der Bekannten immer vorbeigefahren, hätten sie nie mit reingenommen, stundenlange Fahrten habe sie mit uns unternehmen müssen, bis nach Santo Spirito hinunter, erst habe sie gedacht, wir schämten uns ihrer und würden sie deshalb den Bekannten nicht vorstellen, später aber habe sie gemerkt, dass wir diese Fahrten nur unternommen hätten, damit sie keine fremden Männer träfe, weil ich Frauen nicht trauen würde, das hat sie so gesagt, nicht mir natürlich, sondern einer Bekannten, die es dann mir erzählt hat, wobei sie natürlich recht hatte: Ich traue keiner Frau! Auch Mila nicht, obwohl sie wirklich sehr naiv war in Bezug auf Greco. Natürlich verstehe ich, dass sie schockiert war, als mir, als Manfredi starb und ich dieses Debakel sah, das sie mit den Tomaten angerichtet hat, rausgerutscht ist, es sei der falsche Sohn gestorben, der gesunde und nicht der kranke. Aber das war doch dem Moment geschuldet, ich war doch nicht bei mir, und sie wusste doch, dass Greco meine Nummer 1 war. Wie neurotisch die alle sind, mit dem Löffel ist das Kindermädchen hinter diesem rothaarigen Hosenmatz Elena hergerannt, damit die Prinzessin auch genügend isst, dabei war die Kleine ein impulsiver Vulkan und weiß Gott keine Prinzessin, die auf den Prinzen wartet, ein sehr reizbares Kind, Chefärztin hätte aus dem Mädchen werden können. Und stattdessen? Brandmager und blass wie ein Gespenst ist sie und studiert Pädagogik anstatt etwas Richtiges. Mila hat mir meinen Sohn gestohlen. Merkst du etwas? Alle Männer sind aus meinem Leben verschwunden, vier Brüder, drei Söhne, der Ehemann, alle weg, tot, lahm, verschollen. Was das bedeutet? ICH BIN ABHÄNGIG VON FRAUEN. Von euch hier! … Hier wird unablässig gestorben, gestern der, vorletzte Woche die, und bald bin ich dran, und ihr müsst immerzu rennen, wenn es so weit ist, ihr erkennt an den Atemzügen, wie lange es noch dauert, zwei Tage, ein Tag, fünf Stunden, dann das Röcheln, die agonale Schnappatmung, bald ist's so weit, ruf den Doktor, ja, ihr kennt euch aus mit dem Sterben, obwohl ihr alle jung seid, du zuvorderst, Branka Blatnik. Wann bist du geboren, 1960, 1962, wie meine jüngeren Enkelinnen, eine heile Zeit, ihr seid durchgerutscht, aber täuscht euch nicht, auch auf euch kann Unheil zukommen, Seuchen und erst recht Kriege, dann werdet ihr anders über das Sterben denken und sehen, was das mit euren Vätern, Söhnen und Brüdern macht, wie sie sich ängstigen und leiden und flehen und zu Scheusalen werden und wie ihr später mit diesen Krüppeln zurechtkommen müsst, diesen seelischen Scherbenhaufen mit ihrem Kriegsschütteln und ihren unzuverlässigen Gedächtnissen. Menschen können zu Bestien werden, weißt du, an der Soča hat man es gesehen. Erinnerst du dich, ach was, du kannst dich ja nicht erinnern, aber ich erinnere mich!, wie diese Leute, die Mussolini jahrelang zu Füßen gelegen und ihn verehrt haben wie einen Gott, wie sie ihn, als er tot auf dem Piazzale Loreto baumelte, vom Strick zerrten und seinen Leichnam schändeten, seinen und Clara Petaccis, wie sie in die toten Körper schossen und stachen, auf ihnen herumgetrampelten und auf sie defäkierten, Frauen mit hochgezogenen Röcken schifften auf ihren Duce, schifften ihm mitten ins Gesicht, das war das Volk, das ihm vorher zugejubelt hatte, nicht die Partisanen, die ihn erledigt haben.

In jedem steckt ein Teufel. Und wenn du ihm einmal ins Antlitz geschaut hast, deinem eigenen Teufel, dann vergisst du ihn nie, nachts holt er dich wieder ein. Weißt du, was ich hier am meisten vermisse? Außer den Aschehäufchen, die mein Mann gestreut hat, überall kleine Aschespuren, man konnte einfach hinter ihnen herlaufen und wusste, wo er war, er hat geraucht wie ein Türke, aber meist vergessen zu ziehen, immer eine Zigarette in der Hand, ein wunderbarer Mann. Ich vermisse das Rumpeln der Züge, die an unserem Haus vorbeifuhren. Jeder Zug, der an dir vorbeifährt, zeigt dir die Möglichkeit zu gehen. Damals wollte ich nicht gehen, aber jetzt, wo ich fliehen möchte aus diesem Leben, liegt da nicht einmal eine Eisenbahnschiene, die im Abendlicht glänzt und dir eine Zukunft jenseits des Wissens verheißt. Sie sagen, das Alter habe seine Vorzüge, wie jede Lebensphase ihre Vorzüge habe. Man behauptet, Weisheit trete ein und erweitere dein Denken. Was eintritt, ist aber nur die Gewissheit, dass die Fehler, die du begangen hast, sich nicht wiedergutmachen lassen. In jüngeren Jahren kannst du dir einreden, du könnest irgendwann, später, im Laufe der Zeit, eigentlich jederzeit, die Dinge wieder geraderücken. Im Alter weißt du: Das war eine Illusion. Gar nichts lässt sich geraderücken. Du hast deine Sünden vergessen, weil du so beschäftigt warst, hast sie beiseitegeschoben, aber im Alter, hier, in einem Zimmer wie diesem, das nichts bietet außer dem Blick auf den Karst, stehen sie vor dir und beobachten dich bei jeder Bewegung, sie laufen dir hinterher wie bösartige Wichte. Du willst dich vor ihnen verkriechen, aber da ist kein Schutz. Es ist ein Graus, das Alter. Giuseppe, mein Schwiegervater, der *Monsieur,* ist mit neunundsiebzig gestorben, ein normales, ein gutes Alter zum Sterben, viele Frauen haben an seinem Grab geweint, nicht nur aus Trauer um ihn, nein, auch weil ihnen keiner mehr Geld zustecken würde, Geld, das mein Mann verdient hat, sein Vater hat es diesen Tanzmäusen heimlich gegeben, geschluchzt haben sie an seinem Grab, es war rührend und so dramatisch, wie er es sich gewünscht hätte, dieser unverbesserliche sizilianische Frauenheld. Im September '48 war das ... ach ... er war der erste Tote in der Reihe, die folgen sollte, allerdings ein normaler Toter, mit neunundsiebzig zu sterben ist hundskommun, nicht wahr, aber wahrscheinlich war der Schock zu viel für ihn, wir waren ja alle erschrocken, sein plötzlicher Tod hätte mir eine Warnung sein sollen, zwei Monate nach dem *Ereignis* und eine Woche nach der *Demütigung* die Treppe zur Klinik runtergefallen, Embolie, hoppla, tot. Der Vater des Professors stirbt auf der Kliniktreppe des Sohnes. Stell dir das vor, bitte schön. Meine Güte, wenn ich an dieses Jahr 1948 denke, was da alles passiert ist, solche Turbulenzen überall: Giuseppe Del Buono tot, Gandhi ermordet, Fräulein Dr. Bloch ermordet, Israel gegründet, der Bruch zwischen Stalin und Tito, Ausschluss aus der Kominform, das Attentat auf Togliatti. Und dann hat auch noch mein Ältester die argusäugige Fiammetta Ponti geheiratet! Gegen meinen Willen! Heimlich! Alles haben wir versucht, um diese Ehe zu verhindern, Davide war ja erst vierundzwanzig, ein Kind, das sich von dieser vergnügungssüchtigen Leccesin hat blenden lassen, diesem frechen Ding mit der riesigen Sippe, das mich hintergangen hat. Ein Armband habe ich ihr nach der Hochzeit geschenkt, zu der man uns nicht eingeladen hat, ein Armband aus Gold, kein schweres, ein filigranes, mit kleinen Diamanten. Und was macht diese Fiammetta? Marschiert schnurstracks zum Juwelier und tauscht es um. Sagt ihm ins Gesicht, es gefalle ihr nicht. Das Geschenk ihrer Schwiegermutter gefällt ihr nicht! Was für eine Schande. Natürlich hat der Juwelier mir das umgehend berichtet. Ich war so wütend. Und weißt du, was ich getan habe? Ich habe es ein zweites Mal gekauft. Und es in eine Schatulle in meiner Frisierschublade gelegt, damit ich jeden Tag an Fiammettas Bosheit erinnert werde. Nach ihrem Tod wollte ich es nicht mehr um mich haben und habe es Mila geschenkt. Welche der Schwiegertöchter das Armband besaß, war ja gleichgültig. Mila hat Jahre später die Wahrheit erfahren und es nie mehr getragen. Wo es jetzt ist, weiß ich nicht, wahrscheinlich verkauft, habgierige Bande. Vielleicht erzähle ich dir nachher noch die Geschichte mit dem Brief. Jetzt möchte ich aber ein Mittagsschläfchen halten … ach … Ich kann nicht, das regt mich alles zu sehr auf: der Gedanke an Fiammetta, an die Toten, an das Totenreich überhaupt, das in seiner ganzen dämonischen Abgründigkeit auf mich wartet. BRANKA! BRANKA BLATNIK! Valium! Bring mir Valium!

*

Fiammetta Ponti (1927–1958)

Am Abend des 24. Juli 1948, als Angelo Zappacosta dem Bankdirektor Tedesco eine Kugel durch den Kopf schießt, liegt Fiammetta Ponti auf dem Diwan im Zimmer ihrer Schwester und sehnt sich. Eigentlich ist es lächerlich, dass sie sich sehnt, denn Davide ist erst wenige Stunden aus dem Haus. Sowieso ist sie seit zwei Tagen seine Frau. Sie sind verrückt, das weiß sie selber. Verrückt nacheinander und verrückt, heimlich geheiratet zu haben. In Rom, wo ihre Schwestern leben. Nicht in der Kirche natürlich, schließlich ist Davide Kommunist. Niemand war bei der Trauung dabei außer den beiden Schwestern. Die eine trug eine Kamera bei sich. Fiammetta und Davide haben vor dem Foro Italico posiert und gelacht. Fiammetta trägt weiße Schuhe und ein weißes Kleid. Das hat sie noch in Bari gekauft, ganz allein. Bald wird sie die Bilder sehen. Und bald kommt Davide wieder, er ist zur Post gegangen, um seinen Eltern zu telegrafieren, dass er als verheirateter Mann nach Bari zurückkehren wird. Seine Mutter wird toben. Fiammetta hat ein bisschen Angst vor Zora Del Buono, aber sie wird versuchen, ihr die Stirn zu bieten. Dass Davide zu schwach war, seinen Eltern zu verkünden, dass er heiraten wird, hat sie gekränkt. Dass er so stark war, sie heimlich zu heiraten, macht sie stolz. Vor Davides Vater hat sie keine Angst. Professor Del Buono ist ein Wissenschaftler, und ihn wird beeindrucken, dass sie eine Ausbildung zur chemisch-pharmazeutischen Laborantin absolviert. Mit ihm wird sie über naturwissenschaftliche Themen sprechen und ihm aufrecht begegnen können. Welche Haltung sie ihrer Schwiegermutter gegenüber einnehmen wird, weiß sie noch nicht. Fiammetta hofft, dass ihre Sehnsucht nach ihrem Mann ein Leben lang anhalten wird.

Am 7. Juli 1958 kehren Fiammetta und Davide und ein paar Ärzte von einem Kongress im Salento nach Bari zurück. Davide hat sich während des Kongresses bei einem Treppensturz das Bein verletzt und ist fahruntüchtig. Fiammetta besitzt keine n Führerschein, aber die Frau eines Kollegen hat ihren auf Probe erhalten. Niemand traut sich, mit ihr zu fahren. Fiammetta schert sich nicht um die Bedenken und steigt ein. Davide fährt bei seinen Kollegen mit. Die junge Frau verliert auf der Landstraße die Herrschaft über den Wagen und kollidiert frontal mit einem entgegenkommenden Auto, in dem fünf Menschen sitzen. Davide und seine Freunde werden Zeugen der Katastrophe. Jede Nothilfe versagt. Alle sieben am Unfall Beteiligten sterben. Fiammetta hinterlässt zwei Kinder, neun und vier Jahre alt. An ihrem Grab weint ein anderer Mann. Auch Davide hat eine Freundin. Ihre Ehe war kompliziert verlaufen. Wahrscheinlich hätten sie sich bald getrennt.

Fiammetta Ponti wird 31 Jahre alt.

*

Dieses Valium macht einen richtiggehend plemplem, aber nur für den Moment. Ich bin sonst nicht plemplem, ICH NICHT. In der Familie Ostan kennt man keine Demenz. Mein Bruder Boris ist bei klarem Verstand, dieser Lump. Franc und Ljubko: deprimiert beide, aber bei klarem Verstand bis zum Ende. Mein Vater: glasklar. Über Mutter spreche ich nicht. Dass mein genialer, liebenswerter Gatte den Verstand verliert oder schon verloren hat, ist eine Tragödie. Obwohl er zufriedener ist als ich. SEHR zufrieden sei er, habe ich vernommen. Dennoch: Den Verstand beisammenzuhalten ist wichtig. Ich habe meinen Verstand nur ein einziges Mal verloren, ein junger Mann hat mich betört. Ein Mann, der uns alle in den Abgrund gerissen hat, ach was, gestoßen! Bodenlos war das. Sogar entführt haben sie mich, Saubande. Abends von der Straße weg entführt, in eine Gasse gedrängt und mich geschlagen! Ich wurde GESCHLAGEN, von Leuten aus der PARTEI! Ich hatte Hämatome am ganzen Körper, aber keine Fraktur. Sie wollten mich einschüchtern, sicherstellen, dass ich schweige. Sie haben uns aus der Partei ausgeschlossen. *Wegen politischer Unwürdigkeit,* schrieben sie in ihrem kalten, bürokratischen Abschiedsbrief. Ich werde es nie verstehen, es ist widersinnig. Sie hätten uns hofieren müssen nach dem, was geschehen war. Davide hat immer gesagt: *Der Parteiausschluss war das Schlimmste.* Die größtmögliche Demütigung. So nannten wir es: *die Demütigung.* Jahrelang hat man sich aufgeopfert und dann das. Warum sie uns rausgeworfen haben, fragst du? Ach, du fragst ja nichts, du bist gar nicht im Raum. Wer rumort denn da? Diese Nonne mit den Spinnenfingern, ich kann sie nicht ertragen, Nonnen gehen mir grundsätzlich auf die Nerven. Dass Tito das überhaupt gestattet: Nonnen in staatlichen Altersheimen. BRANKA! Du da, Spinnenmädchen, hol mir meine holde Branka. Willst du, dass ich mich aus dem Fenster stürze? Lach nicht so, du Gottesanbeterin. Du lachst so hämisch, weil du dich erinnerst, dass ich tatsächlich aus dem Fenster springen wollte, die Röcke hatte ich schon gerafft. Im Krankenhaus drüben. Wo das Personal dann die Fenster verschlossen hat. Du lachst, weil du denkst, die Alte ist so dumm, dass sie sich aus dem Rollstuhl hat fallen lassen statt aus dem Fenster? Aber das war nicht dumm. Das war ein blitzgescheiter Einfall. Ich musste präzise planen, um richtig zu fallen. Präzise. Ich habe mir beim Rollstuhlsturz den Arm gebrochen und durfte wochenlang im Krankenhaus bleiben, anstatt in dieser deprimierenden Anstalt dahinzuvegetieren, die mir nur eines sagen will: Das Ende naht. Krankenhäuser sind gute Orte. Sie verheißen Hoffnung. Ich liebe Krankenhäuser. Ich bin Arztfrau! Dreifache Arztmutter! In Süditalien drohen sie dauernd mit dem Fenstersturz, vor allem die Frauen. Eine hat es wirklich getan, eine Eifersuchtsgeschichte natürlich, wie töricht. Sprung vom Dach, zerplatzt; scheußlich, vor allem für die Passanten. Und … Herr Jesus … fast hätte ich das arme Mädchen vergessen … die Schwester von diesem unglückseligen Lardi … ist vom Balkon gesprungen aus Scham … Tragen wir die Schuld an ihrem Tod? Hätten wir der Polizei … Hätte ich die Waffe nicht … Vielleicht sollte ich es diesem bedauernswerten Geschöpf gleichtun, dann müsst ihr euch nicht mehr mit mir plagen. Behandelt mich anständig, dann passiert so etwas nicht, es wäre schlecht für eure Reputation. Ihr wärt mich gerne los, auf dezente Art. Ich bin aber nicht dezent! Vergesst das! Dass ich euch in den Flur gemacht habe, verzeiht ihr mir nie. Alte tun so etwas. Die einen, weil sie nicht wissen, wo sie sind, lassen die Hose runter, machen hin. Die anderen aus Protest. So wie ich. Hättet mir halt nicht die Zeitung verwehren sollen. Es war meine Zeitung. Ihr habt sie gestohlen, und das wegen eines läppischen Hausfrauen-Wettbewerbs in der Mittwochausgabe. *Sie hat in den Flur gekackt! Waaaas? Ja, im Stehen! Sie hat im Stehen in den Flur gekackt!* Da konntet ihr zetern. Aber ich musste ein Zeichen setzen. Es ist das Privileg der Greise, sich schlecht zu benehmen. Anders werdet ihr nicht aufmerksam auf uns. Schreien müssen wir, damit ihr uns hört. Hier sind die Schreie zu Wimmern verkommen, das habt ihr geschafft. Wie oft haben Pietro und ich darüber gesprochen, wie schaurig das Alter ist. Für die anderen, dachten wir, aber doch nicht für uns! Wir haben nicht erwartet, dass es uns so hart trifft. Krankheit, nun gut, damit musst du rechnen. Diabetes, Schlagfluss, damit kann man leben, das habe ich gelernt. Aber hinterhältige Verwandte. Falsche Freunde. Diebe rundum, Einsamkeit, ungenießbares Essen. Eine Zumutung. Doch warum sollte es mir anders ergehen als dem Rest der Menschheit? Das Abtreten IST scheußlich. Ich glaube nicht mehr an den friedlichen Tod. Ljubko, mein Bruder zum Beispiel, war sprachlos zum Schluss. Mit fünfzig ein letztes verzweifeltes Aufbäumen, das in bordeauxroten Schuhen und anderen Eigenheiten seinen Höhepunkt fand, bevor er sich gänzlich der Melancholie ergab und zwölf Jahre schweigend durch Triest schlich, ein Männerliebender ohne Mann. Und denk an Otilija, die kennst du doch, die starb auch hier. Ein zauberhaftes Wesen, etwas konfus, aber von reinstem Charakter. Hat ständig gefroren und sich Zeitungen unter die Kleidung gestopft. Hat sie das auch hier getan? Sah dann unförmig aus, gnomenhaft, aber auch putzig, wie einer dieser Männer, die auf dem Mond gelandet sind. Sie war so weltfremd. Danke für den Kaffee, der schmeckt ordentlich, ihr könnt euch glücklich schätzen, dass Mila euch Kaffeepulver aus Italien bringt. In meinem Auftrag, wohlgemerkt. Ich will, dass es euch gut geht, dir sowieso, du bist eine Liebe. Weißt du, was Otilija im Alter gesagt hat? *Wenn ich gewusst hätt', dass mich am Schluss die Würmer fressen, hätt' ich nicht immer NEIN gesagt.* Als ob man nicht schon als Kind wüsste, dass einen irgendwann die Würmer fressen. Wozu sie wohl JA gesagt hätte? Zu einem Mann? Otilija? Unvorstellbar. Oder denk an Mimi mit dem einen Bein, eine entfernte Verwandte. Noch eine Amputierte, fällt mir gerade auf. Wie es dem Marschall wohl geht, hoffentlich entwickelt er keine Sepsis. Diese Mimi hat auch kein gutes Ende gefunden. Dabei hat sie doch schon so ein dramatisches Leben geführt. Ist ihrem Mann nach Albanien gefolgt. In den Krieg, stell dir vor! So dumm macht Liebe.

Und was passiert? Ein Angriff, Mimis Mann wirft sich vor sie, um sie vor der Explosion zu schützen – und stirbt. Ihr muss man das Bein abnehmen. Später wurde sie Diabetikerin, wurde falsch behandelt, das zweite Bein kam auch weg. Lange hat sie nicht mehr gelebt, so ganz ohne Beine. Die sterblichen Überreste ihres Mannes haben sie zwanzig Jahre nach Kriegsende ausgerechnet nach Bari gebracht, auf den neu angelegten Soldatenfriedhof. Von überallher wurden die Gebeine im Ausland Gefallener nach Apulien gebracht. Schiffe und Zugwaggons voller bleicher Knochen aus Deutschland, Griechenland, Somalia, Libyen, Russland, Jugoslawien, weiß der Teufel woher. Siebzigtausend Tote liegen im Süden von Bari, lauter jung verstorbene Männer, fast alles Unbekannte. Wenn deren Mütter das wüssten. All diese weinenden Mütter. Es schnürt mir das Herz zu. Warum ich immer in der Nähe von Leichenfeldern leben muss. Bovec ein Leichenfeld, Bari ein Leichenfeld. Und hier, gleich hinter der Grenze, der größte Soldatenfriedhof Italiens, hunderttausend Tote liegen dort. Die Toten verfolgen mich überallhin. Weißt du, Branka, den Verlust eines Kindes verkraftet eine Mutter nie. Aber auch mein Mann hat gelitten. Er hat nach dem Tod unseres Sohnes keine Zeile mehr publiziert. Und ich kann dir sagen, Pietro hat viel publiziert. *Schluss mit Forschung,* hat er gesagt, *basta.* Kinder sollten nicht vor ihren Eltern sterben dürfen. Am Tag des Unglücks hatten wir hundertfünfzig Kilogramm Tomaten in der Küche liegen. Kleine, saftige, reife Tomaten aus Torre Guaceto. Frisch geliefert. Hundertfünfzig Kilo! Die Mädchen und ich hatten zwei Tage zum Einkochen eingeplant. Als der Anruf kam, waren wir gerade beim Häuten, du weißt, die Tomaten in kochendes Wasser tauchen, rüber ins Eiswasser, hurtig schälen. Ich hörte das Klingeln des Telefons, hörte Pietros Schritte, sah sein Gesicht und wusste: Etwas Entsetzliches ist passiert. Ich habe gepackt, so schnell ich konnte, dann sind Pietro, Greco und ich zum Flughafen gefahren. Mila sollte zu Hause bleiben und die Tomaten einkochen, zusammen mit den Mädchen. Es ist gewiss viel Arbeit, aber doch nicht besonders kniffelig. Aber Mila ist entsetzlich ungeschickt, eine so umständliche Person, du solltest mal sehen, wie sie den Tisch deckt, eine hochkomplizierte Angelegenheit, so kann man auch seine Zeit verbringen. Die Mädchen und sie haben also hundertfünfzig Kilo Tomaten eingekocht und vergessen, die Deckel zu pasteurisieren. Eine Arztgattin! Sterilisiert nicht anständig! Bindet Tücher um die sterilen Gläser, stellt sie in kochendes Wasser, aber verschließt sie nicht! Wie dumm muss man denn sein. All die Bazillen! Weißt du, was geschehen ist? Tage später sind die Tomaten schwarz geworden, rabenschwarz. Hundert Gläser voller rottender schwarzer Tomaten. Mein Sohn stirbt eintausend Kilometer entfernt in einem Schweizer Krankenhaus und in der Via Dieta verwandelt sich Rot in Schwarz. Als ich nach der Beerdigung nach Bari zurückgekehrt bin, habe ich als Erstes die gestapelten Gläser mit den schwarzen Tomaten im Vorraum der Küche gesehen. Ich wusste: Das ist ein Zeichen, und es kommt direkt aus der Hölle.

*

Manfredi del Buono (1930–1963)

Am Abend des 24. Juli 1948, als Angelo Zappacosta zwei Familien ins Unglück stürzt, trinkt Manfredi del Buono ein Pilsner Urquell, das ihm nicht schmeckt. Er sitzt mit anderen Freiwilligen hinter einem Schuppen und blickt ins Abendrot. Er möchte in die Kammer gehen, um Agata einen Brief zu schreiben, aber seine Kumpane wollen Karten spielen. Manfredi ist der Jüngste von ihnen, letzten Monat ist er achtzehn geworden. Die anderen ziehen ihn damit auf, dass er sich nach seiner Freundin sehnt. Natürlich sind sie nur neidisch, weil er Briefe von Agata erhält. Die ganze Situation hier behagt ihm nicht. Manfredi versteht kein Tschechisch und auch sein Slowenisch nützt ihm nichts. Körperlich macht ihm die Arbeit weniger zu schaffen, als er befürchtet hat.

Er ist süditalienischer Juniormeister im Tennis, seine Kondition ist gut. Auch sein Rücken macht mit, er schleppt und klopft Steine, schaufelt und schippt Kies, bringt Schubkarre um Schubkarre zur Baustelle, er lernt alles über Unterbau, Drainage und Kleinpflästerung. Aber er sieht auch, dass dies eine altmodische Art des Straßenbaus ist und es sinnvoll wäre, mit Asphalt oder Teer zu arbeiten. Sein Bruder Greco, der heimliche Ingenieur, hat ihm alles über Asphalttechnik beigebracht, auch über Walzasphaltdecken weiß er Bescheid. Die Bauleiter wollen aber nichts davon hören und schnauzen Manfredi auf Tschechisch an, schneller zu arbeiten. Den viel beschworenen Kameradschaftsgeist der Kommunisten kann Manfredi nicht erkennen. Es herrschen eine Hackordnung, die mit Gleichheit nichts zu tun hat, und ein Befehlston, der ihm zutiefst widerstrebt. Die Männer, mit denen er arbeitet, sind roh und vulgär und ungebildet. Abends geben sie damit an, wie viele Faschisten sie im Krieg getötet haben. Er wird seiner Mutter erklären müssen, dass ihre Vorstellung einer freudvollen, egalitären, kommunistischen Gesellschaft ins Reich der Märchen gehört. Er trinkt den letzten Schluck schales Bier und steht auf, um Agata zu schreiben.

Aufs Kartenspielen verzichtet er.

Am 12. August 1963 verlässt Manfredi das Haus eines Freundes in Davos, um mit seinem Schwager Jakob nach Zürich zu fahren. Seine Frau Marie-Louise und das Töchterchen Zora werden ein paar Tage länger in den Bergen bleiben. Er schaut noch einmal zurück und sieht Marie-Louise mit dem Baby auf dem Arm winken. Er ist der glücklichste Mann der Welt. Es ist ein Segen, dass seine Eltern ihn vor ein paar Jahren nach Zürich komplimentiert haben, wo er im Kantonsspital Oberarzt der Radiologie ist. Man hat ihn aus Bari weggeschickt, damit er Karriere macht, aber auch, weil seine Freundin seiner Mutter missfallen hat. Marie-Louise ist die klügste und schönste Frau, die ihm je begegnet ist. Sein Schwager sitzt am Steuer des hellblauen vw Käfer; sie sind im Glarnerland auf einer Landstraße unterwegs, als ein überdimensionierter roter Studebaker in einer Rechtskurve mit 110 Stundenkilometern einen Heuwagen überholt und frontal mit ihnen kollidiert. Der Fahrer H.B. aus Schänis ist zweiundzwanzig Jahre alt und hat erst letztes Jahr einen schweren Unfall verursacht, er bleibt unverletzt. Jakob erleidet eine Schenkelfraktur. Manfredi jedoch bricht sich das Genick. Er liegt eine Woche im Koma, bevor er am 18. August 1963 stirbt.

Manfredi del Buono wird 33 Jahre alt.

*

Alles meine Schuld. Als Ljubkos verderbter kleiner Freund im Auto starb, hatte ich den Gedanken selbstverständlich nicht, obwohl Ljubko mich dauerte, mein *Honigtöpfchen,* süß und weich, vielleicht sind Gleichgeschlechtliche so, ich kenne sonst keine. Auch als Fiammetta im Auto starb, kam ich noch nicht auf den Gedanken. Als aber als mein geliebter Manfredi mit dem Auto verunglückte, da dachte ich: *Alles meine Schuld.* Vielleicht gibt es doch einen Gott; und wenn, will er mich bestrafen. Die Schwiegertochter tot, der Sohn tot. Drei verlassene Enkelkinder, eins in Zürich, zwei bei uns im Haus. Was habe ich gewirbelt, um für Davide eine passende Frau zu finden, nachdem Fiammetta gestorben war, die Kinder mussten versorgt sein, wir waren zu alt, um sie dauerhaft bei uns zu haben, der Junge schlief monatelang bei Pietro im Doppelbett, das Mädchen bei mir im Zimmer. Es gab eine Cousine von Fiammetta, die war in Davide verliebt, doch die kam nicht infrage, noch eine aus der Sippe … nicht zu ertragen. Dann meldete sich eine entfernte Verwandte aus Bovec, die Interesse zeigte. Ich habe bei meinen Brüdern Erkundigungen über sie eingezogen. Und was war sie? Nymphomanin! Stell dir das vor! Die hat dann einen Maurer geheiratet; der Pfarrer hat bei der Hochzeit eine Geisteraustreibung vorgenommen, beim Eintreten in die Kirche, mit Weihrauch und allerlei Brimborium. Als ob so etwas helfen würde. Einmal Nymphomanin, immer Nymphomanin. Ich konnte beobachten, wie sie den Kaffee umrührte, sogar das war lüstern. Zu guter Letzt habe ich Manfredi angewiesen, im Kantonsspital Zürich eine geeignete Person für seinen Bruder zu finden. Und er hat sie gefunden, eine Krankenschwester aus der Chirurgischen, eine Schwedin, distanziert und – wie soll ich sagen … von klirrendem Reiz. Wir stellten sie als Gouvernante ein. Haben sie reich beschenkt, haben ihr Davide schmackhaft gemacht. Davide wollte die Schwedin partout nicht heiraten, er hatte irgendwo eine Amerikanerin. Ich habe gesagt: *Sie ist ein qualifiziertes Kindermädchen mit fundierter Ausbildung, vielleicht etwas kühl, aber organisiert. Vergiss die Amerikanerin, heirate die Schwedin.* Das hat er getan. Davide hat immer getan, was ich wollte. Kein besonders starker Charakter. Zu Manfredis Beerdigung erschienen die Schwedin und er bereits als Mann und Frau. Bedauerlicherweise war sie intrigant, das hatte ich unterschätzt. Sie trug große Sonnenbrillen, trägt sie wahrscheinlich immer noch, auch im Haus, damit man nicht sieht, ob sie einen mustert. Und bösartig ist die. Hat ihrer Stieftochter, dem armen Tropf, dieser Halbwaisen, eingeredet, die Mutter sei nach Rom gegangen und mit ihr die nettere Schwester, die Kleine glaubte also, sie habe eine nettere Schwester und eine Mutter in Rom, hat nicht verstanden, dass Fiammetta tot war und es nie eine Schwester gegeben hat. Das Kind hat irgendwann zu der Schwedin gesagt, sie dürfe weiterhin den Haushalt führen, wenn die Mama aus Rom zurückkehre, daraufhin hat die Schwedin das Kommando gegeben, ab sofort sei sie die offizielle Mutter. Von Fiammetta war nie mehr die Rede. Die Schwedin war für mich keinen Deut besser als Fiammetta, beides schwierige Schwiegertöchter. Aber nur die Schwedin ist geldgierig. Hat ihren Stiefsohn gezwungen, das Landhaus auf Ustica zu verkaufen, mitsamt der Kapelle, obwohl alle Enkel das Haus bewohnen durften. Pietro hat es unbedingt dem ältesten Enkel überschreiben müssen, auch wenn mir das missfiel, der war noch ein Kind, aber es war kein Durchkommen, das macht man so in Süditalien: Der älteste männliche Nachfahre wird hofiert wie ein Prinz. In Süditalien brachte man sich allerdings auch um, wenn man beim Kartenspiel verlor, nun gut, ich übertreibe ein wenig, aber dieses ewige Gerede von *uomo d'onore* war schon nervenzehrend. Mein Mann hätte auf all die Enkel verzichten können, der erste hätte ihm gereicht, bei jedem weiteren versank er in tagelange Depression. *Diese Kinderflut,* schimpfte er, *halten einen nur von der Arbeit ab.* Einmal erzählte er beim Abendessen, dass ihn ein Ehepaar in der Praxis aufgesucht habe, ganz verzweifelt waren die, sind extra aus Albanien gekommen, mit dem Schiff über die Adria, nur um ihn zu sehen und mit ihm das *Unfruchtbarkeitsproblem der Frau* zu besprechen, die seit zwei Jahren nicht schwanger werde, obwohl sie schon acht Kinder geboren habe, warum nicht noch ein neuntes?! *Albaner!,* hatte Neldo gelacht, *die sind ja noch schlimmer als Sizilianer.* Der hat gut reden, ist kinderlos, drum will er ja zu uns ins Familiengrab. Was meinst du, sollen wir ihn aufnehmen? Ins Familiengrab? Aber ach, Branka, lass uns nicht übers Sterben nachdenken. Ich wünsche jetzt ein Fußbad. Mit getrockneter Kamille, so heiß, dass ich den Dampf inhalieren kann, das ist gut für meine Nerven. Nimm die Kamille aus Bovec, die ist kräftig, sie wächst wild hinter Boris' Haus, Pepca hat ein Päckchen geschickt, immerhin das. Los los, FUSSBAD, sag ich, lies meine Lippen: FUSS-BAD. Weißt du, hätte ich Manfredi nicht nach Zürich verbannt, würde er heute noch leben. Er wäre Chefarzt, in Siena oder sonstwo. Siena stand zur Diskussion, aber Zürich war besser. Erstklassige Medizin, und schön weit weg. Wir mussten ihn von seiner kleinen Freundin loseisen, dieser Agata. Die war respektlos, hat zu den ungeheuerlichsten Uhrzeiten angerufen und nach Manfredi gefragt. Pietro hat immer dasselbe geantwortet: *Manfredi? Der ist in Afrika.* Das hat dieses vorwitzige Ding nicht beeindruckt, sie hat Manfredi vom Studieren abgehalten, stundenlange Fahrradtouren haben die beiden unternommen und Tennis gespielt, sie hat selber zum Schläger ge- griffen, ich habe es von der *stanza fredda* aus beobachtet. Als wir Manfredi nach Zürich geschickt haben, kam ihre Mutter zu uns und weinte. Und Agata selber: weinte. Da wusste ich: gut, dass er weg ist. Weinende Frauen bewähren sich nicht, sie weinen und fordern. Tränen gibt es nur heim- lich. Am besten gar nicht. Noch lieber als ein Fußbad hätte ich eine Massage, aber so etwas bietet ihr ja nicht an. Als ich zuckerkrank wurde, habe ich einen Masseur engagiert, we- gen der Zirkulation. Das tat gut, nach dem Schlagfluss erst recht. 1948 die Diabetes, 1963 der Schlagfluss, die bösesten Jahre meines Lebens. Den Schlagfluss hatte ich zu Hause, im Bügelzimmer, ich habe gerade kontrolliert, ob die Mäd- chen die Servietten ordentlich gefaltet haben, das musste ja millimetergenau sein, es war in der Woche, in der diese Banditen kamen, um uns das Haus wegzunehmen. Ja, man wollte uns das Haus wegnehmen! Mein Haus! Ich habe et- was in meinem Kopf gespürt, keinen Schmerz, mehr ein Nebel, wie eine Schnur, die sich ums Gehirn schlingt und es innerhalb von Sekunden erstickt, ich wusste sofort: Das ist ein Schlagfluss. Immer, wenn ich mich stark aufrege, er- obert mich eine Krankheit, kein Kinkerlitzchen, sondern etwas Irreversibles. Aber wenigstens keine Weibergebres- ten. Allerdings habe ich gegen die etwas unternommen, präventiv sozusagen. Mein Mann hat mich betrogen, musst du wissen, Branka. Mit einer GYNÄKOLOGENGATTIN! Aus- gerechnet. Wie geschmacklos. Wie kommt eine Frau über- haupt auf die Idee, einen Gynäkologen zu heiraten? Wahr- scheinlich hat der zu viele Frauen untenrum gesehen, als Liebhaber scheint er nicht getaugt zu haben, darum wollte sie sich meinen Mann schnappen. Und weißt du, was ich getan habe, als ich von dem Verhältnis erfahren habe? Mitten im Krieg? Eine Strahlensterilisation! Habe mir die Eierstöcke versengen lassen, heimlich natürlich, bei einem Kollegen von Pietro, einem dubiosen Rohling in Modena, das ging ruckzuck. Ja, Strahlensterilisation, so wie die Nationalsozialisten sie praktiziert haben, Oskar Blank zum Beispiel, dieser Faschist, war in Treblinka, hat man später gehört. Pietro war außer sich, als er herausbekommen hat, weshalb ich nach Modena gereist bin. Aber ich wollte keinesfalls mehr ein Kind von diesem … diesem … diesem Ehebrecher, sowieso waren drei Söhne genug, womöglich wäre das nächste Kind eine Tochter geworden, das hätte mir gerade noch gefehlt. Innerlich verglüht bin ich. ICH war meinem Mann nie untreu, ICH NICHT. Besser war's, mit meinem Männergeschmack ist es nicht zum Besten bestellt, fürchte ich. Was wäre geworden, hätte ich dem *partigiano Angelo* mehr als nur Waffen geliefert? So nannten wir diesen Bastard Zappacosta, *il partigiano Angelo*. Ja, jetzt ist's raus, Branka, gut, dass du nicht hören kannst, ich hatte mir geschworen, diesen vergifteten Namen nie mehr über meine Lippen kommen zu lassen, und das wird er auch nicht mehr, aber ich merke, wie es mich erleichtert, über ihn zu sprechen, und du bist ja ein schwarzes Loch. *Einen ganz scharfen Hund* nennen die Neofaschisten ihn heute noch, obwohl er nicht mehr unter uns weilt, er war berüchtigt, schrieb Bücher, über Gramsci zum Beispiel, was ich ihm nicht zugetraut hätte, Pietro erst recht nicht: *Dieser Rüpel publiziert jetzt Bücher?! Das zeigt die Verkommenheit der Partei.* Ich hätte mich ihm hingegeben, als er jung war und ich im besten Alter, ja das hätte ich, aber es ist nicht dazu gekommen. Später hatte ich Angst vor ihm. Berechtigterweise! Dieser Mörder hat viele Menschen auf dem Gewissen. Nicht nur Faschisten, auch ganz normale Leute. Er hätte mich umlegen können. Es ist dumm, vor solchen Männern keine Angst zu haben, auch Pietro hatte Angst, nicht so große wie ich, aber er wurde von diesen Flegeln auch nicht entführt und geschlagen, diesen Hornochsen. Obwohl ich mich behauptet habe. Bin blutend und erhobenen Hauptes nach Hause gegangen. Ich agiere oft wie ein Mann, doch gewisse Dinge sind mir unverständlich, da bin ich Frau durch und durch. Die Sache mit den Eisenbahnern zum Beispiel. Pietro war offizieller Arzt der Eisenbahnergesellschaft, *medico delle ferrovie.* Natürlich wurde er zu deren Feierabendfesten eingeladen, die fanden einmal im Monat statt, um die Arbeiter bei Laune zu halten, haben ja kaum Geld verdient, die armen Schlucker. Ein Raum, voll mit schwitzenden Lokomotivführern und Rangierarbeitern, die billigen Schnaps trinken und auf die Bühne glotzen, wo Revuemädchen auftreten, *Go-go-Tänzerinnen,* wie man sie heutzutage nennt. Ein Gejohle da drin, ich habe Pietro einmal hinterherspioniert, um mir das anzuschauen. Bitte schön, warum geht ein gestandener Professor zu einem Anlass, wo halb nackte Mädchen mit dem Hintern wackeln und Männer zu brüllenden Pavianen mutieren? Ein Mann, der seinen Söhnen beigebracht hat, dass ihre Oberarme während des Essens am Körper klemmen müssen, der ihnen Bücher unter die Achseln geschoben hat, links eins, rechts eins, die nicht herunterfallen durften, so wie er es als Kind in Palermo gelernt hat, ein Mann mit solch edlem Benimm geht zu einem Go-go-Abend?! Ich fand das empörend. Pietro rechtfertigte es mit der Loyalität dem Proletariat gegenüber. Loyal war er wirklich. Als er in Pension ging, hat er das Freiabonnement der Eisenbahn unverzüglich zurückgegeben. Die sagten, er könne es auch als Pensionär behalten, für Reisen nach Rom und so weiter, aber das wollte er nicht, sagte, es sei unlauter. Pietro hatte hohe moralische Ansprüche. Im Zweiten Weltkrieg zum Beispiel, da musste er im Militärspital Männer mustern, ob sie für den Kriegsdienst taugten oder nicht. Wenn er erfahren hat, dass einer dieser Simulanten ein hohes Tier bei den Faschisten war, hat er sich nicht bestechen lassen und ihn für gesund erklärt. Die haben ihn gefürchtet, vor allem die betuchten Mussolini-Anhänger, diese Industriellen aus dem Norden, die nach Kampf und Eroberung schrien, aber ihre verwöhnten Söhne schonen wollten. Ja, mein Pietro ist ein guter Mann, galant und brillant im Gespräch, heute natürlich nicht mehr, der Ärmste, so sklerotisch, *poveretto*. Manchmal hätte ich ihn erwürgen können, etwa wenn er sich bei Banketten von mir weggesetzt hat, so weit wie möglich, *dich kenne ich doch schon, warum sollte ich mich neben dich setzen? Eheleute sollten nicht zusammen sitzen.* Was ich eigentlich auch finde, dennoch war ich beleidigt. Mich liebte er, weil ich ihn unterstützt habe. Wie oft bin ich mit ihm in die Dörfer gefahren, er hat die armen Bauern behandelt und die Tagelöhner, die hatten ja oft Hautkrebs, die Sonne, weißt du, er hat ihnen Kapseln mit radioaktivem Material aufs Gesicht gelegt, mehrere Stunden mussten sie da liegen und ich habe währenddessen mit den Frauen über die Montessori-Methode gesprochen, ihnen erklärt, dass

Lernen Freude machen soll und warum sie die Kinder nicht schlagen dürfen. Das war schwer zu vermitteln, das kannst du mir glauben, aber wir hatten sogar Filme dabei und ein Projektionsgerät, so ein mobiles, aus der Zeit, als wir politische Arbeit gemacht hatten; damit war es dann ja irgendwann vorbei, wegen dieser Hornochsen, ein Jammer. Danach waren wir halt Sozialisten statt Kommunisten. Aber in der jugoslawischen Partei sind wir geblieben! Der größte Trost meines Lebens! Schau nicht so böse, Blatnik, mich dünkt, du hörst doch etwas? Du zuckst so eigentümlich, wenn ich über eure Partei spreche. Wie das Hausmädchen von Mila und Greco, das zuckt auch immer, eine Kroatin, die nur das Nötigste mit mir spricht. Ich weiß, dass ihr Vater im Kerker von Goli Otok geendet ist, aber es wird doch einen triftigen Grund gegeben haben, dass er auf die Insel verbannt worden ist? Tito sperrt sicher niemanden ohne triftigen Grund ein! Eure Partei ist gut! Anders als die italienische. Die italienische hat uns verraten! Verraten, verkauft und dann noch bedroht. Hornochsen.

*

Zora Russo (1944–1971)

Am Abend des 24. Juli 1948, als Angelo Zappacosta den Wagen der Familie Del Buono nach Bari fährt, hockt Zora Russo quietschend vor Vergnügen in der blassblauen Emaillewanne, die man eigens für sie auf den Tisch vor der Fensterbank geschoben hat, damit die Kleine während des Bads das Geschehen auf der Straße beobachten kann. Sie ist eigentlich zu groß für die Wanne, aber es stört sie nicht, dass die Knie aus dem Wasser schauen. Sie balanciert ein Holzpüppchen auf dem linken Knie, während sie das rechte abschleckt, mit den Händen unter Wasser ihre Zehen knetet und gleichzeitig aus dem Fenster guckt. Ihre Mutter singt ihr ein Liedchen vor, mehr, um sich selbst zu beruhigen, als um der Kleinen willen. Ihr Vater ist wie so oft im Haus ihrer Patentante Zora Del Buono, die ganz in der Nähe wohnt. Der Vater hat der Mutter nicht erzählt, worum es geht. Etwas Unvorhergesehenes sei geschehen, hat er gesagt. Er müsse sich kümmern. Und dann ist er verschwunden. Zora stimmt in das Lied der Mutter ein, das sie von klein auf kennt: *Una mattina, mi son svegliato, oh bella ciao, bella ciao, bella ciao, ciao, ciao.*

Am 1. September 1971 singen Zora Russo und ihre Freundin Charly lauthals Lieder von den Beatles, vor allem *Let it be* und *Hey Jude* haben es ihnen angetan. Charly singt den Chor und Zora die Songlinie. Es ist vier Uhr morgens, sie sind in ihrem kleinen Cabriolet auf dem Nachhauseweg von Amalfi nach Salerno, wo sie beide in Erziehungswissenschaften promovieren. Noch sind Semesterferien und sie haben Zeit für durchtanzte Nächte. Sie lachen und singen und reden darüber, welcher der jungen Männer auf der Party in dem verrückten Haus am Meer ihnen am besten gefallen hat. Die Straße ist nicht beleuchtet, der Himmel wolkenverhangen. Kurz nach Erchie blitzt etwas auf, die Augen eines Tieres vielleicht, womöglich auch das Mofa eines Fischers auf dem Weg zum Hafen. Zora Russo übersieht, dass die Straße eine enge Kurve nach links nimmt, sie fährt geradeaus weiter, der Wagen stürzt die Klippen hinunter, überschlägt sich und fällt ins Meer. Charly bleibt wundersamerweise in einer Baumkrone hängen, sie ist erst ohnmächtig, erwacht dann aber und kann um Hilfe rufen. Den Wagen mit Zoras Leichnam findet man kurz darauf. Er hat sich in einer kleinen Bucht unterhalb der Straße verkantet.

Zora Russo wird 27 Jahre alt.

*

Was für eine armselige Veranstaltung! Kein Fußbad, keine Massage, kein Sacharinkuchen, kein Zeitungsvorleser. Warum habt ihr keinen Vorleser für all die Leute hier, die das Augenlicht verloren haben, diese bedauernswerten Seelen? Weil es kommoder ist, sie vor den Fernseher zu setzen, können ja hören, wenn sie nicht sehen. Valium und Fernseher, mehr fällt euch nicht ein. Nur Bequemlichkeit wollt ihr, faule Bande. Ihr seid sogar zu faul, den Abreißkalender ordentlich zu führen, der im Speisesaal, mit diesen unsinnigen biblischen Weisheiten – *Rufe zu mir, dann will ich dir antworten* –, wie oft habe ich gerufen, nie hat einer geantwortet, natürlich nicht, da ist ja keiner, ewige Schwärze vor unserer Geburt, ewige Schwärze nach unserem Tod, dazwischen dieser Lichtschlitz von Leben, den man aus lauter Angst zu wenig nutzt. Ihr hinkt mit dem Kalender hinterher, lasst ganze Tage aus, und wenn es euch auffällt, reißt ihr drei Zettel gleichzeitig ab, damit ihr euch am nächsten Tag nicht bemühen müsst, wir Alten merken es sowieso nicht, glaubt ihr, löffeln stumpfsinnig unsere Suppe und achten auf nichts, aber täuscht euch nicht, ich lese immer die Sprüche und denke mir etwas dabei, am meisten nachdenken musste ich über: *Der letzte Feind, der vernichtet wird, ist der Tod*. Aber Nachdenken ist nicht eure liebste Tätigkeit. Wie meine Familie, alle wollen es heutzutage bequem haben. Niemand hat mich in meiner Not aufgenommen. Niemand! Wären wir noch reich, hätten sie sich um mich gerissen. Doch das viele Geld: alles futsch. *Du kannst nicht haushalten,* hat Pietro behauptet und seinem Vater die Finanzen übergeben. Der aber hat Handwerker beauftragt, die absichtlich am Wochenende kamen, um doppelt zu verdienen. Und die Dinge mit Vorsatz kaputt gemacht haben, um sie wieder reparieren zu können. Ich habe ihn vor diesen Leuten gewarnt. Niemand hat auf mich gehört. Pietro hat sich nie für Geld interessiert, es war ihm vollkommen gleichgültig. Wenn Patienten arm waren, haben sie halt nicht bezahlt. Oder eingelegtes Gemüse gebracht, Oliven, manchmal ein Huhn, auch mal ein Zicklein, so einfach war das. Pietro hat immer gesagt: *Ich habe den Hippokratischen Eid geleistet, ich kuriere jeden.* Als sein Vater starb, habe ich die Finanzen übernommen. Jetzt denk nicht, dass ICH die Familie in den Ruin getrieben habe. Allerdings ... wer sonst ...? Nun, man hat uns bestohlen, von allen Seiten, sogar zum Schluss, als wir das Haus räumen und in diese schreckliche Wohnung umziehen mussten, ein entfernter Verwandter hat mit dem Dienstmädchen unter einer Decke gesteckt, dessen Mann Anwalt war, ein ganz halbseidener, der entfernte Verwandte kam mit dem Lastwagen und hat die Kostbarkeiten mitgenommen, die Wurzelholzmöbel, die ganz besonders, hat alles auf Märkten verkauft. ROSEN-WURZELHOLZ, stell dir vor! Und der Halbseidene hat Geld vom Konto verschoben. Dieser Bandit. Und dann erst die Partei! Die hatte uns in den Sechzigerjahren das Haus wegnehmen wollen, aber das konnten wir verhindern. Der treue Dr. Russo hat es verhindert, um präzise zu sein. Ich sag's ungern: Ich war zu schwach für diesen Kampf, ich hatte gerade meinen Sohn verloren, war ohne Kraft. Russo war ein wirklicher Freund, der hat uns nicht bestohlen und hat seine Tochter nach mir benannt, Zora Russo, ist auch nicht alt geworden, das unglückselige Mädchen, starb auch im Auto, die Vierte in der Reihe, man hätte ihr nicht meinen Namen geben sollen. Dr. Russo war der einzige Zeuge von '48, so etwas verbindet. Stundenlang haben wir damals zusammen vorm Radio gesessen und gelauscht, ob es Neues zum *Fall T.* gibt, das ging ja über Monate, ach was, Jahre. Wir nannten die Angelegenheit *das Ereignis*. Oder eben *den Fall T.,* das klang medizinisch. *T* steht für Tedesco, *tedesco* bedeutet *deutsch* auf Italienisch, aber das tut nichts zur Sache, der arme Valdemaro Tedesco war kein Deutscher. Jetzt, Branka, könnte ich ein Stück Schwarzwälder Kirschtorte vertragen, weißt du, beim Wort *deutsch* wirbeln mir Begriffe durch den Kopf wie Schneeflocken. Als Erstes immer: Hitler und Kirschtorte. Und dann in wildem Durcheinander Fräulein Bloch und Buntkreuzbeschuss und Meißner Porzellan. Und Friedrich Engels. Karl Valentin. Die Loreley. Der Dom zu Speyer. Zuerst aber immer: Hitler und Kirschtorte. Ich back' dir die beste Kirschtorte der Welt. Bring mir die Zutaten, dann bekommst du ein Stück, den Rest esse ich und erleide einen Zuckerschock. So werdet ihr mich los, das ist es doch, was ihr wollt. Bald stichst du wieder, du liebes Kind, zwei Stunden noch. Keine sticht so gut wie du. Aber noch sterbe ich nicht, schon gar nicht an einem Zuckerschock, ich bin zäh, so wie Pietro und Neldo. Oder Polonca, weißt du, was der passiert ist? Die machte diesen Sport, auf dem Wasser, wo man sich auf Brettern hinter einem Boot herziehen lässt, ist unglücklich gefallen und mitgeschleppt worden, hatte den ganzen Unterleib voller Wasser, alles zerrissen, der ganze Mutterschoß, musste dann in Rijeka operiert werden, bekam eine Sepsis, stell dir vor, du schleifst durchs Wasser und wirst aufgefüllt wie ein Gefäß, eine lebenshungrige

Frau war das, wollte immer mehr haben, von allem mehr, auch Männer. Kennst du schon Eifersucht, du, Mädel? Ich war ja nicht gut auf *diese Emmi* zu sprechen, Pietro hat sie zu sehr vergöttert. Aber ihr Tod hat mich schockiert. Sie starb in Jerusalem, bei einem Attentat auf den Fahrzeugkonvoi, der das jüdische Krankenhaus versorgen sollte, im April 1948 war das. Dutzende Minen explodierten gleichzeitig, Emmi Bloch saß in einer der Ambulanzen. Wenn ich mich recht erinnere, starben achtzig Ärzte und Schwestern. Die Araber erklärten später, man habe den Medizintransport mit einer Kampfeinheit verwechselt. Es gibt so sinnlose Tode. Oh, mir wird ganz elend, wenn ich an Valdemaro Tedesco denke. An Franco Lardi. An Massima Lardi. An Giovanna Lardi. Diese vier Namen verfolgen mich seit zweiunddreißig Jahren, weißt du, bis in den Schlaf verfolgen sie mich. Es war eine Exekution, man kann es nicht anders sagen, man muss die Dinge benennen, da kommt man nicht drum herum, Kopfschuss aus nächster Nähe, mit einer Partisanenwaffe, einer Tokarew, MEINER Tokarew, ich habe sie ihm aus meinem Arsenal gegeben, ich habe ihm so vieles gegeben, verstehst du, die Partei brauchte Geld, es ging um die Zukunft Italiens, man musste stoppen, was da im Gange war: die Großgrundbesitzer, diese Altfaschisten, die sich zurück in mächtige Positionen drängten, dieses korrupte Gesindel, sie haben Gewerkschafter erschossen, nicht etwa einen, nein, viele; es gab Verhaftungen, nachts haben sie die Leute geholt, nach dem Attentat auf Togliatti waren alle panisch, sie hatten Angst vor den Kommunisten, vor uns, dachten, wir wollten einen Einparteienstaat, dabei hat Togliatti immer gesagt, es geht nur demokratisch, wir sind doch keine Russen! Die Rechten waren wütend wegen der Bodenreform, die armen Bauern durften braches Land bewirtschaften, das war ihre Rettung, eine gute Sache, wir mussten die Gegner von dieser Reform bekämpfen, notfalls mit Gewalt, und dafür brauchte die Partei Geld, viel Geld, ja ja ja, ich gebe es zu, sie haben Banken ausgeraubt, auch Zappacosta hat das getan, verdammt sei sein Name, und manchmal mussten kleine Leute dran glauben, solche wie dieser Tedesco in Monopoli, mir tat das leid, der war kein Schlechter, aber man konnte ja nicht ahnen, dass ein läppischer Bankeinbruch am Wochenende tödlich enden würde, das war nicht geplant, verstehst du, es war nicht geplant, und dass die Polizei behauptete, der Schneider Lardi und seine kleine Frau hätten den Überfall inszeniert, um Tedesco zu bestehlen, die Frau hätte Lardi gefesselt, völlig absurd ist das, was für eine armselige Theorie, dass sie von dieser Idee nicht abgekommen sind, weil sie zu dumm waren, den wahren Mörder zu finden, weil sie zu schlampig waren, die Spuren zu sichern, oder, und das ist das Wahrscheinlichste, weil sie sich selber in der Bank bedient haben, all das Geld und Gold eingesteckt haben, die Tedesco-Leiche vor ihren Augen, der arme Tedesco, den Angelo einfach abgeknallt hat, der war eiskalt, trotz seines Namens, gerade diese Kälte hat mich früher an ihm fasziniert, ja, ich gebe es zu, da war etwas, das mich gereizt hat, eine Radikalität, ich habe das bewundert, und doch, als es schiefging, war alles aus, und als die beiden armen Teufel verhaftet wurden, Lardi und seine Frau, und Lardi für Jahre und seine Frau für Monate im Gefängnis darbten, als Lardis Schwester sich vom Balkon stürzte aus Scham, weil alle glaubten, dass ihr Bruder ein kaltblütiger Mörder sei, und sie nicht mehr durch Monopoli gehen konnte, heimatlos wurde in ihrer Heimat, da wurde mir die Dimension erst richtig bewusst, es hockten Unschuldige im Kerker, und *il partigiano Angelo* war nur darauf bedacht, dass die Wahrheit nicht ans Licht kam, was für ein schäbiger Kerl, Partisan, pah, er fühlte nicht mit diesen Verdammten, dabei war er doch Kommunist, er hätte gegen das Unrecht einstehen müssen, er hätte etwas unternehmen müssen, außer nur seine eigene Haut zu retten, den Polizeipräsidenten schmieren, ein anonymer Hinweis, irgendetwas, und ich habe auch geschwiegen und Pietro hat geschwiegen und Dr. Russo hat geschwiegen, WIR sind die Sünder, aber ich hatte Angst, verstehst du, blanke Angst, die Partei hat uns nach unserem Rauswurf weiter gepeinigt, sie haben mich geschlagen, sie drohten, uns zu ermorden, uns und unsere Söhne, darum haben wir am Radio geklebt und Nachrichten gehört und gehofft, dass irgendjemand Lardis Unschuld erkennt, IRGENDJEMAND, aber nichts passierte, und als Lardi nach vier Jahren aus Mangel an Beweisen endlich entlassen wurde, da waren die Lardis am Ende, ihre Familie war am Ende, weil ihnen niemand mehr getraut hat, ganz Monopoli dachte, sie seien ein habgieriges, durchtriebenes Mörderpaar, und sie mussten die Stadt verlassen und in den Norden ziehen, sie waren ruiniert und wir waren schuld daran, ein ermordeter Mann, eine Tote durch Fenstersturz, zerstörte Familien, kleine Mädchen ohne Vater, verzweifelte Mütter, lauter unglückliche Frauen, und das Drama war noch nicht zu Ende, Branka, ich kann das nun nicht mehr länger, ich halte es nicht aus, ich will hier nicht sitzen und auf dich einreden wie auf eine Wand, eingesperrt in ein Altersheim, was tut ihr uns Alten an, sediert und behandelt uns wie Gefangene, ich muss raus, in den Garten, in diese hässliche Stadt, mich bewegen, diese Starre macht mich verrückt, ich gehe jetzt mit diesem Stuhl, auf den ich mich stützen kann, durch Nova Gorica, schiebe ihn vor mir her, wie eine Sünderin auf dem Weg zum Ablass, schleppend, gesenkten Hauptes, damit alle sehen können, dass ich mich schäme, dass ich Buße tun will, dass ich das Unrecht, das anderen angetan wurde, sühnen will, ihr Leid auf mich nehme. Ja, das werde ich tun, mich selber geißeln, oh *Dio mio,* ich kann nicht mehr … aber … nun … wen kümmert's, wenn ich mich selber geißele? … Ich wurde schon genügend gestraft, Gott hat mich bestraft, er hat mir meine Söhne genommen. Ich bin so erschöpft. Vom Leben erschöpft, vom Reden erschöpft. Vielleicht halte ich jetzt besser ein Schläfchen. Du weckst mich fürs Abendessen, du gutes Kind?

*

Polonca Perić (1924–1974)

Am Abend des 24. Juli 1948, als der Mörder Angelo Zappacosta den Del Buonos erklärt, dass er abtauchen müsse, kämmt Polonca Perić-Ostan ihrer Tochter Stana das Haar, bevor sie die Kleine ins Bett legt. Sie blickt aus dem Fenster aufs Meer, das ein anderes ist, als sie es aus Split oder El Shatt kennt. Immer, wenn ein größeres Schiff ausläuft, denkt sie darüber nach, ob sie nicht besser nach Europa zurückkehren sollte. Amerika scheint ihr zu groß, zu leer, der Strand von Gulfport einfach nur öde. Sie versauert hier. Warum wollte Nino nicht in New Orleans bleiben? Warum müssen sie in diesem moskitoverseuchten Nest leben? Ist es wirklich wegen der besseren Geschäftsmöglichkeiten für sein *truck*-Unternehmen, wie er behauptet? Gulfport sei kaum erschlossen, das Hinterland von Mississippi seins. Oder ist es, weil er nicht will, dass Polonca während seiner tagelangen Abwesenheiten allein in New Orleans ist? Weil sie sich vergnügen könnte? Sich mit anderen Kroaten treffen? Tanzen gehen? Ist es das? Oder ist er ihrer einfach überdrüssig?

Sie dreht das Licht aus, geht in die Küche und mischt sich aus warmem Apfelsaft, Zitrone und Zimt einen Vruća jabuka, heute mit einem kräftigen Schuss Rum.

Am 8. September 1974 kehrt Polonca mit drei Freunden vom Weinfest in Koper nach Rijeka zurück. Es ist eine weite und kurvige Strecke durch die istrischen Berge, aber die Freunde nehmen sie gern auf sich, es hat Tradition, dass sie im September einen Ausflug nach Koper unternehmen. Polonca sitzt im Fond des brandneuen Zastava Skala, der Mirko gehört, ihrem Cousin. Sie ist angenehm beschwipst und müde. Die Sonne geht auf und sie denkt an ihre beiden Kinder, das im Osten und jenes im Westen. Stana ist 29 Jahre alt und lebt als alleinstehende Sekretärin in New Jersey. Sie hat das Leben in Jugoslawien nicht ertragen und ist nach Amerika ausgewandert, weil Amerika ihr Sehnsuchtsland geblieben ist. Mit ihrem Vater hat sie sporadisch Kontakt, im Gegensatz zu Polonca, die Nino nicht mehr gesehen hat, seit sie 1952 ohne ihn nach Jugoslawien zurückgekehrt ist.

Im Westen, in Zagreb, wächst Poloncas Sohn Stanko bei seinen Großeltern auf. Polonca hat ihm diesen Namen gegeben, weil er dem ihrer Tochter ähnelt. Wenn die beiden schon zwei Väter und unterschiedliche Nachnamen haben, sollen sie wenigstens durch ihre Vornamen verbunden sein.

Polonca schlummert. Als der Traktor aus dem Gehöft auf die Straße rollt und Mirko in letzter Sekunde ausweichen kann, wacht sie durch den Schrei ihrer Mitfahrerin auf. Erst denkt sie, dass noch einmal alles gut gegangen ist, doch dann verliert Mirko die Kontrolle über den Wagen und rast in den Straßengraben. Polonca verletzt sich an der Halsarterie und verblutet noch an der Unfallstelle. Die drei Mitfahrer bleiben nahezu unversehrt.

Polonca Perić wird 49 Jahre alt.

✳

In Italien sind sie jetzt alle von Heroin abhängig. Liest man in der Zeitung, schau, hier steht's. Liest du Zeitung? Zeitungslektüre ist wichtig, du dummes Ding. Man muss informiert sein. Meine Enkel haben von klein auf den *Corriere dei Piccoli* lesen müssen, auch die Enkelinnen, die vor allem. Da steht so etwas natürlich nicht drin. Bologna 1977, sage ich nur. Das war der Anfang. Panzer in der Stadt. Nein, nicht russische Panzer, italienische Panzer! Sie wollten die Linke vernichten, wollen es immer noch, die Welt leidet unter einer wahren Linkenvernichtungsobsession. Und was haben sie gemacht, um die gescheiten jungen Leute zu stoppen? Ihnen das Heroin gebracht! Sie haben Bologna mit Heroin geflutet. Die Regierung, mithilfe der Mafia. Raffiniert, nicht? Diese Kinder setzen sich heute so routiniert Nadeln wie du mir. Schau dich doch um da drüben: Italien, das Land der Drogenabhängigen. Siehst du ein, wovor euch Genosse Tito beschützt? Solche Dinge wären in Jugoslawien unvorstellbar. Warum seid ihr so undankbar? Eure Jugend ist in Sicherheit. Ich habe fünf Enkelkinder, der Älteste ein Junge, der Jüngste auch, dazwischen die Mädchen, zwei Zoras übrigens, eine dunkel, eine rot. Kann man wissen, ob eines von ihnen heroinsüchtig wird? Man kann es nicht wissen. Beschädigt sind sie allesamt. Niemand hat ein Recht auf eine heile Familie. Familie ist sowieso der Ursprung allen Leids, Hort der Lüge, glaub mir. Immerzu wird verheimlicht und gelogen, vor allem Frauen lügen, meine Mutter zum Beispiel, hat sich monatelang zu einem Fremden ins Bett gelegt, ist zurückgekommen und hat nie gesagt, wo sie gewesen ist. Du hast es gut, Blatnik, du musst nicht lügen, wer nicht hört und nicht spricht, braucht nicht zu lügen. Deine Gedanken gehören dir ganz allein, ein unermessliches Reich der Gedanken in deinem Innern. Da verpufft nichts zu Geschwätz. Wollte ich dir nicht noch die Geschichte mit Fiammettas Brief erzählen? Sowieso könnte ich über meine vier Schwiegertöchter viel erzählen, fast gar nichts Gutes. Soll ich dir sagen, wie ich die vier Grazien nenne? *Die Unverfrorene, die Gefügige, die Stolze, die Viper.* Auf Italienisch klingt es dramatischer, als seien sie Figuren in einem Theaterstück: *L'impertinente, la remissiva, l'orgogliosa, la vipera. Die Unverfrorene* ist schon lange tot. Du merkst, ich kann nur eine von ihnen ertragen, Marie-Louise, die Schweizerin, *die Stolze.* Ihre Mutter starb bei ihrer Geburt, eine Sepsis, schreckliches Schicksal, geboren werden unter solch schlechtem Stern. Deswegen fühlt sich mein Mann ihr so nah, zwei Mutterlose, ich habe übrigens mit Mutterlosen gute Erfahrungen gemacht. Marie-Louise lebt mit ihrer Tochter in Zürich, ein *Zweimaderlhaushalt.* Die beiden schreiben sich, anders als der Rest der Familie, mit kleinem d. Manfredi wollte nach seinem desaströsen Aufenthalt in der Tschechoslowakei nichts mehr mit dem Kommunismus zu tun haben, er hat das *Del* zu *del* geändert, *weg mit der proletarischen Attitüde, her mit dem alten Adel!,* hat er gerufen und sich auf seine Vorvorfahren berufen. Ich war erzürnt, aber was hätte ich tun sollen, vor allem stimmte es ja: Auf die Kommunisten war kein Verlass. Er hat die Änderung nie den Ämtern gemeldet, schrieb sich also frech falsch, und so tun es seine Frau und Tochter, laufen mit einem falschen Namen herum, wahrscheinlich, ohne es zu wissen. Pietro hat immer gesagt: *Marie-Louise heiratet nie wieder*. Sie ist versteinert im Schmerz, Witwe mit neunundzwanzig, was für eine Tragödie. Einmal hat sie mir schreckensstarr zugeflüstert: *Wer mir nah ist, muss jung sterben*. Erst die Mutter, dann der Mann, fehlt nur noch die Tochter Zora im Reich der jungen Toten; bedauernswertes Geschöpf, mit solch einem Damoklesschwert über sich. Wenn sie wüsste, dass letztlich alles meine Schuld ist, es ist die Rache des Schicksals. Die ewig selbe Leier, ich weiß, ich kann sie nicht mehr hören, aber die Gedanken in einem Greisenhirn drehen sich nun mal nur noch um wenige Dinge, die kontinuierlich weniger werden, dafür stärker, auch greller, wie gestanzt, man kann nichts dagegen tun, und ich schwöre dir, als junger Mensch weißt du nicht, welche Dinge dich im Alter verfolgen, es können Kleinigkeiten sein, Nebensächlichkeiten. Das ist nicht komisch, manchmal auch nur überflüssig. Mir kommt zum Beispiel immer die Situation mit Vera in den Sinn, Vera war eine Bekannte, so eine Aufgeplusterte. Große Abendgesellschaft bei uns, zwölf oder mehr Leute am Tisch, mindestens sieben Gänge, man spricht in diesen Kreisen beim Essen ja nicht übers Essen, das ist vulgär, daher musst du andere Themen finden. Die einfältige Vera erzählt also von einer Waschmaschinenwerbung, die sie im Fernsehen gesehen hat, weißt du, von der Firma Candy, das sind solide italienische Waschmaschinen, so was habt ihr hier nicht. In der Werbung schenkt die Schwiegermutter der Schwiegertochter eine Waschmaschine und will sie ihr vorführen, da trifft die Alte ein Stromstoß und sie ist tot. Die Schwiegertochter schaut die Zuschauer an und sagt kokett: *Grazie Candy*. Vera hat das genauso kokett nachgemacht und mich dabei angegrinst. *Danke Candy*. Alle haben gelacht, das ganze Essen über wurde darüber gelacht und immer wieder gezwitschert: *Grazie Candy*. Ich höre noch heute die Stimmen. Das war das letzte Mal, dass Vera bei uns zu Gast war. Ich kann Schwiegermutterscherze nicht ausstehen. Immer wird über Schwiegermütter gefrotzelt, dabei sind die Schwiegertöchter das wahre Problem. Schleichen sich ein und wollen alles umkrempeln und tun es hinterrücks, manipulieren die Männer und die merken es nicht. Zum Glück hatte ich nie eine Schwiegermutter, wirklich: ein Glück. Jetzt erzähl ich dir die Geschichte mit dem Brief, oder habe ich sie schon erzählt? Einerlei, du hörst es sowieso nicht, kann ich sie auch doppelt erzählen, passiert hier ja sonst nichts. Fiammetta hat sich bei einem Freund in einem Brief über mich beschwert, hat ihm geschrieben, wir würden sie von der Außenwelt *abschneiden*, hätten ihre *Freunde entfernt*, sie *verrotte in einem schwarzen Loch*, stell dir vor, dabei war sie es, die einen Liebhaber hatte, einen vom Militär, ganz Bari hat darüber getuschelt, ausgerechnet ein Militarist, natürlich mussten wir sie von der besseren Gesellschaft fernhalten, wie peinlich, was für eine Schande! Diesen Jammerbrief, und das war die Krönung, hat sie nicht etwa zur Post gebracht, sondern unsere Pediküre mit dem Postgang beauftragt, die ihn natürlich mir gegeben hat, wie dumm kann man sein, dachte ich damals. Wobei mir später klar geworden ist: Das ausgefuchste Ding hat das mit Absicht gemacht, weil sie wollte, dass ich diesen Brief lese, wahrscheinlich hat sie ihn eigens für mich geschrieben, dumm war sie nicht, eine abgefeimte Strategin, für Strateginnen hege ich eigentlich Bewunderung. Ich glaube, Marie-Louise ist auch eine Strategin. Manfredi und sie sind heimlich nach Nizza gereist, da waren sie noch nicht einmal verlobt, was ungeheuerlich war, unverheiratet nach Nizza, und um mich an der Nase herumzuführen, hat Manfredi behauptet, er besuche einen Kongress in München, und hat vorher eine Postkarte an mich geschrieben und sie einem Kollegen nach München mitgegeben, um sie dort einzuwerfen, das war bestimmt Marie-Louises Idee gewesen, aber ich habe es herausgefunden, ich habe telepathische Fähigkeiten, vergiss das nie!, vielleicht habe ich ihm auch nur auf den Zahn gefühlt, eine Mutter spürt, wenn ihr Kind lügt. Kannst du mir eine Kopfschmerztablette bringen, aber keine von diesen homöopathischen Hokuspokuspillen. Wusstest du, dass die Nationalsozialisten allen Ernstes an Homöopathie geglaubt und sie gefördert haben? Und warum? Weil dieser *Simsalabim*-Hahnemann Deutscher war und die universitäre Medizin *jüdisch-marxistisch verseucht* sei. Wissenschaftsfeindliche Scharlatane. Was hat Pietro über die *braunen Volksgesundheitler* geschimpft, aber sogar im Schimpfen blieb er nobel, anders als diese *Aufpudler,* wie man in Wien sagt, Emporkömmlinge unter vornehmer Kleidung, ich erkenne sie sofort, meistens am Gang, mit geschwellter Brust, leicht nach hinten geneigt, als ob sie ihre Mannesorgane auf einem Tablett vor sich her schieben würden, diese Gockel. In der unteren Lade liegt Aspirin, das nehme ich jetzt, denn bis du mir etwas bringst, bin ich umgekommen vor Schmerz. Wo steckst du überhaupt? Holst du mir mein Abendessen? Wir müssen vorher noch spritzen, jetzt musst du das machen, anders als früher, da kam Davide jeden Morgen ins Haus, kurz vor sieben, hat mir den Blutdruck gemessen und gespritzt, und im Gegensatz zu euch wurde er dafür nicht bezahlt. Ein weicher Mann, mein Sohn. Hat kein eigenes Leben geführt, hat sich von seiner zweiten Frau herumkommandieren lassen, hat seine beiden älteren Kinder nicht beschützt, die Schwedin war eine Hyäne, hat ihre Stieftochter in dünnen Kleidchen herumlaufen lassen, ihren eigenen Sohn hingegen in Daunenmänteln und Pelzmützen gehüllt, Kleidung aus Lappland hat sie für ihn mitgebracht, wie lächerlich, und die arme Zorina musste frieren und war dauernd krank, aber ich konnte mich nicht um alles kümmern, auch war gegen die *Viper* kein Durchkommen, sie mied unser Haus. Davide war unfähig, ihr Paroli zu bieten, so ein schwacher Mensch, er starb jung, an einer seltenen Form der Schüttellähmung, die wir unterschätzt hatten, er wurde kaum älter als fünfzig, zwei Söhne mit Nervenkrankheiten, Davide die eine, Greco eine andere: Wie soll eine Mutter das überleben? Dass Zappacosta impotent war, habe ich schon erwähnt? Wie komme ich jetzt darauf? Als ich es erfahren habe, hat mich nichts mehr gewundert. Nicht, dass er eine sieche Frau geheiratet hat, nicht, dass er seine Männlichkeit so zur Schau gestellt hat, nicht, dass er zum Mörder geworden ist. Ich bin auf einen impotenten Schwadroneur reingefallen! Das muss man sich vorstellen. Als Manfredi 1963 verunglückte, stand Tage später Zappacosta in der Tür, hat behauptet, er wolle mich *unterstützen,* hat mir Honig um den Mund geschmiert, ich stand ja unter Schock, konnte ihn nicht abwehren, er hat ewig denselben Satz wiederholt: *Ich bin doch wie ein Sohn für euch.* Er machte einen beklagenswerten Eindruck, abgerissen, ich hatte ihn Jahre nicht gesehen, und plötzlich war er da, ich wurde ihn nicht mehr los, erst hat es mich beruhigt, ihn da zu haben, wenigstens ein gesunder junger Mann im Haus, Greco war schon schwerkrank, Zappacosta hat mich bezirzt wie immer, wir haben ihn eingekleidet, ihm für seine Familie Geld gegeben, ich habe mich umgarnen lassen, aber ich war zu der Zeit nicht zurechnungsfähig, ich war abgestorben, Manfredi hat meine Seele mitgenommen ins Totenreich. Als Zappacosta endlich zu seiner Familie nach Mailand zurückging, kehrte Ruhe ein. Glaubte ich zumindest. Bis sie, es war an einem Wochenende kurz vor Weihnachten, an die Tür hämmerten, so stürmisch, dass ich wusste, da stimmt etwas nicht, vielleicht die Polizei, dachte ich, sie haben herausgefunden, dass es damals meine Partisanenwaffe gewesen war, oder vielleicht will sich jemand rächen, dieser Lardi mit dem zerstörten Leben, ich schickte Mila hinunter zur Haustür, der würde niemand etwas zuleide tun, so blauäugig, wie die aussieht, sie ging hin und öffnete, und da stand Zappacosta mit zwei Männern, die sich mit den Worten *Die Partei schickt uns* Zutritt ins Haus verschaffen wollten, diese ungehobelten Flegel, aber Mila, und das rechne ich ihr hoch an, Mila hat behauptet, Pietro und ich seien verreist und hat die Tür zugeschoben, und als die Männer trotzdem eintreten wollten, hat sie ihnen entgegengezischt, es sei unschicklich für eine Frau, mit drei Männern allein im Haus zu sein, eine Schande, die zu Gerüchten führen könne, sie sei eine ehrenvolle Süditalienerin, und tatsächlich haben die drei von ihr abgelassen, ich glaube, das war Milas einzige widerständische Tat in ihrem gesamten Leben; wenn man sie nach ihrer Meinung gefragt hat, hat sie immer geantwortet, *das muss ich erst mit Greco besprechen*, sie hat mich verrückt gemacht mit ihrer Unselbstständigkeit, ich wollte debattieren, doch das kann man mit ihr nicht, aber an dem Tag ist sie über sich hinausgewachsen, im Gegensatz zu uns, das muss ich zugeben, Pietro hat sich im Radiumraum verschanzt, als sie zurückkehrten, aber das hat nichts genützt, sie ließen nicht locker, sind das ganze Wochenende immer wieder gekommen, bis wir so zermürbt waren, dass wir die Tür geöffnet haben, und weißt du, was dann passiert ist, Zappacosta ist allen voran durchs Haus stolziert, hat für die anderen eine Führung gemacht, hat mit seinen Mörderhänden die polierten Messingtreppenläufe gestreichelt, mit einer Obszönität, als ob es Frauenschenkel wären, hat seine Genossen in den Billardraum geführt, sie haben eine Partie gespielt und nach Cinzano gerufen, den man ihnen auf dem Silbertablett gebracht hat, natürlich hatten sie noch nie so ein wundervolles Haus gesehen, der Bau hat so viel gekostet wie zwanzig Apartments in Rom, das war immer der Vergleich gewesen, wenn jemand über das Haus gesprochen hat, *zwanzig Apartments in Rom!* Zappacosta hat sich wie der Hausherr aufgeführt, hat alle Schränke aufgerissen und sie nicht mehr zugemacht, hat die Stickereien gezeigt und das deutsche Porzellan und alles andere auch, wir wussten überhaupt nicht, wohin das führte, wir sind mit klopfenden Herzen hinter ihnen hergelaufen, die waren ja bewaffnet, mir war angst und bang und ich sah Pietro an, dass er sich um die Klinik sorgte, was wollten diese Leute, ein Spital einrichten für die Partei vielleicht, wir gingen wie Schafe hinter ihnen her, bis Zappacosta dann den Satz sagte: *Das gehört jetzt alles uns,* und mich dabei so herausfordernd anschaute, dass ich hätte sterben wollen. In meiner schwächsten Stunde hat er mich erwischt, dieser Ganove, hat einer Mutter gedroht, die gerade ihren Sohn zu Grabe getragen hat. *Das gehört jetzt alles uns.* Uns wurde klar, die wollten nicht einziehen oder eine Zentrale draus machen, eine Klinik für Bedürftige, ein Armenhaus für Parteimitglieder, nein, sie wollten sich das Haus unter den Nagel reißen, um es zu verkaufen! *Zwanzig Apartments in Rom.* Sie haben nicht lockergelassen, Pietro war verstört, seine Angst galt der Klinik, die Klinik war sein Leben, in diesen Räumen hat er 1944 Tito geröngt, ja euren Marschall, dort hat er dessen Ulcus im Magen entdeckt, *halten Sie die Faust vor den Magen, wenn Sie sich in Zukunft die Lunge röntgen lassen und nicht wollen, dass man den Ulcus sieht,* hat Pietro ihm geraten. Unser Haus, unser alles, meine Seele, meine Gestalt, meine Liebe, alles saß in diesen Räumen, zu nichts und niemandem hatte ich solch ein leidenschaftliches Verhältnis wie zu diesen Mauern, und das wollten sie uns wegnehmen, nachts bin ich durch das Haus gewandert und habe seine Wände gestreichelt, habe mein Gesicht an den kühlen Stein gelegt und geweint. Und dann weihten wir Dr. Russo ein, der zog umgehend in die *stanza dorata,* das Gästezimmer mit dem blattgoldenen Mobiliar, er wohnte also dort und wartete auf Zappacosta und dessen Kumpane. Als sie die Woche darauf wieder klopften, hat er sie an der Tür empfangen und sie in den Salon geführt, hat Aperitif und Getränke und Zigarren servieren lassen – und hat dann Zappacosta in die Halle zitiert, während seine Kumpane in unseren Sesseln saßen. Dort, neben dem Klavier, hat er ihm gedroht, dass er schnurstracks zum Polizeipräsidenten marschiere und die Ereignisse von 1948 auffliegen lasse, was, so könne Zappacosta sicher sein, nicht nur dessen Ende bedeute, sondern auch das Ende der Partei in Apulien. Wir standen derweil nur herum und starrten diese unflätigen Gestalten an, die bei jedem ihrer Besuche ein teureres Getränk gefordert hatten, von Cinzano über Whisky waren sie schließlich auf Champagner umgestiegen, weil sie dachten, das sei mondän, dabei konnten sie nicht einmal die Gläser ordentlich halten mit ihren Proletarierhänden. Zappacosta trug schon den Fellmantel, den ich ihm in der Via Sparano gekauft hatte, als er ins Zimmer trat, Dr. Russo hinter ihm. Die drei verließen das Haus und wir hörten nie wieder von ihnen. Kurz darauf erlitt ich den Schlaganfall. Ah, da kommst du ja, schau, ich rolle die Strümpfe runter, bleiche, welke Frauenhaut, ich hatte auch fesche Beine, das kannst du mir glauben, keine kerzengeraden, aber fast, warte, heute Abend nehmen wir rechts, wo bist du denn jetzt wieder, man nestelt an sich herum und sitzt mit bloßen Beinen da und dann läufst du einfach aus dem Zimmer, du willst mich erniedrigen, du unverschämte Gans. Verlassen zu werden ist mein Schicksal, immer wieder wurde ich verlassen, blieb allein zurück, mit meiner Mutter hat es angefangen und so ging es weiter, der erste Sohn, der zweite Sohn, und mit jedem Verlust wird man weniger, ein Mensch voller Lücken im Selbst, wer nicht mehr ganz ist, vergisst, vergisst die eigene Geschichte, die Lücken kumulieren zu einem schwarzen Loch, das so groß wird, dass man irgendwann hineinstürzt und sich auflöst im Nichts. Branka, Branka Blatnik! NUN STICH SCHON!

Epilog

Josip Broz Tito stirbt am Nachmittag des 4. Mai 1980 nach mehrfachem Organversagen im Alter von 87 Jahren im Krankenhaus von Ljubljana. Bei der Obduktion wird auch ein hühnereigroßer, wahrscheinlich gutartiger Magentumor entdeckt. Sein Leichnam wird im luxuriösen, ehemals königlichen *Blauen Zug* nach Belgrad überführt, wo eine enorme Anzahl an Menschen Tag und Nacht Schlange stehen, um ihren Präsidenten im geschlossenen Sarg zu verabschieden. Tito hat sich nicht einbalsamieren lassen, weil ihm die Methode zuwider war, Stalin und Lenin zum Trotz. An seinem Begräbnis werden Könige, Oberhäupter und Volksvertreter nahezu sämtlicher Nationen der Welt teilnehmen und beim Spielen der *Internationalen* erheben sie sich alle, Leonid Breschnew genauso wie Margaret Thatcher.

Zora Del Buono, geborene Ostan, erlebt Titos Tod nicht mehr. Sie stirbt überraschend am 1. Februar 1980 mit 84 Jahren im Altersheim von Nova Gorica. Als ihre Schwiegertochter Mila die wenigen persönlichen Dinge, die Zora aus Süditalien nach Jugoslawien mitgenommen hat, abholen will, beschwört eine Schwester sie, eine polizeiliche Untersuchung zur Todesursache zu veranlassen. Die Schwester vermutet, dass eine massive Insulinüberdosis zu Zora Del

Buonos Tod geführt hat. Mila verzichtet auf die Untersuchung. Die Urne von Zora Del Buono wird Monate später von ihrer Schweizer Schwiegertochter Marie-Louise aus Jugoslawien nach Bari transportiert. Marie-Louise fährt im Liegewagen. Als die Mitreisenden entdecken, dass sie eine Urne im Gepäck hat, leert sich das Abteil und sie verbringt die Nacht allein mit der Asche ihrer Schwiegermutter.

Prof. Pietro Del Buono schläft an Heiligabend 1980 in der Altersresidenz von Bari friedlich ein, betrauert vom Personal, das ihn die letzten vier Jahre begleitet und geschätzt hat. Er wird im Familiengrab neben seiner Frau, seinem Sohn Davide und seinem Vater beigesetzt. Sein jüngster Sohn Manfredi liegt im Friedhof Zürich Fluntern begraben, nicht weit von James Joyce entfernt, dessen Roman *Ulysses* Pietro seinen drei Söhnen Abend für Abend vorgelesen hat, um sie mit der Weltliteratur vertraut zu machen. Als man Pietro Del Buono im Februar 1980 die Nachricht vom Tod seiner Frau überbrachte, fragte er verwundert: *Ma io, ero sposato? – Ja war ich denn verheiratet?*

Dank

Bedanken möchte ich mich bei Boris Ostan, Pietro Del Buono und Andrea Bruno für die Erinnerungen, die sie mit mir geteilt haben; bei Vito Ailara, dem unverzichtbaren Chronisten der Insel Ustica; bei meinem famosen Lektor Martin Hielscher und bei Jonathan Beck für die Möglichkeit, das Buch in seinem Verlag zu publizieren; bei Karin Graf für ihren Einsatz; bei Judith Schalansky für ihren Freundinneneffort; bei Alida Bremer, Malgorzata Fabricius, Torsten Kratz und Jože Pirjevec für ihre kompetenten Ratschläge; bei Hedi Bäbler, Barbara Stauss und Andreas Kossert für ihre Treue; bei Cord Riechelmann für seine Geistesblitze; bei Michael Blau für die Freiräume, die er mir ermöglicht hat, und bei Nikolaus Gelpke für alles. Zudem danke ich der Stiftung Pro Helvetia für das Traduki-Stipendium in Split und dem Deutschen Literaturfonds für die willkommene Unterstützung.

Nicht zuletzt gilt mein Dank meinem Vater Manfredi del Buono, der starb, als ich kein Jahr alt war, der aber meiner Mutter in den wenigen gemeinsamen Jahren, die ihnen vergönnt waren, so viel Liebe schenkte, dass sie ein Leben lang davon zehren konnte, und ihr, Marie-Louise del Buono, danke ich, weil sie mir immer ein Vorbild war, auch darin, wie es das Schicksal anzunehmen und das Beste daraus zu machen gilt.

Widmen möchte ich *Die Marschallin* meinen Cousinen Zora Giovanna Del Buono und Selena Del Buono, die so viele weitere Schicksalsschläge hinnehmen mussten und die mir verzeihen mögen, dass die Geschichte, wie ich sie erzähle, manchmal nicht mit der Geschichte übereinstimmt, die sie erzählen würden.

Roman
Aus dem Italienischen von Maja Pflug
528 Seiten
Auch erhältlich als eBook

Piemont, 1946. Giulia Masca kommt als gemachte
Frau zurück in das Städtchen ihrer Kindheit, wo
sie noch eine Rechnung offen hat. Vor fünfzig
Jahren wurde sie von ihrer besten Freundin und
ihrem Verlobten hintergangen, weshalb Giulia die
Flucht ergriff und sich in New York eine Existenz
aufbaute. Nun will sie ihre Freundin wiedertref-
fen – wie werden sie sich gegenübertreten?

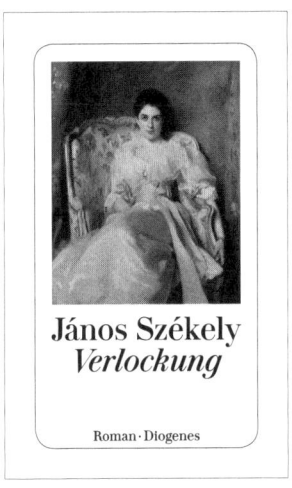

Roman
Aus dem Ungarischen von Ita Szent-Iványi
992 Seiten
Auch erhältlich als eBook

Der Welterfolg des ungarischen Autors und das
Lieblingsbuch vieler begeisterter Leser und
Buchhändler neu aufgelegt. Die Geschichte des
Bauernjungen Béla, der als Liftboy in einem Bu-
dapester Grandhotel eine vom nahen Untergang
gezeichnete Welt kennenlernt, ist ein ebenso düs-
teres wie schillerndes Tableau des Ungarn der
Zwischenkriegszeit.